Georg Diez

Martin Luther, mein Vater und ich

Georg Diez

MARTIN LUTHER,
MEIN VATER
UND ich

C. Bertelsmann

Der Verlag weist ausdrücklich darauf hin, dass im Text
enthaltene externe Links vom Verlag nur bis zum Zeitpunkt
der Buchveröffentlichung eingesehen werden konnten.
Auf spätere Veränderungen hat der Verlag keinerlei Einfluss.
Eine Haftung des Verlags ist daher ausgeschlossen.

Bildnachweis
AKG Images, Berlin: 58, 59, 109, 121 li., 128,
129, 240; 61, 120 r. (Erich Lessing)
Bundesamt für zentrale Dienste und offene Vermögensfragen,
Berlin: 56 (Foto: Mainfränkisches Museum Würzburg;
Foto © Rolf Nachbar)
National Galleries of Scotland: 125 (Antonia Reeve)

Verlagsgruppe Random House FSC® N001967

1. Auflage
© 2016 by C. Bertelsmann Verlag, München,
in der Verlagsgruppe Random House GmbH,
Neumarkter Str. 28, 81673 München
Umschlaggestaltung: Herburg Weiland
Coverillustration: Carsten Fock
Satz: Uhl + Massopust, Aalen
Druck und Bindung: Friedrich Pustet, Regensburg
Printed in Germany
ISBN 978-3-570-10264-0

www.cbertelsmann.de

INHALT

Für Balthazar

1

DIE FRAGE

Der Tag, an dem ich aus der Kirche austrat, zu der mein Vater und sein Vater und sein Vater und sein Vater so viele Jahre lang gehört hatten, war ein klarer, kalter Wintertag. Ich hatte im Internet nachgeschaut, wo man hingehen und was man mitbringen muss, ich war in der Arbeit gewesen und hatte ein paar Mails geschrieben, ich wollte auf dem Weg nach Hause noch einkaufen. Da könnte ich, dachte ich, vorher noch beim Gericht vorbeifahren, die haben bis 15 Uhr geöffnet.

Es war Dezember, der Tag vor Silvester, und in dieser zeitlosen Zwischenzeit schien auf einmal möglich, was ich all die Jahre hinausgeschoben hatte. Die Entscheidung war ja längst gefallen. Und dass ich immer wieder gewartet hatte, lag weniger an mir. Ich hatte vielmehr eine Scheu davor, was diese Entscheidung für andere bedeuten würde. Erst wollte ich meinen Vater nicht verletzen, als er noch am Leben war. Dann hatte ich die Sehnsucht, meinen Kindern etwas von dem Glauben ihrer Vorfahren zu zeigen. Und schließlich fand ich es schlicht zu klischeehaft, aus der Kirche auszutreten, zu pompös, eine zu große Geste für etwas, an das ich kaum dachte.

Ich wollte niemandem etwas beweisen. Ich wollte nur

9

konsequent sein. Ich glaube nicht an Gott, ich gehe an Weihnachten und manchmal an Ostern in die Kirche, und jedes Mal denke ich, wie falsch es ist, an einem Ort zu sein, der auf dem Glauben aufbaut, und selbst nicht zu glauben. Ich schalte den Kopf aus in diesen Momenten, ich reagiere mechanisch, ich mache, was man dort macht. Es ist eine Überlieferung, die nicht meine ist, und ich schaue mir selber zu, in diesem Museum des Glaubens, das in manchem auch das Museum meiner Familie ist.

Diese alten Worte, diese alten Gedanken, diese alten Gesten. Ich habe versucht zu verstehen, was sie mir bedeuten könnten. Ich habe versucht zu verstehen, warum sie mich nicht erreichen. Ich habe versucht zu verstehen, was sie für die anderen bedeuten, für die zum Beispiel, die um mich herum sitzen an Weihnachten, Gläubige, Ungläubige, Alte, junge Eltern und Familien, die die Kirche betreten und in sich hineinhören, ob da etwas ist, ob da mehr ist als der unbestimmte Wunsch nach einer Erinnerung, die es möglicherweise nie gegeben hat.

Glaube, so sehe ich das, ist zuerst einmal Selbstbeschreibung, Glaube ist Selbstentwurf. Der Einzelne als Teil des Göttlichen, der Zufall als Wesen des Plans, das Vergebliche als Bestimmung und die Erlösung als Belohnung, wenn man es aushält, wenn man mitmacht, wenn man sich fügt und dient und den Kopf beugt. Der Glaube soll der Willkür einen Sinn geben. Für mich hat das nie funktioniert, und ich würde auch sagen, dass es heute für die meisten Menschen nicht funktioniert, die, wie ich, etwas verloren im Gottesdienst stehen und die Lieder nicht mitsingen können. Wir kennen nur noch die Melodie. Wir summen sie mit. Oder wir bewegen einfach nur den Mund.

Manche von denen, die an Weihnachten oder Ostern um mich herum sitzen, glauben. Und manche von ihnen würden gern glauben und strengen sich an und schaffen es. Und manche würden gern glauben und schaffen es nicht und täuschen sich darüber hinweg und singen umso kräftiger mit. Und manche wollen gar nicht glauben, sie sind einfach da, weil sie da sind, sie machen das, was sie schon immer an Weihnachten und Ostern gemacht haben, es gibt ihrer Zeit ein Gerüst und für das Fest einen Anlass. Manche fühlen sich wohl dabei und manche nicht.

Als ich das Gerichtsgebäude in der Möckernstraße betrat, war ich beschwingt. Ich würde es endlich tun. Ich hatte meine Zweifel im Auto gelassen und meinen Personalausweis in der Tasche. In der dunklen Eingangshalle war eine große Ruhe, und die drei Beamten am Metalldetektor waren freundlich. Es war kaum etwas los an diesem letzten Arbeitstag des Jahres. Zuerst, erklärte mir einer der Beamten, müsste ich im Zimmer F 53 eine Gebühr von 30 Euro bezahlen, dann im Zimmer A 27 meinen Antrag ausfüllen. Es war, wie ich es haben wollte: ein Akt ohne Bedeutung, ein bürokratischer Vorgang, kein Pathos, kein Bekenntnis, kein Abschwören.

Die Frau im Zimmer A 27 trug einen schwarz-weißen Fleece-Pullover mit einem weihnachtlichen Wintermuster. Sie erklärte mir, dass ich den schmutzig grauen Zettel, den sie vor mich auf den Tisch gelegt hatte, gut aufbewahren müsste, zehn Jahre lang behalten sie die Akten im Gericht, dann werden sie zerstört, und wer aus der Kirche ausgetreten ist, sagte sie, der muss das auch beweisen können. Eine Art umgekehrte Unschuldsvermutung, dachte ich. Am besten, sagte sie, wäre es, wenn ich den Zettel einscanne, für die digitale Ewigkeit. Denn wer nicht beweisen kann, dass er aus der Kirche ausgetreten ist, der muss Kirchensteuer nachzahlen. Sie hätten schon mehrere solche Fälle gehabt, sagte sie und schaute mich warnend an, Menschen, die vor zwanzig oder dreißig Jahren aus der Kirche ausgetreten seien. Manchmal verlange das Finanzamt nur eine symbolische Zahlung, manchmal mehr. Sie schien über etwas nachzudenken. Dann drifteten ihre Gedanken weg. Sie schob mir den Zettel zu, und ich stand auf und ging.

Den Zettel faltete ich und steckte ihn in die tiefe Tasche meines warmen Wintermantels. Formal gesehen war die Kirchensteuer das, was mich am direktesten mit der Kirche verbunden hatte. Ich hatte sie immer ohne Emotionen bezahlt, das Geld war mir nicht wichtig. Ich sah in dieser Steuer keinen Ablass für nicht geleisteten Glauben. Sie war für mich so sinnvoll oder sinnlos wie ein Dinosaurierskelett oder altes Besteck. Ich verstand ihre Bedeutung und schaute doch achselzuckend auf ihre Existenz.

Mein Vater, und das überraschte mich damals, als er mir davon erzählte, fand sie falsch, diese Steuer. Ein Pfarrer, dachte ich, der die Grundlage für die Existenz jener Institution infrage stellt, die ihm die Miete und das biblische tägliche Brot bezahlt. Er hätte sich gewünscht, sagte er, dass die Kirchensteuer mit der Wiedervereinigung abgeschafft worden wäre, was durchaus möglich gewesen wäre, aber wie so viele andere Chancen der Erneuerung gedankenlos übergangen wurde. Mein Vater sagte damals, dass es ihm um den lebendigen Glauben gehe und dass die Menschen stärker mit einer Sache oder in diesem Fall mit der Kirche verbunden wären, wenn sie selbst entscheiden könnten, ob sie zahlen oder nicht, ob sie es wirklich wollen oder ob es ihnen letztlich egal ist. Das war seine Vorstellung vom Glauben: Der Einzelne sucht seinen Gott, der Einzelne formt seinen Glauben, der Gläubige erschafft die Kirche. Wenn es anders läuft, wird die Institution zum Problem.

Mein Vater war kein Rebell. Er war aber, und das ist eines der Rätsel, die ich mit diesem Buch ergründen will, ein freier Geist, der sich in ein System begab, die evangelische Kirche, das keinen besonderen Wert auf Freiheit legte. Er war ein Mann, der Worte liebte und der mir gegenüber doch ein wenig geizig damit war. Er war ein Mann, der viele Ideen hatte und Pläne und der mir wenig von dem Glauben zeigte, der ihn anscheinend so begeistert hatte, dass er sein Leben damit verbrachte, ihn anderen Leuten zu vermitteln, Sonntag für Sonntag, im Gottesdienst, auf der Kanzel, in der Predigt und jeden Tag im Gemeindebüro, wo er an seinem Schreibtisch saß, der neben dem schweren braunen Schrank stand, in der Ecke ein niedriger Tisch, auf dem eine Decke lag, die sich so seltsam anfühlte, das fand ich als Kind immer, wenn ich ihn dort besuchte, es war wohl eine Art Samt, und ich saß dort und wartete, bis er fertig war, und es roch nach alten Büchern und der Flüssigkeit, die er brauchte, um die Blätter für den Gottesdienst zu vervielfältigen. Es gab noch keine Kopiergeräte, er verwendete, so hieß das, Matrizen.

Mein Vater und meine Mutter hatten sich damals schon getrennt. Mein Vater hatte noch einmal geheiratet, die Gemeinde musste darüber entscheiden, ob der geschiedene Pfarrer Diez bleiben durfte, und hätte nur ein Gemeindemitglied dagegen gestimmt, er hätte gehen müssen. So waren die Zeiten, und vielleicht lag es auch daran, am Geist der 70er-Jahre, diesem Zwischenjahrzehnt, aus den 60ern in die Moderne geschossen, in der Melancholie der Utopielosigkeit gestrandet, dass er mir so wenig von Gott erzählte oder Jesus. Es schien fast, als ob er eine gewisse Scheu hatte. Es war, als ob er mich nicht damit behelligen wollte. Als ob er sich nicht traute, mich zu überzeugen. Als ob er nicht glaubte, dass mich sein Glaube überzeugen würde.

Warum aber hat er nicht versucht, seinem einzigen Sohn zu erklären, warum Gott seinen einzigen Sohn geopfert hat und warum das ein Zeichen der Liebe und der Hoffnung ist für die gesamte Menschheit? Warum hat er mir nicht erklärt, dass dieser Gott gut und gnädig ist, obwohl es auf der Welt so viel Elend gibt? Wie hat er sich dieses Durcheinander erklärt, das auf der Welt herrscht, obwohl sein Gott doch allmächtig ist und also leicht für Ordnung sorgen könnte? Warum straft Gott, was er liebt? Warum straft Gott, was er geschaffen hat? Was ist der Sinn der Schöpfung, wenn sie so viel Leiden bedeutet? Gäbe es keinen Glauben ohne Leiden? Ist, andererseits, eine Welt ohne Leiden überhaupt denkbar?

Der Mensch ist, wie er ist. Und Gott kennt den Menschen. Er kennt ihn so gut, könnte man sagen, weil er ein Geschöpf der Menschen ist. Die Menschen haben sich Gott erfunden, nicht umgekehrt. Es gibt Gott also, weil die Menschen an ihn glauben. Es ist ein, ja, Teufelskreis. Warum tut Gott, was er tut, wenn es ihn gibt?

Mein Vater ließ mich in Ruhe mit diesen Fragen, er war nicht besonders streitlustig, und ich war es damals auch nicht, und so herrschte eine mehlige Stille, die ich mit der Kirche verbinde und mit den Bildern, die ich aus der Kinderbibel kannte, die mein Vater mir geschenkt hatte. Es waren diese heiter-naiven Zeichnungen, die so typisch waren für einen Protestantismus, der seine Radikalität vor langer Zeit verloren hatte. Ungelenk schauen die Menschen dort aus und unelegant, als ob es zum Wesen des modernen Glaubens gehört, dass die Menschen auch ästhetisch hilfsbedürftig sind. Abraham mit dem schneeweißen Bart, Jakob, dem der eckige Kopf schief auf dem halslosen Körper sitzt, Josef mit den groben Händen und den großen Füßen, und auch Jesus hat einen müden Blick und Hände und Füße, die seltsam von seinem Körper abstehen, wie drangeklebt. Überhaupt sind sie alle etwas klumpig und lebensarm, diese Figuren, sie wirken selbst nicht sonderlich überzeugt von ihrer Geschichte, und eine Geschichte ist es ja, vor allem.

Die Metaphysik war aus diesen Bildern genommen, sie waren absichtsvoll abgemildert, die Dramatik der Existenz war reduziert auf Gesten der Hoffnung und der Versöhnung. Ist es aber das, wovon die Bibel erzählt? Die Geschichte vom barmherzigen Samariter zum Beispiel, eine eher dunkle Geschichte in den Bildern meiner Kindheit. Auf dem Titel des dünnen Buches, das ich so oft las und das jetzt mein Sohn Balthazar liest, sitzt auf einem Esel der mühsam bandagierte Mann, der in der Nacht von Räubern überfallen worden war, die ihn mit Keulen und Stöcken halb tot geschlagen hatten und im Graben liegen ließen. Sie trugen Schnurrbärte, diese Männer der Nacht, mächtige, böse Vorurteils-Schnurrbärte, die die Kinder wohl verschrecken sollten. Der erste Mann, der vorbeigeht und den Verletzten liegen lässt, ist ein Priester, er trägt Rot und reckt das Kinn hochmütig in die Höhe. Der zweite Mann ist ein Diener und schaut etwas zweifelnd zum Verletzten und lässt ihn doch liegen. Erst der dritte Mann aus Samarien hält an und hilft, obwohl sie Feinde sind, wie es im Text heißt, »die Leute von Jerusalem und die Samariter«.

Die Geschichte ist anrührend und schön. Wie der Samariter dem Verletzten zu trinken gibt und dem Mann, der ihn weiter versorgt, etwas Geld dalässt für die Pflege, das hat mich schon als Kind am meisten fasziniert – die vorausschauende Art dieses Helfers und das Vertrauen in den Mann, bei dem er den Verletzten zurücklässt. Die Geschichte ist wichtig und wahr in dem Sinn, dass Menschen anderen Menschen helfen sollten. Sie handelt von Liebe und Versöhnung. Aber braucht man dafür einen Gott? Jesus erzählt die Geschichte vom guten Samariter, um die Frage zu beantworten, was es bedeutet, seinen Nächsten zu lieben. Er erzählt sie auch, um zu zeigen, wie falsch und verlogen die mächtigen Priester im Tempel sind und wie gut und richtig die einfachen Menschen denken und handeln. Er ist die Stimme dieser Menschen. Das macht ihn gefährlich. Die Geschichte des Samariters ist die Botschaft des Umsturzes und der Revolution, verpackt in die Worte der Barmherzigkeit.

Und sie ist deshalb so beliebt, glaube ich, weil sie heute dem Selbstbild vieler Christen entspricht. Von der Gefahr, die in ihrem Glauben steckt, spüren sie wenig. Vom revolutionären Potenzial, das darin verborgen ist. Von der Wut, die im Glauben verpackt ist, gebannt, sozial abgefedert. Sie sehen die Güte, sie sehen die Liebe, sie sehen den Dienst am Menschen. Und sie fühlen sich gut dabei. Sie wären gern so. Sie hätten gern ihren Glauben von der Gefahr befreit, die einmal, auf ganz direkt politische Art, von Jesus ausging und die der Grund für seinen Tod war, weil er ein Aufrührer war, ein Umstürzler, ein Revolutionär. Sie werden durch die Geschichte auf eine ganz andere Weise bestätigt, in ihrem Selbstbild als kritische, konstruktive Christen: Es ist ein Ressentiment gegenüber Autoritäten, an das hier appelliert wird, ein Ressentiment gegenüber dem Priester, ein Ressentiment, das sich besonders gut anfühlt innerhalb eines Rahmens, der von Autoritäten gesetzt wird, der Kirche. Es ist ein Ressentiment, aus dem nichts folgt – im Gegenteil, das Gefühl, gegen die Macht zu sein, wirkt oft wie ein Beruhigungsmittel.

Das ist der eine Widerspruch dieser Geschichte. Der zweite Widerspruch ist, dass sie ganz grundsätzlich von einer Welt erzählt, die eben keinen Gott braucht, der den Menschen sagt, was sie tun und lassen sollen, was die Regeln und Pflichten sind und was die Vergehen und Verbrechen. Die Geschichte vom barmherzigen Samariter handelt nicht vom Gesetz Gottes, sondern vom moralischen Handeln des Menschen. Und wenn es einen Gott brauchte, um diese Werte zu etablieren, dann ist dieser Gott spätestens seit dem Zeitpunkt nicht mehr nötig, als der Mensch sich dieser Regeln selbst bewusst wurde, spätestens seit der Aufklärung also.

Anders gesagt: Viele Fragen stellen sich so nicht mehr. Es braucht in der Beziehung zwischen den Menschen eigentlich keinen Gott mehr, diese Dreiecksbeziehung, die das Alte Testament geprägt hat, ist aufgehoben. Dort thronte noch über allem die strafende, fordernde, regelnde Instanz. Der Mensch des Neuen Testaments hat sich schon teilweise davon befreit, sein Gott ist kein Gesetzesgott mehr, er hat eine eher emotionale Präsenz. Gott ist Mensch geworden, wie es heißt. Doch was bedeutet das?

Der Gott des Alten wie des Neuen Testaments hat keine besondere spirituelle Kraft. Er schreibt viel vor, er hält die Zügel der Geschichte in der Hand, er schafft und schiebt an, der Mensch entsteht aus seinem Willen, aber sonst ist dieser Gott, als Figur, als Idee, als Gedanke, seltsam abwesend. Er straft, er zürnt, er verdammt und tötet. Der Mensch hat sich diesen Gott ausgedacht, um seine Stellung im Universum besser zu verstehen, um den Alltag zu regeln, um dem Leben einen Sinn und eine Richtung zu geben. Aber alles in allem kann man sagen, dass der Mensch der Bibel besser dasteht ohne Gott.

Für mich ist das eines der zentralen Probleme, wenn ich über den Glauben nachdenke, wie er im Christentum angelegt ist: Die Beziehung zwischen Gott und den Menschen, die eigentlich vom Menschen gekappt werden könnte, gekappt wurde in der Aufklärung. Der Protestantismus, wie er mir in den ungelenken Bildern und der kargen Sprache der Kinderbibel begegnete, ist durchzogen von dieser Ratlosigkeit. Und der Protestantismus, wie ich ihn im Gottesdienst erlebt habe, ist da nicht anders. Der Gott, den sich die Christen einmal erfunden hatten, in aller Größe und Grausamkeit, ist hier nicht zu Gast. Es kann auch gar nicht anders sein. Dieser Gott ist lange tot. Die Protestanten feiern nicht mehr den strafenden, sondern den liebenden Gott, so wie ihn Paulus sich erdacht hat. Damit aber fehlt etwas, es ist nur ein Teil der Geschichte. Und so spürt man die Scheu, der Härte der Existenz auf den Grund zu gehen und das tiefe Schwarz des Lebens auszumessen, wie es die Bibel eigentlich tut. Aber sie trauen sich nicht mehr. Sie haben es verlernt.

Dabei ist die Strafe der Anfang dieses Glaubens, und der Leichnam Jesu ist das Symbol einer grausamen Liebe. Aber Jesus am Kreuz ist kein Zeichen des Endes, sondern das Versprechen für einen Anfang, heißt es. Er ist für euch gestorben, sagen die Evangelisten, sagt Petrus und vor allem Paulus, sagen die, die ihre Religion auf den Tod ihres Propheten bauten, der sich nicht mehr wehren konnte. Sie machten aus Jesus, dem Täter, ein Opfer, das zum Erlöser wurde. Sein Tod wäre damit aber auch kein Opfer mehr, sondern Mittel zum Zweck, Teil des Plans. Ohne den Tod Jesu gäbe es kein Christentum. Judas wäre demnach auch kein Verräter, er ist der Mann, der Gottes Willen erfüllt hat. Denn Gott wollte seinen Sohn opfern. Es ist kein Versehen. Es ist nicht einfach so passiert. Es musste geschehen. Merkwürdig bleibt: Der offensichtlich grausame Gott des Alten Testaments verschont Abrahams Sohn Isaak, der angeblich gütige Gott des Neuen Testaments lässt seinen eigenen Sohn bis zum Ende elendig leiden. Ein Unterschied: Die Toten des Alten Testaments blieben generell tot, der berühmteste Tote des Neuen Testaments darf wiederauferstehen.

Es ist unklar, was Gott dazu gebracht hat, seine Meinung zu ändern und sein Vorgehen zu überdenken. Er ließ ja noch vor nicht allzu langer Zeit und ohne große Skrupel praktisch die gesamte Menschheit untergehen und rettete nur Noah und seine Frau und ihre drei Söhne mit deren Frauen. Acht Menschen gegen alle. Im Garten Gethsemane dagegen lässt er einen sterben, um alle anderen zu retten. Ist das also noch derselbe Gott? Oder hat er in der Zwischenzeit etwas gelernt über die Menschen, die er von Anfang an mit Misstrauen betrachtete und denen er die Schuld und die Sünde mit auf den Weg gab? Ist er also weicher geworden mit der Zeit? Hat er von den Menschen gelernt? Ist er diese Art von Gott? Ein pädagogisch weichgezeichneter Gott? Oder haben sich die Menschen verändert? Aber was würde das für eine Rolle spielen? Gott war immer eine Projektion der Menschen, die sich ihre Schuld-, Straf- und Erlösungssehnsüchte so formen, wie es zu den Interessen der jeweiligen Zeit und deren Machtverhältnissen passt.

Wer ist also dieser Gott? Warum schickt er seinen Sohn? Warum geht sein Experiment überhaupt dauernd in die falsche Richtung? Er ist doch allmächtig. Oder eben doch nicht so ganz? Eher 80 Prozent allmächtig? 70 Prozent? Das Paradox des Glaubens ist, dass man ihn braucht, um zu glauben. Deshalb spielt es auch keine Rolle, dass die Geschichten so windschief sind, die Konstruktionen so wacklig, der Glaube so sehr strapaziert wird, um den Geschehnissen selbst einen Anschein von Plausibilität zu geben. Der Glaube wird ein Mittel zum Zweck, weil er nötig ist, um die Voraussetzungen für sich selbst zu schaffen. Ohne Glauben kein Glaube.

Ein Hauptteil der interpretatorischen Arbeit für Priester und Prediger wie für die Gläubigen selbst besteht deshalb auch darin, sich das Schiefe wieder gerade zu denken, die Widersprüche mit Watte auszukleiden, die Bilder in die Welt zu holen, ohne dass eines von beidem Schaden nimmt, die Bilder oder die Welt.

Die jungfräuliche Geburt zum Beispiel. Was sich »durch Fleisch Werk besamet und schwängert, das trägt auch ein fleischlich und sundliche Frucht«, schreibt Martin Luther in seiner Schrift *Dass Jesus Christus ein geborener Jude sei* von 1523, in der es darum ging, aus Christus einen Christen zu machen, der zwar als Jude geboren wurde, aber weil er Gottes Sohn ist, der Sohn des christlichen Gottes, der doch eigentlich auch der Gott des Alten Testaments ist, also auch der Gott der Juden, nach Luther kein Jude ist. Wie kann es sein, dass dieser Mensch als Mensch geboren wurde und doch ein Botschafter der Liebe wurde, ohne Fehler, ohne Erbsünde? Wir anderen, die wir durch Lust gezeugt wurden, sind »von Natur alle Kinder des Zorns«, so zitiert Luther an dieser Stelle Paulus. Aber zur Erlösung der Menschen ist eben deren vorherige Verdammnis nötig. Die Befreiung durch Jesus, durch das Christentum geschieht auf der Grundlage einer Sünde, die wiederum vom Christentum festgestellt wird, in diesem Fall in Gestalt von Paulus und Luther.

Es ist ein geschlossenes System, ein Zirkelschluss, und die Widersprüchlichkeit dieses Systems wird wiederum als Zeichen dafür genommen, wie wahr es sei, denn gerade in den Widersprüchen offenbare sich das Wunder des Ganzen. Für einen angstgetriebenen, von einem Teufel sich verfolgt fühlenden, von der Vorstellung einer Hölle besessenen, vom Hass auf die Juden immer mehr verzehrten Menschen wie Luther mag das alles noch einleuchtend gewesen sein. Aber selbst er braucht Windungen und Verbiegungen, um seinen Weg durch den Wust der Worte zu finden.

Tatsache ist: Jesus ist tot, und die Idee, diesen Tod als sinnvoll darzustellen, war genial. Sie war aber auch riskant. Wer sollte das mit der Auferstehung glauben? Die Idee war gerade deshalb genial, weil sie riskant war. Sie verband den Anfang des Glaubens mit einem Widerspruch, mit einem Test: Glaubst du, dass all das möglich ist, wiederauferstanden, aufgefahren in den Himmel, er sitzt zur Rechten Gottes? Dann wiederhole es, wiederhole es so oft, bis du es wirklich glaubst. Oder glaubst du es nicht? Dann bist du unser Feind. »Und wer da überwindet und hält meine Werke bis ans Ende«, so heißt es in der Offenbarung des Johannes, ganz am Ende des Neuen Testaments, wo Gott wieder wie der alte klingt, blutdurstig, rachdurstig, »dem will ich Macht geben über die Heiden, und er soll sie weiden mit einem eisernen Stabe, und wie eines Töpfers Gefäße soll er sie zerschmeißen, wie ich von meinem Vater empfangen habe; und ich will ihm geben den Morgenstern.« (Offb 2,26–29)

Der Glaube, der doch eine grundsätzliche und gute Beziehung zur Welt beschreiben könnte, wird hier benutzt als Mittel, die Welt in Richtig und Falsch einzuteilen, in Gut und Böse, in Wir und die Anderen – das führt zu Gruppenbildung via Einschüchterung, Herrschaft über das Gewissen des Einzelnen mit den Mitteln der Angst und der Schuld. Freiheit gibt es demnach

22

vor allem in der Unterwerfung unter den Willen Gottes. Freiheit gibt es in der Selbstaufgabe. Die Welt steht und vergeht, wie Gott es will. Der Mensch machte sich klein, kleiner, als er es gewesen war, als etwa die Griechen auf die Welt schauten. Kleiner als beim römischen Dichter Lukrez, der seine Poesie der Vernunft, der Natur, der Wissenschaft in dem Großgedicht *De rerum natura* schildert und die so frei und schön war, dass sie von der Kirche im 15. Jahrhundert bekämpft werden musste.

>Jeweils denkst du vielleicht von den dräuenden
   Worten der Priester
Heftig bedrängt und bekehrt aus unserem Lager
   zu fliehen!
Denn was könnten sie dir nicht alles für Märchen
   ersinnen,
Die dein Lebensziel von Grund aus könnten
   verkehren
Und mit lähmender Angst dein Glück vollständig
   verwirren!
Und in der Tat, wenn die Menschen ein sicheres Ende
   vermöchten
Ihrer Leiden zu sehn, dann könnten mit einigem
   Grunde
Sie auch der Religion und den Priesterdrohungen
   trotzen.
Doch so fehlt für den Widerstand wie die Kraft so
   die Einsicht,
Da uns die Angst umfängt vor den ewigen Strafen
   der Hölle.<

Das schrieb Lukrez in dem Jahrhundert, bevor Christus geboren wurde. Wo ist diese Helligkeit im Christentum, wo ist die Welt, die so reich und widersprüchlich ist, wo ist die Natur, die kein Feind des Menschen ist, sondern Rätsel, wie der Mensch selbst? Die christliche Botschaft dagegen braucht die Drohung, die Verdammnis, die Hölle, um ihr Versprechen der Erlösung zu unterfüttern. Der Glaube wurde dabei von der Vernunft geschieden – eine Trennung, die im Alten Testament angelegt ist und im Neuen Testament vollzogen wurde. Wenn Glaube und Vernunft auseinanderfallen, dann ist Raum für alle möglichen Manipulationen, für Wahn, für Radikalismus und bibeltreuen Fundamentalismus, für Hexenverbrennungen, für die Lehre vom Heiligen Geist, für das Verhütungsverbot, für das Abtreibungsverbot, für einen Streit darüber, ob sich beim Abendmahl der Wein tatsächlich in das Blut Jesu verwandelt, für die christliche und heilsgeschichtliche Begründung der Unterwerfung weiter Teile der Welt, für die Lehre von der Wiederauferstehung Christi, für das Bild dieses Gottes als Patriarchen mit wallendem Bart, für das Versprechen des ewigen Lebens, für die Herrschaft durch die ewige Angst.

Glaube und Angst sind eine gefährliche Kombination, sie bedingen sich auf gewisse Weise, sie produzieren eine Wut, die sich entladen kann, wenn sie das richtige Opfer findet. Die Religion, könnte man denken, hat neben all den spirituellen Fragen gesellschaftlich die Aufgabe, die vorhandene Wut zu bündeln und zu bändigen, sie in ein Deutungssystem zu überführen und zu entschärfen. Oft allerdings ist es anders herum, oft schafft die Religion erst Raum für eine Wut, die vorher gebunden war und

24

die es so nicht geben würde ohne die harte Scheidung der Welt in Gläubige und Ungläubige, ohne die Intoleranz, die im Herzen der Religion schlummert.

»Und da es das fünfte Siegel auftat, sah ich unter dem Altar die Seelen derer, die erwürgt waren um des Wortes Gottes willen und um des Zeugnisses willen, das sie hatten. Und sie schrieen mit großer Stimme und sprachen: HERR, du Heiliger und Wahrhaftiger, wie lange richtest du nicht und rächest unser Blut an denen, die auf der Erde wohnen? Und ihnen wurde gegeben einem jeglichen ein weißes Kleid, und war zu ihnen gesagt, daß sie ruhten noch eine kleine Zeit, bis daß vollends dazukämen ihre Mitknechte und Brüder, die auch sollten noch getötet werden gleich wie sie. Und ich sah, daß es das sechste Siegel auftat, und siehe, da ward ein großes Erdbeben, und die Sonne ward schwarz wie ein härener Sack, und der Mond ward wie Blut.«

Das ist die Offenbarung des Johannes (Offb 6, 9–13) in der Übersetzung Martin Luthers, das ist beeindruckend besonders für Menschen, die sich beeindrucken lassen wollen. Erzwingungsprosa, Überwältigungsprosa, und das soll es ja auch erst einmal sein. Denn der da kommt »war angetan mit einem Kleide, das mit Blut besprengt war; und sein Name heißt ›das Wort Gottes‹. Und ihm folgte nach das Heer im Himmel auf weißen Pferden, angetan mit weißer und reiner Leinwand. Und aus seinem Munde ging ein scharfes Schwert, daß er damit die Heiden schlüge; und er wird sie regieren mit eisernem Stabe; und er tritt die Kelter des Weins des grimmigen Zorns Gottes, des Allmächtigen.« (Offb 19, 13–15)

Die Sprache, das wird hier deutlich, ist das Mittel der

Herrschaft, für Luther wie für so viele, die die Menschen davon überzeugen wollen, das Offensichtliche zu verleugnen – dass wir altern und sterben und die Sonne und der Mond ihre Kreise ziehen, egal, was mit uns passiert. Die Sprache ist das Mittel, die archaischen Kräfte zu bündeln, die sich im Glauben zeigen, die im Glauben aufgehen, die nie ganz verschwinden aus dem Glauben. Es ist die Gewalt, die im Glauben bleibt, es ist das Bild, das die Offenbarung des Johannes beschwört, als der Engel die Vögel ruft: »Kommt und versammelt euch zu dem Abendmahl des großen Gottes, daß ihr esset das Fleisch der Könige und der Hauptleute und das Fleisch der Starken und der Pferde und derer, die daraufsitzen, und das Fleisch aller Freien und Knechte, der Kleinen und der Großen!« (Offb 19, 17–18)

Die Offenbarung des Johannes ist ein furioses Finale mit maximaler sprachlicher Feuerkraft, die Sätze spannen sich weit und drohend über dem Menschen auf und lassen ihn zurück in der Ohnmacht seiner Existenz, abhängig allein von Gottes Gnade. Mit großem Tamtam endet die Bibel, die sich vorher von der alttestamentarischen Zornesreligion in eine paulinische Zuwendungslehre verwandelt hat. Ganz anders die Kinderbibel, aus der mir mein Vater manchmal vorlas, die zum Ende lichte und hoffnungsvolle Töne findet, was einerseits verständlich ist – die Kinder sollen eben nicht verschreckt werden. Andererseits ist die Naivität dieser Erleuchtungsbotschaft so offensichtlich, dass sich die Frage stellt, was dem Glauben mangelt, wenn der Schrecken fehlt und die Sprache schwächelt.

»So wird es am Ende der Tage sein«, heißt es in meiner

26

Kinderbibel, es ist ein Text aus dem Lukas-Evangelium. »Sie werden kommen von Norden und Süden, von Osten und Westen und mit Jesus zu Tisch sitzen und das Fest Gottes mit ihm feiern. Dann wird es keine Tränen, keinen Schmerz und kein Leid und keinen Tod mehr geben. Dann wird Jesus für immer bei den Menschen sein. Und sie werden alle miteinander Gott loben ohne Ende.«

Das ewige Leben, das dort versprochen wird, ist ein Leben ohne Leben, ein einziges Singen und Preisen und Loben, ein Aufgehen in Gott, das den Sinn des Menschseins ausblendet. Die grundsätzliche Furcht, die auch Luthers Religiosität unterfütterte, ist dabei längst gewichen, die Dornen des Leids wurden in den Jahrhunderten nach Luther sauber gekappt, die Botschaft wurde entschärft. Die Kraft, das Wagnis, die Unbedingtheit des Glaubens sind nicht mehr zu haben. Zu viel ist passiert in der Zwischenzeit, der Auszug des Menschen aus seiner selbst verschuldeten Unmündigkeit hat stattgefunden. Was bleibt also von der gewalttätigen Botschaft, die die Gottes-Behauptung auch immer war? Was bleibt von der Sprengkraft der Sprache, wenn das Dröhnen verklungen ist?

Gott hat die Menschen wieder und wieder in die Dunkelheit gestoßen, er hat sie in die Angst entlassen, er hat ihnen ihre Abhängigkeit damit versüßt, dass er ihnen am Ende ein ewiges Leben versprach. Aber wenn sie gar nicht in dieser Abhängigkeit waren, die Menschen, dann wäre die Erfindung der Verdammnis und der Erlösung auch nur ein Mittel, um die Abhängigkeit der Menschen zu etablieren. Versprich den Menschen, dass du sie befreist, und du kannst sie mit diesem Versprechen unterdrücken! Oder sie wenigstens gehorchen lassen. Du kannst ihnen Geld abnehmen für das ewige Heil. Du kannst allerhand anstellen mit dieser Höllenangst. Du kannst eine ganze Religion darauf aufbauen.

Das ist es, was ich auf einer ganz grundsätzlichen Ebene nie verstanden habe am Christentum, oder besser: an den Christen der frühen Zeit. Warum sie sich mit solcher kindlichen Freude selbst die Schauerbilder malten, die sie nachts am Schlafen hinderten und morgens blass erwachen ließen, sodass sie auf die Knie fielen, die schon blutig waren, und um Gnade flehten, winselten, beteten, getrieben von einem Wahn, der ihr eigener war. Wie sie die eigenen Ängste ins Gigantische vergrößerten und daraus eine Religion formten. Wie aus Negativität etwas letztlich Gutes entstehen sollte. Was das Versprechen von Strafe und die Idee der Sünde so attraktiv machte. Und wie die Angst vor dem Körper, die Angst vor dem Begehren, die Angst vor der Sexualität so groß sein konnte, dass man all das bezwingen musste.

Unterdrückung ist das Wesen dieses frühen Glaubens, wie er im Alten Testament formuliert wird und der seine Regeln fand, weil sie die Gruppe zusammenhielten und letztlich sicherten und beschützten. Diese Unterdrückung blieb aber auch im neuen Glauben bestehen, sie musste bleiben, weil es die Funktion dieses Glaubens war, eine zivilisatorische Richtschnur zu sein, ein Maß, an das man sich halten sollte, ein Mittel, um Gemeinschaften zu bändigen. Die Freiheit konnte immer nur relativ sein, nie absolut, weil sie die Menschen sonst zu sich geführt hätte. Sie hätten die Religion dann nicht mehr gebraucht. Zugleich stellten sich ein paar Fragen: Was ist der Glaube

28

ohne das Versprechen der Metaphysik? Wie kann man im Glauben das Diesseits denken, ohne das Jenseits zu visionieren? Das sehr direkt Lebenszugewandte, das im Alten Testament seitenlang mit den Regeln der Ernährung und der Sitten zum Ausdruck kommt, wird im Neuen Testament abgelöst von einer Lehre, die sich von der Notwendigkeit emanzipiert, dass es einen Gott braucht, um das Entstehen der Welt zu erklären und den Lauf der Dinge.

Das war die Herausforderung, vor der Luther stand, das war seine Mission: Gott an dem Platz zu halten, den er innehaben musste, wenn das Gebäude der Autorität nicht zusammenkrachen sollte. Aus diesem Konflikt formten sich sein Glaube und seine Praxis. Er war an der Grenze von Mittelalter und Moderne, er sah das Problem und löste es auf seine Art: Er schritt nach vorn, mit dem Blick nach hinten. Er war ja eben frommer als fromm. Luthers Glaube wurde aus der Angst geboren, und er wurde wieder zu Angst, die ihre Beruhigung im Himmel suchte, im Jenseits, im Leben nach dem Tod, an jenem Ort, an dem sich Religionen besonders gut auskennen, Fremdenführer im Nichts. Diese Angst trieb ihn vor sich her, sie wohnte in Luther, so wie sie in vielen Menschen jener Zeit wohnte, tief, existenziell, ausweglos. Die Angst war die Welt, und die Welt war Angst. Gott wiederum war das Mittel gegen die Angst, er war aber auch der Grund der Angst. Luther konnte und wollte das nicht sehen. Er konnte nicht aus seiner Zeit heraus. Und wir wiederum können nicht in Luthers Zeit zurück. Wir können nicht so tun, als hätte es Descartes, Darwin, Nietzsche und Freud nicht gegeben.

Freunde haben mich gefragt, was ich an Luther mag,

und ich habe ihnen geantwortet, dass ich an ihm gern mehr mögen würde, aber es ist so schwer, wenn man ihn dort besucht, wo er war, und nicht die eigenen Bilder davorschiebt. Der junge Luther, mit seinem offenen, wachen Gesicht, scheint mir ein anderer Mensch gewesen zu sein als der alte Luther. Aber was besagt das? Wer wüsste das zu bestätigen? Und ist es nicht bei so vielen Menschen so, dass sie ein paar Jahre haben, in denen sie ihr Wissen, ihr Wesen, ihre Kunst und ihr Schaffen formen, und danach bleibt vieles Verwaltung des Ruhms und auch der Einsichten?

Ich mag den Mut an diesem Mann, das immerhin kann ich sagen. Ich mag die störrische Art, die Unnachgiebigkeit, ich mag, dass er sich Feinde machte. Ich mag, wie er die Sprache benutzte, und ich mag, wie er sich selbstbewusst auf die Höhe seiner Gegner schraubte. In Worms war er einmal kurz davor, persönlich zu scheitern, so wie es ist, wenn Menschen anderen Menschen gegenübertreten, und auf einmal ist eine viel größere Macht im Raum, mit der sie nicht gerechnet haben. Ich mag das anarchische Moment, auch wenn es das falsche Wort ist, weil er seinen Widerstand ja wieder an eine Autorität band, die nicht aus ihm kam. Ich mag, dass er Raum für Neues schuf, ich mag, dass er die Form zerbrach, ich mag, dass er Scherben hinterließ.

Was ich nicht mag, ist die Angst. Es war Luthers Glaubensfuror, der die Spaltung der Kirche vorantrieb, gegen die, wie er es sah, unfrommen Antichristen in Rom. Aber diese Frömmigkeit funktionierte vor allem innerhalb der christlichen Droh- und Abhängigkeitssysteme. Durch die Jahrhunderte rieb sich das ab. Durch die Jahrhunderte nahm der Mensch den Platz ein, den ihm die Bibel verspricht, aber nicht zugesteht. Durch die Jahrhunderte veränderte sich das Bild des Menschen als Gläubigen – das Problem der Frömmigkeit, so wie Luther es gesehen hatte, blieb bestehen. Konkret gesagt: Was bleibt vom Glauben, wenn die Angst fehlt? Was bleibt vom Glauben, wenn der Himmel verschlossen ist? Was macht der Mensch ohne seinen Himmel? Ist das der Kern der Wut? Ist das die Ratlosigkeit, dieses Rennen gegen eine Wirklichkeit, die keine Antwort bietet, die Trost spenden könnte? Wenn der Glaube also die Wut nicht mehr bindet, was passiert dann mit der Wut? War im Anfang die Wut?

Die Antwort gab die Zeit. Es ist das Wesen des Menschen, dass er sich oft an etwas festhält, was es längst nicht mehr gibt. Der Versuch, diese Distanz zu überqueren, geht meistens schief. Für die Frömmigkeit in der alten Form gab es nach dem Aufblitzen der Rationalität während der Aufklärung keinen Platz mehr. Es sei denn, man wollte das verleugnen, was unabweisbar war. Ansonsten galt: Zurück blieb die Kultur. Zurück blieb dieses Gebäude des Glaubens, das aus Worten bestand und Sätzen und Liedern, aus Gesten und Gebräuchen, zurück blieben das Lesen der Bibelstellen am Morgen, das Gebet vor dem Essen, die Danksagung, die Demut, der Kopf, der geneigt wurde, die Ordnung, die sich über die Welt wölbte und die doch im Widerspruch zu all dem steht, was die Welt ist.

Es wird auch kein Versuch gemacht, die Natur, die in der Bibel vor allem als Bedrohung beschrieben wird, zu verstehen oder zu erklären. Das Verhältnis zum Leben, zum Alltag, zu den Dingen bleibt höchst abstrakt und distanziert, es fehlt diesem Glauben an einer Praxis jenseits dessen, was der Glaube verlangt. Der Glaube schafft sich so seine eigene Welt, innerhalb derer er seine Regeln umsetzen kann. Die Realität der Religion ist die Realität der Welt. Fundamentalismus ist hier angelegt. Es gibt eine christliche oder biblische Ordnung, die höher ist als die weltliche. Aber mit den Jahren und Jahrhunderten wirkte diese Ordnung ziemlich verrutscht. Sie passte nur noch hier und da in der Welt der Wissenschaften, der erwiesenen Wahrheiten, später der gelebten Demokratie, es war wie ein Tischtuch, das man hin und her zog, mal schaute die eine Ecke des Tisches hervor, mal die andere, bis irgendwann das ganze Geschirr auf dem Boden landete: Das »gute Geschirr«, wie man sagte, denn der Glaube war zu einem Bestandteil von Bürgerlichkeit geworden, die eine Passivität und eine Bequemlichkeit zur Folge hatte und auch ein Unbehagen an der eigenen Ungläubigkeit.

Martin Luther steht am Beginn dieser Verwandlung. Er löste eine Revolution aus, die er so nicht wollte, er stürzte die Ordnung, die den Himmel regierte und damit auch die Erde, und als er das merkte, als er die Konsequenzen dessen erkannte, was er angestoßen hatte, da hielt er an und kehrte um und fügte sich in das neue Bündnis mit einer Macht, die die Verhältnisse wieder in seinem und damit in Gottes Sinn stabilisierte. Seine Revolution wurde getragen von einem aufstrebenden Bürgertum, dem er selbst entstammte, sie wurde gebändigt von den Fürsten, von denen er abhängig war und derer er sich bediente und die mit dem Glaubensbruch ihre Herrschaft neu begründeten. Das Bürgertum, und das ist ein wesentliches Element dieser Zeitenwende im späten 15. und frühen 16. Jahrhundert und des Erfolgs der Reformation, unterfütterte seinen Aufstieg mit einem Glauben, der genau diesen Aufstieg legitimierte, der verbunden war mit dem individuellen Zugang zu Gott und damit zum Leben, zum Sinn, zur Welt. Das war die Sprengkraft. Was Luther nicht wollte, das war ein Umsturz im umfassenden Sinn, eine Revolution auch der Sozial- und Klassenverhältnisse, wie sie die Bauern mit ihren Aufständen um das Jahr 1525 herum versuchten, zum Teil gemeinsam mit den niederen Rittern – zwei Stände, die von den Veränderungen nicht profitiert hatten, die an den Rand gedrängt und in Not gebracht worden waren. Diese Aufstände waren die echte, fundamentale Bedrohung einer auch ökonomischen Ordnung, und sie wurden brutal und blutig und mit verheerenden Folgen niedergeschlagen.

Es war die Entscheidung für Ordnung und Disziplin, für Sicherheit und eine weltliche Macht, die gebraucht wurde, um die geistliche Revolution zu schützen. Ernst Bloch spricht von Luthers »politischem Desinteresse und starrem Gewaltkonservativismus«, er findet im Jahr 1525 und in der Niederschlagung der Bauernaufstände den Beginn einer sehr deutschen »zutiefst gelegten Vergötzung des Staats«. Und tatsächlich zeigen sich hier am klarsten die Widersprüche Luthers, der Revolutionär war und Reaktionär in einer Person. Er lehnte sich auf gegen eine Ordnung, die alles war, die Ordnung des Kosmos und die Ordnung des Alltags, die Ordnung der Politik und die Ordnung der Kirche, die Ordnung Gottes, so wie sie seine Gegenwart definierte. Er rebellierte gegen die Zeit, seine Zeit, und das ist schließlich das Bedrohlichste, was man tun kann. Er hatte das Vertrauen, dass er das Richtige tat, obwohl er die irdische Ordnung infrage stellte – und damit letztlich auch die himmlische Ordnung, die sich, so die Annahme, in der irdischen spiegelte. Es war ein Moment des Risikos, der Unbedingtheit, des Wandels ohne Regeln, des radikalen Bruchs, in dem eine Gewalt liegt, die ungeheuer ist, eine Gewalt, wie sie jeden Wandel, jede Revolution, jeden Zeitenbruch begleitet. Luther ist dieser Bruch, Luther ist diese Gewalt, umgekehrt aber wäre Luther nichts ohne diesen Bruch und ohne diese Gewalt, die in seiner Gegenwart begründet lag. Er ist nicht der alleinige Protagonist dieser Veränderung, er ist Teil eines größeren Umbruchs, aber er ist die Person, in der sich diese Veränderung zeigt, in allem Mut, in allen Widersprüchen, in allen Konsequenzen und im Verrat. Er ist in vielem Anfang und Ende zugleich.

»Aus Liebe zur Wahrheit und in dem Verlangen, sie ans Licht zu bringen«, mit diesen Worten wird Luther zu Luther, im Jahr 1517 und bis heute. Mit diesen Worten beginnt seine *Disputation von der Kraft der Ablässe*, die er, wie es damals üblich war, als akademische Bekanntmachung an die Kirchentür von Wittenberg genagelt haben soll, am 31. Oktober 1517. Es sind schöne, starke Worte, es sind gefährliche, bedingungslose Worte, es sind zwei Extreme, zwischen denen sich ein Abgrund auftut, aus dem alles Mögliche entstehen kann: die Erkenntnis und die Tat, die Wahrheit und die Welt, die Veränderung im Inneren und der Fanatismus nach außen. Es ist der Beginn einer theologischen Anklage, die zugleich ein politisches Statement ist, weil es nicht nur die Kirche betrifft, die verrottet war, so sah es Luther – seine Wut zielte auf das Ganze, sein Furor erfasste die Gesellschaft bis in ihre weitesten Verästelungen.

Luther ging dabei, und das mochte ich immer an ihm, vom Einzelnen aus. Hier ist der Anfang aller Veränderungen, im Menschen und in seiner Stellung in der Welt, seinem Bewusstsein von sich selbst, seiner Verantwortung für das, was er ist, denkt, tut. Gleich am Anfang seiner 95 Thesen sprach er von der »Feindschaft gegen sich selbst«. Das erscheint als ein urprotestantisches Motiv, das ist das grundsätzliche revolutionäre Pathos, das in diesem Versuch Luthers steckt, die Welt neu zu lesen. Es ist eine Zerrissenheit, die er in seiner Zeit sah und in sich fand, eine Entsprechung von Wut und Glaube, die zu einem Bruch der heiligen Ordnung führte. Aus Wut und Glaube erwuchs der Zorn, wie er ihn von Paulus in Epheser 2, 1–3 beschrieben fand. »Und auch euch, da ihr tot waret durch Übertretungen und Sünden, in welchen ihr weiland gewandelt habt nach dem Lauf dieser Welt und nach dem Fürsten, der in der Luft herrscht, nämlich nach dem Geist, der zu dieser Zeit sein Werk hat in den Kindern des Unglaubens, unter welchen auch wir alle weiland unsern Wandel gehabt haben in den Lüsten unsers Fleisches und taten den Willen des Fleisches und der Vernunft und waren auch Kinder des Zorns von Natur.«

Die Natur ist falsch, und das Fleisch ist falsch, und die Vernunft ist falsch, und der Zorn ist der Zorn Gottes gegen seine Geschöpfe. Aber auch wenn die Natur nicht falsch ist, wenn das Fleisch nicht falsch ist, wenn die Natur nicht falsch ist, der Zorn bleibt. Der Zorn geht nicht einfach weg, indem man Gott sterben lässt. Der Zorn, aus Wut und Glaube geboren, ist eine menschliche Konstante. Genauso wie die Liebe, die Paulus dem Zorn an die Seite stellt. Aber auch die Liebe, wenn sie zur Religion wird, kann ein Moment der Gewalt enthalten. Auch diese Liebe kann eine Zumutung sein. Die Liebe setzt sich, so ist die christliche Botschaft, über alles. Die Liebe ist allmächtig. Die Liebe, so wie Paulus sie erfand, war die Möglichkeit, den Revolutionär Jesus zu domestizieren. Jesus war ein versprengter Prediger wie so viele zu seiner Zeit, ein Heilsbringer, eine Gefahr für die römischen Besatzer, ein Anarchist, ein Freiheitskämpfer. Wie sollte man auf so jemandem etwas aufbauen, das hält? Das Christentum brauchte einen anderen Grund als den Umsturz. Das Christentum brauchte ein Versprechen für Stabilität. Es wäre sonst nie römische Staatsreligion geworden. Es hätten sich keine Kaiser damit verbunden, keine Reiche darauf gegründet. Es gibt keine Choräle für Banditen. Das Christentum musste seine staatsfeindliche Herkunft verbergen, um zum staatlichen Herrschaftsglauben zu werden.

Sie wollten den »neuen Menschen« schaffen, hatte Paulus gesagt und damit die revolutionäre Parole überhaupt formuliert, den Kern allen utopischen Denkens, das Maximum an Sprengkraft und Veränderung, das möglich ist. Der Kommunismus wollte den neuen Menschen, die Techno-Utopisten vom Silicon Valley wollen den neuen Menschen. Der neue Mensch kann gefährlich sein, wie jede Utopie, die Suche danach kann in Fanatismus und in Gewalt münden – die Vorstellung des Neuen und damit des neuen Menschen ist aber auch der

36

einzige Weg zu Veränderungen in der Welt: Ohne dieses Ziel würde niemand loslaufen, ohne dieses Wagnis würden die Verhältnisse immer siegen. Der »neue Mensch« ist die Ambivalenz jeder Revolution.

Im Glauben war dieser Wunsch nach radikaler Erneuerung, weil er auch in der Welt war. Der Glaube, wenn er politisch wird, ist ein Filter für Veränderung. In bestimmten Momenten, bei bestimmten Konstellationen sehnt sich der Mensch, nicht allein, sondern kollektiv, nach dem Neuen, und wenn diese Sehnsucht zu stark wird und sie nicht erfüllt wird, weil das Alte zu stark ist, zu bedrückend, zu mächtig, dann rebelliert der Mensch. Das ist die Geschichte der Luther'schen Revolution, die so vieles zugleich war und so vieles auch nicht: Die ganz grundsätzliche Frage, was der Mensch ist, wurde hier verhandelt, die Fragen der Beziehungen der Menschen untereinander wurden neu gestellt und die Frage ihres Verhältnisses zur Macht, immer unter der Maßgabe Gottes. Es ging darum zu klären, was das Wort ist und was die Tat, wie sich also die Vorstellung von der Welt zur Veränderung der Welt verhält. Die Utopie war konkret, und gleichzeitig war es auch die Angst vor dem Ende, vor dem Weltenrausch, vor der Apokalypse und dem Feuer, das alles verschlingt. Diese Angst wurde angetrieben durch Umbrüche im Weltbild und Bedrohungen von außen, es waren bei Luther die Juden, auf die diese Angst projiziert wurde, und die Türken, die als reale Gefahr das mitteleuropäische Selbstverständnis attackierten.

Luthers Denken war insofern ein Denken in der Revolte, und zwar in einem weit umfassenderen Sinn als nur dem theologischen. Luther trug den Zorn in sich, und es war ein Zorn auf die Welt. Jesus selbst ist das Vermächtnis dieses Zorns. Und auch die Bibel ist ein Buch des Zorns – und zugleich der Versuch, diesen Zorn zu bändigen. Das ist das Wesen des Vertrags zwischen Gott und den Menschen. Es musste so sein, denn der Zorn zieht die Menschen an, er treibt sie voran, er beschäftigt sie individuell und kollektiv. Die Gemeinschaft braucht den Zorn, er verschwindet nicht, sie muss einen Weg finden, diesen Zorn zu mäßigen, sonst funktioniert sie nicht. Die Frage nach dem Zorn ist elementar für jede Gemeinschaft. Sie muss diesen Zorn zugänglich halten, ihn nicht gewaltsam überdecken, ihn nicht ignorieren, verstecken. Sonst entlädt er sich unkontrolliert, als Bruch, als Aufstand gegen die Ungerechtigkeit.

Das hat mich an Luther interessiert, als ich anfing, mich mit ihm zu beschäftigen. Ich wollte wissen, was ich in Luther finden konnte, was an Wahrheiten und was an Widersprüchen und was an Motiven, die ich aus meinem eigenen Leben und Denken kenne. Ich wollte verstehen, warum ich so bin, wie ich bin, und hatte die Hoffnung, dass mir der Mann Martin Luther etwas darüber sagen könnte. Meine Hoffnung war, dass ich nicht nur etwas über seine Wut, sondern auch über meine Wut erfahren würde, dass ich nicht nur etwas von seinem Glauben verstehen würde, sondern auch etwas von meinem Unglauben. Mein Gedanke war auch, dass sich die Umbrüche der heutigen Welt in denen der damaligen Welt spiegeln, dass sich etwa die Angst, die heute herrscht, auf andere Art begreifen lässt, wenn man sie historisch sieht, wenn man sie mit der Mechanik der Angst zu verstehen versucht, wie sie vor 500 Jahren herrschte, als eine

Medienrevolution Europa erschütterte, als das Bürgertum entstand, als die Naturwissenschaften das Weltbild grundlegend veränderten, als eine Geldkrise der wenigen zu einer Existenzkrise der vielen wurde, als die Türken vor Wien erst einmal eine militärische und dann eine theologische Bedrohung waren. Eine Welt versank, eine neue entstand, und mittendrin war dieser Mann, der an die Mutter Maria glaubte.

Er stand zwischen Mittelalter und Moderne, er stand zwischen Freiheit und Verdammnis. Er ist kein Partner, er ist kein Zeitgenosse, und die Versuche, ihn an die Gegenwart heranzurücken, müssen scheitern. Luther ist der Fremde. Man muss ihn dort belassen, wo er war, um ihn zu verstehen. Gleichzeitig aber kann man mit Luther durch unsere wilde Gegenwart spazieren, man kann ihn lesen und in seinen Texten danach suchen, ob nicht doch etwas von einem demokratischen Extremismus bei ihm zu finden ist, eine Art Gegengift zum religiösen Extremismus, der uns umgibt. Das war jedenfalls am Anfang meine Frage, meine Hoffnung. Dass sich in der Fülle der Widersprüche, in den Abgründen seines Glaubens etwas finden lässt, das man für heute retten kann, das man anwenden kann auf diese Zeit. Bruchstücke, die man gegen den Urheber wenden kann, Gedanken, die man dreht, und auf einmal ergeben sie einen anderen Sinn. Die gute Wut also. Der Einzelne in seinem Recht. Die Welt im Widerstand. Denn es ist etwas anderes, Luther heute, in Zeiten des Umbruchs, zu begegnen und ihn zu lesen. Es ist etwas anderes, seinen Zorn zu verstehen vor dem Hintergrund einer gegenwärtigen Wut, die oft vom Glauben angetrieben ist. Es ist etwas anderes, seinem Denken zu folgen und zu sehen, welche gegenwärtigen Elemente von Freiheit und Fanatismus darin enthalten sind. Was wäre, wenn das ein Weg wäre, die Frage zu beantworten, die in jeder Zeit aktuell ist: Was bedeutet es, heute zu leben?

Ich war in den vergangenen Jahren als Reporter für den *Spiegel* in New York und in Moskau unterwegs, ich war in Kiew und in Kairo, ich war bei den ersten Protesten von Occupy Wall Street im warmen Herbst 2011 und bei den Demonstrationen gegen Wladimir Putin im bitterkalten Winter 2012, ich war in Beirut und habe mich gewundert, warum die Welt nichts tut für die syrischen Flüchtlinge und gegen den Krieg, ich habe gehört und gesehen, wie die Menschen 2014 auf dem Maidan in Kiew alles riskiert haben, weil sie ein Leben in Würde wollten, und ich habe 2015 in Kairo versucht zu verstehen, was die Folgen jener Eruption des Zorns waren, die der Arabische Frühling war. Ich war fasziniert von der Energie, von der Selbstverständlichkeit und dem Mut der Menschen, die ich getroffen hatte, ich spürte bei ihnen eine Unbedingtheit, ich spürte den notwendigen Druck der Veränderungen, den man in Europa so lange ignoriert hat. Ich habe mich gefragt, wie es gelingen könnte, die Ungerechtigkeit zu beenden, die der Grund für jeden dieser Konflikte war, so verschieden sie jeweils sind, und ich habe versucht zu verstehen, was die Welt von jedem dieser Ereignisse lernen könnte.

Es begann jeweils euphorisch. Die jungen Protestierenden fühlten sich gut, sie fühlten sich stark, sie waren überrascht und begeistert von der eigenen Wirkung. Es war ein schönes Schauspiel von Demokratie, eine neue Generation entdeckt, dass sie Teil einer Gesellschaft ist, dass sie etwas zu sagen hat in dieser Gesellschaft, dass die Gesellschaft denen gehört, die etwas daraus machen wollen, und nicht denen, die die Macht besitzen. Es war Aufruhr im ganz grundsätzlichen Sinn, es war der Versuch, die Ungerechtigkeit in Worte zu fassen, also erst einmal das Bewusstsein zu verändern und daraus folgend ein systematisches Handeln zu gestalten.

Wir gleiten, so scheint es, hinein in ein neues Zeitalter der Glaubens- und Kulturkämpfe. Eine Unruhe hat die Welt erfasst, die Bruchlinien sind sichtbar, und auch der Gedanke vom Ende von allem hat wieder Besitz von den Menschen ergriffen. Es ist erst einmal keine Apokalypse, wie in der Bibel beschrieben, sondern eine wissenschaftliche Sicherheit: Der Mensch wird aussterben, es wird ein Ende geben, irgendwann, es wird eine Welt ohne Menschen geben, so wie es eine Welt ohne Menschen gab, Milliarden Jahre lang. Diese Erkenntnis, so einleuchtend und einfach sie klingt, ist womöglich genauso weltumstürzend wie das, was Kopernikus herausfand. Die Erde steht nicht im Mittelpunkt, und der Mensch ist nicht der Anfang und nicht das Ende von allem.

Anthropozän, so nennt man heute das Zeitalter des Menschen auf der Erde, das einen Beginn hat und auch ein Ende – eine Erkenntnis, die in der Philosophie und in der Kunst ihren Widerhall fand, ein Gefühl aber auch, das die Zeit der Proteste mit einer anderen Dringlichkeit auflud. Der Klimawandel erscheint da als Wegbereiter einer langsamen Apokalypse, schleichend, kriechend, wie der Pegel des Meeres, der steigt und steigt. Die Künstliche Intelligenz scheint immer realer, die Möglichkeit, dass Roboter die Menschen nicht mehr brauchen, wird ernsthaft diskutiert. Unsicherheit überall; wir erleben einen Zeitenbruch, die Zeichen sind um uns. Wenn man die Gegenwart aber so sieht, mit offenem Visier sozusagen, dann sieht man auch Luther anders. Dann wird das Interesse an Luther ein anderes. Wenn man sieht, dass diese Zeit aus Wut und Glaube eine neue Form von Fanatismus formt, dass sich die Menschen bedroht fühlen, dass die Ungerechtigkeiten oft genug von der herrschenden Macht beschützt und gedeckt werden und dass die Aufstände und Proteste von New York bis Moskau, von Kiew bis Kairo in Repression und Gewalt endeten, dann wird der Blick auf Luther automatisch politischer.

Das also ist meine Reise, das sind meine Fragen. Sie fügen sich ein in einen weiteren Zusammenhang. Denn was heißt das heute: »Kinder des Zorns«, wie es Paulus sagte, wie es Luther sagte? Wogegen richtet sich heute der Zorn, wofür kämpfen die, die den Zorn spüren? Auf welcher Seite stehen sie? Stehen sie sich gegenüber? Oder geht der Riss durch sie selbst? So wie er durch Luther hindurchging. Der Zorn, der ihn antrieb, war heilig, die Wirkungen des Zorns waren weltlich. Er schuf andere Menschen, er schuf anderes Denken durch das, was er tat. Sein Zorn hatte Folgen. Aber wie ist das heute? Was passiert mit dem Zorn? Wo bleibt er, wenn es still ist? Wie wandelt er sich? Bleibt er in den Worten? Bleibt er in den Menschen? Ist er ein Erbe, das von Generation zu Generation weitergegeben wurde, das sich verändert hat, in Form und Gestalt? Gibt es eine bestimmte Menge Zorn, die immer gleich bleibt und sich nur jeweils anders verteilt? Und jeder Mensch, jede Zeit geht nur anders damit um? Oder ganz allgemein gefragt: Wie funktionieren Umbrüche? Wie äußern sich Wut und Glaube friedlich in einer Gesellschaft? Und wann kommt es zum Clash? Wann gibt es Gewalt? Und wann gibt es Wandel, Veränderung, Revolution? Wie geht das? Und wann bleibt alles still?

Und wo stehe ich bei all dem? Was hat das alles mit mir zu tun? Diese Geschichte, deren Teil Martin Luther ist und mein Vater. Und eben auch ich.

Bin ich ein Kind des Zorns?

2

DER RISS

Es war eine protestantische Urszene. »Ihr seid doch alle gleich«, sagte der Kultur-Chef des *Spiegel* zu mir und schaute seinen Worten nach, ob sie mich auch dort trafen, wo sie mich treffen sollten. »Ihr Pfarrerskinder seid doch alle Terroristen.«

Ich wusste, was er meinte. Ich verstand die Härte, die in seinen Worten steckte. Ich fühlte mich erkannt.

Ich suche sie ja, diese Härte in den Worten. Sie ist wie ein Beweis. Sie gibt eine Klarheit, die sonst fehlt. Sie sorgt für eine Differenz zur Welt, wie sie ist. Sie eröffnet einen Raum, in dem ich mich frei fühle.

Sie ist wie ein Werkzeug, diese Härte. Ich teste mich, ich teste die anderen, ich teste, ob das alles hält, was die anderen sagen, was ich selbst sage, was ich denke, die Welt.

Sie ist wie ein Schlüssel, diese Härte, weil sich manche Dinge meiner Meinung nach nur so erkennen lassen, mit Beharrung, Genauigkeit, in gewisser Weise mit Gewalt, in einer Welt, die oft verschlossen ist und das Verborgene nur dem eröffnet, der darauf drängt, es zu verstehen, wie Luther sagt: »aus Liebe zur Wahrheit und in dem Verlangen, sie ans Licht zu bringen«.

Sie ist für mich dabei immer auch ein Spiel, diese Härte, sie ist ein Tänzeln, ein Vor und Zurück, sie ist ein Versuch, auch wenn alles sehr ernst gemeint ist, aber es könnte auch anders sein, es könnte alles anders sein, man muss die Welt nur zwingen, sich zu offenbaren, das ist das Pathos, das in dieser Haltung liegt.

Denn sie ist auch eine Pose, diese Härte in einer wahrheitsmüden Zeit, sie ist eine Geste, sie ist das, was übrig geblieben ist, eine Erinnerung, die sich alt anfühlt und benutzt, weil es etwas ist, das aus mir kommt und doch von weiter her, das mich mit mir selbst verbindet und mich mir selbst entfremdet, das mich in der Gegenwart hält und dabei fortzieht.

Die Härte kann in einer Person sein, sie kann aber auch das Echo von etwas sein, das einmal einen anderen Sinn und eine andere Dringlichkeit, das einmal eine Funktion hatte, Teil von etwas Größerem, unterfüttert und gestützt von einem System, von einer Weltdeutung, von einem Glaubensbild. Sie wäre damit ein Rest, und das gibt ihr vielleicht manchmal diese existenzielle Harschheit, sie wäre das Erbe von etwas, das sich verliert.

Das Alte ist in dieser Härte, die das Neue fordert und will. Sie drängt nach vorn, sie ist ungeduldig, ungestüm, sie ist manchmal arrogant und selten gnädig, sie kann gebändigt werden von Konventionen, aber sie findet ihren Weg, zu jeder Zeit. Ist das das Erbe des Glaubens meiner Väter? Die Härte, die in den Worten ist, ist die Härte der Welt. Braucht man einen Gegner, um sich selbst zu erkennen?

Bin ich also der, der ich bin, weil vor mir viele meiner Vorfahren an ihren Gott geglaubt haben, der fürsorglich und barmherzig war, wie sie sagten, und der dennoch durch Angst regierte, durch Drohungen, durch das Bild des Leidens?

Bin ich der, der ich bin, weil sie Sonntag für Sonntag auf der Kanzel standen und ihrer Gemeinde sagten, was gut ist und was falsch, und die Menschen zu ihnen aufschauten, um der Richtung und Moral willen, obwohl der Beginn von allem, also auch der Beginn des Glaubens, doch eigentlich der Zweifel ist?

Bin ich der, der ich bin, weil es diesen Drang im Menschen gibt, die Welt nicht einfach hinzunehmen, wie sie ist in ihrer Willkür, sondern Antworten zu suchen, wo es möglicherweise keine gibt?

Bin ich der, der ich bin, weil der Mensch nicht akzeptieren will, dass er allein und verloren ist, sondern Teil sein will von etwas Größerem, einer Geschichte, einem Plan?

Bin ich der, der ich bin, weil mein Vater und sein Vater und sein Vater und viele Väter vor ihnen sich in den Senken und Neigungen, in den Höfen und Lichtungen, den Steppen und Wüsten, den Wegen und Sackgassen, die die Bibel bilden, besser auskannten als andere?

Sie bedienten sich der Worte, um sich der Welt zu nähern. Sie kannten die Regeln und die Gesetze. Sie sprachen von Liebe und Vergebung. Einige unter ihnen waren stärker als andere, einige suchten, einige suchten nicht. Sie alle hatten die Worte, die sie wiederholten und wiederholten. Die Worte veränderten sich nicht, aber die Worte veränderten die Menschen.

Sie sagten, sie hätten das Licht gesehen. Sie sagten, sie hätten Gott erkannt. Sie sagten, dass Jesus der Sohn Gottes ist, der ihn geopfert hat, für uns, für unsere Sünden, und dass es deshalb Hoffnung gibt und dass wir frei sind, weil er für uns gestorben ist – er sitzt zur Rechten Gottes, geboren von der Jungfrau Maria, gelitten unter Pontius Pilatus, gekreuzigt, gestorben und begraben, hinabgestiegen in das Reich des Todes, am dritten Tage auferstanden von den Toten, aufgefahren in den Himmel.

Sie sagten diese Sätze, die nicht ihre waren. Sie fanden Halt in diesen Sätzen, in der Wiederholung. Das war der Ritus, das war der Gottesdienst, das war ihr Denken, das sich im Widerspruch zwischen dem Eigenen und dem Heiligen entwickelte. Sie waren jung, sie wurden älter, sie starben, aber die Sätze blieben die gleichen.

Sie lebten in kleinen Städten, mit Burgen und Gassen und einer Enge, die von den Wäldern her kam, von denen diese Städte umgeben waren, die Enge drängte hinein in die Stuben und in die Gedanken, und manche wehrten sich gegen diese Enge, und manche ergaben sich ihr, aber die Sätze blieben die gleichen.

Sie lebten im Glauben, sie sollten Sinn signalisieren, eine Richtung vorgeben. Sie sollten Ordnung stiften im Chaos. Sie sollten Vertrauen schaffen und für die Liebe werben und sprachen doch vom Tod. Sie bauten die Hoffnung auf das Opfer und auf das Leiden. Sie versprachen Glück und predigten Gehorsam. Und die Sätze blieben die gleichen.

Die Zeit floss durch sie hindurch, einer nach dem anderen erklomm die Kanzel, einer nach dem anderen fühlte sich erwählt oder verpflichtet, es war die Tradition, in der sie lebten, die Tradition, in der sie sich wohlfühlten oder mit der sie haderten, aber die Tradition war stärker als sie, und so gaben sie nach, weil sie schwächer waren als die Tradition, und manche hassten sich vielleicht dafür, und manche fühlten sich aufgehoben, sie fühlten sich sicher, weil sie ihren Platz gefunden hatten.

Mein Vater stand etwas unschlüssig in seinem eigenen Leben, irgendwo dazwischen. Es hätte auch ein anderes Leben werden können. Er ahnte, dass es hätte anders werden können, da bin ich sicher, sonst wäre er nicht nach Amerika gegangen zum Studieren, so kurz nach dem Krieg, als sie jemanden, der aus Deutschland kam, dort noch anschauten wie einen Marsmenschen. Er liebte dieses Land, er liebte das Neue daran, er liebte das Große und Weite, er liebte den Geist, der sich ihm hier zeigte, in den Werken der Natur und in den Menschen, in der Musik und in der Literatur. Gershwin, sagte er, sei sein Lieblingskomponist – »An American in Paris«, »Rhapsody in Blue«, cool und kosmopolitisch, der Traum von einer anderen Welt.

Dabei kam er doch aus diesem tiefen Deutschland, aus dem Frankenland, wo sich die Protestanten verschanzten, im Schatten Dürers und Luthers und im Bewusstsein, dass es das Böse gibt und das Gute und dass man am besten selbst definiert, was böse ist und was gut. Meinem Vater aber war dieses Denken und Sortieren auf eine grundsätzliche Art und Weise egal. Ich sehe ihn, wie er mit kurzen Hosen auf einem Fahrrad an einem Feld entlangradelt, es ist der Weg zur Eisenbahn, nach Fürth, es ist der Weg, der ihn fortbringen sollte aus dieser Enge, aus der er nicht floh, aus der es ihn eher fortzog.

48

Er hatte einen leicht anarchischen Sinn. Es reicht ja manchmal schon, sich etwas quer zu der Institution zu stellen, die so schwer und mächtig geworden ist, dass sie ihr eigenes Gewicht nicht mehr merkt. Es reicht schon, sich etwas quer zum Leben zu stellen. Und dann wieder weiter geradeaus zu gehen.

Seine Eltern und Großeltern jedenfalls schauen hart und etwas bitter aus den Fotos, die ich von ihnen gesehen habe. Es ist dieser erloschene Furor, den man auch in den Gesichtern der frühen Siedler in Amerika erkennt, ein Leiden mehr der Seele und erst dann des Körpers. Etwas zerrt an ihnen, etwas kämpft in ihnen, sie haben das Feuer der Hölle gesehen, das sagen diese Augen, gerade weil sie sich so sehr nach dem Himmel verzehren. Sie haben sich selbst angetrieben, ihr Leben lang, und nun sind sie erschöpft. Ist es die Metaphysik, die sie müde gemacht hat?

Und so sind die Wangenzüge oft karg und faltig. Die Augen blicken strenger, als sie müssten. Die Gnade, von der sie reden, haben sie sich abgerungen. Der Zorn, von dem sie erzählen, hat sich tief in sie hineingebohrt. Die Konfrontation, der stete Kampf. Das war immer Teil jener Geschichte, mit der sich Menschen seit Generationen gegenseitig Angst machen.

Sie lebten in Häusern, die nicht ihre waren. Sie lebten zwischen Vorgängern und Nachfolgern. Die Macht, die von ihren alten Worten ausging, hing auch von der Art ab, wie sie sie sagten, und davon, was sie mit ihnen anstellten. Sie waren Prediger im Weinberg des Herrn, so sahen sie sich selbst, sie waren die Zeugen, zwischen Gott und Gemeinde, und sie kannten beide Seiten, so sagten sie, und waren doch gerade darum einsam. Die Aura umfasste sie eng.

Sie waren es, die die Botschaft vorwärtstrugen. Sie waren im steten Strom der Worte und standen doch still, verbunden auf der Kanzel und in Ewigkeit, Amen, das war ihr Dilemma. Sie waren der Wandel, und sie waren der Fels. Sie waren sie selbst und füllten immer eine Rolle aus.

Und so stand ich in dem Büro des Kultur-Chefs, hoch über Hamburg, die Sonne schien hell, der Schutt der Stadt war sichtbar von hier aus, das Neue, das Erbauen, der Hafen, Erde, die bewegt wurde, Straßen, die gebaut wurden, Wasser, das glitzerte, Eisenbahngleise, Züge, der Mensch, was er schafft.

Ich verließ das Büro, zufrieden, weil ich merkte, dass ich auf einmal wusste, was ich schon länger gesucht hatte. Es gibt Fragen, die man sich erst stellt, wenn man die Antwort hört.

»Der Priester kennt nur Eine grosse Gefahr«, schreibt Friedrich Nietzsche, der Pfarrerssohn, der Judenhasser, der Christenhasser, »das ist die Wissenschaft – der gesunde Begriff von Ursache und Wirkung. Aber die Wissenschaft gedeiht im Ganzen nur unter glücklichen Verhältnissen, – man muss Zeit, man muss Geist über-flüssig haben, um zu ›erkennen‹… ›Folglich muss man den Menschen unglücklich machen‹, – dies war zu jeder Zeit die Logik des Priesters. – Man erräth bereits, was, dieser Logik gemäss, damit erst in die Welt gekommen ist: – die ›Sünde‹… Der Schuld- und Strafbegriff, die ganze ›sittliche Weltordnung‹ ist erfunden gegen die

Wissenschaft, – gegen die Ablösung des Menschen vom Priester... Der Mensch soll nicht hinaus, er soll in sich hinein sehn; er soll nicht klug und vorsichtig, als Lernender, in die Dinge sehn, er soll überhaupt gar nicht sehn: er soll leiden ...« (*Der Antichrist*, 49)

Der Priester als Zustand. Der Priester als Problem. Und die Gewalt, die in dieser Figur geborgen liegt, erkennbar in den Extremen, erkennbar in Luther wie in Nietzsche.

Für ihn, Nietzsche, markiert das Christentum den Riss in der Welt, den es dann selbst wieder richtet – und Luther, so sah es Nietzsche, war derjenige, der den Riss vertiefte. Im Glauben ist dieser Widerspruch immer präsent, zwischen Vernunft und Versenkung, zwischen Leid und Erlösung, zwischen der Welt, wie sie ist, und der Welt, wie sie mit Worten gezeichnet wird. Die Botschaft des Glaubens steht oft gegen die Wirklichkeit der Welt. Nietzsche sah diesen Widerspruch, er spürte ihn, er beschrieb ihn, weil es auch sein eigener war. Er wollte sie sprengen, die »sittliche Weltordnung«, die er als eine Verschwörung gegen die Vernunft sah. Er verabscheute die Ethik, die eine Erfindung der Priester sei, wie er meinte, zur Verschleierung ihrer eigentlichen Motive, zur Sicherung ihrer eigenen Macht. Freiheit im Glauben gab es für Nietzsche nicht, nur Unterwerfung, Unterdrückung, Lüge. Die Wahrheit war allein zu finden in der totalen Verneinung. Das Gegenteil von Gott war aber nicht der Teufel, sondern der Mensch.

Das ist die Wut, die den *Antichrist* antreibt, das sind der Ekel und der Hass, die Nietzsche mit Luther verbinden, von dem er gelernt hat, in der Polemik, in der

Drastik, in der Schonungslosigkeit und in der Direktheit der Worte. Die Wut kommt mit dem Glauben, das ist es, was Nietzsche zeigt, der selbst priesterlich ist in seinem Furor. Sie brauchten sich, sie bedingten sich, es ist fast, als hätte Luther schon Nietzsche gekannt. Sie waren beide Sprachschöpfer, sie haben das Deutsche für sich definiert, sie haben die Worte so genutzt und gebogen, wie sie sie brauchten, sie haben aus dem Schatz dessen geschöpft, was sie umgab, ganz Zeitgenossen, und waren doch Solitäre. Sie waren Gegner, durch Jahrhunderte getrennt. Für Luther war der Papst der Antichrist, der Verräter, ihn wollte er bekämpfen. Nietzsche sah sich selbst als Antichrist, als Retter, und die Verkommenheit der Kirche, so wie Luther sie wahrnahm zu seiner Zeit, war für Nietzsche im Gegenteil eine Bestätigung, dass die an sich schändliche Christenheit an ihr Ende gekommen sei. Sie waren sich ähnlich, gerade in der Abneigung.

»Was geschah?«, so trieb Nietzsche seine Worte weiter voran, sie sollten einen Mann treffen, der schon lange tot war und doch noch lebte: »Ein deutscher Mönch, Luther, kam nach Rom. Dieser Mönch, mit allen rachsüchtigen Instinkten eines verunglückten Priesters im Leibe, empörte sich in Romen gegen die Renaissance.... Statt mit tiefster Dankbarkeit des Christenthums an seinem Sitz –, verstand sein Hass aus diesem Schauspiel nur seine Nahrung zu ziehn. Ein religiöser Mensch denkt nur an sich.« (*Der Antichrist*, 61)

Luther, der Prediger, Luther, der Revolutionär der Restauration, Luther, der Zerstörer, der die Institution festigte. Der Widerspruch. Die Zerklüftetheit seines Wesens, seiner Wirkung. Nietzsche spürte dem nach.

»Und Luther stellte die Kirche wieder her: er griff sie an«, schreibt er. Im Christentum sah Nietzsche das große Nein, die Erfindung des Leidens war für ihn die Grundlage des Glaubens. Er griff weit zurück, um die in seinen Augen dunkle Energie des Christentums zu erklären. Er begann am Anfang. Schon hier sind widersprüchliche Kräfte am Werk, schon hier zerrt es am Einzelnen, es zerrt am Gläubigen, aber vor allem zerrt es am Priester: die Abhängigkeit von Gott, die Abhängigkeit vom Herrscher, die Abhängigkeit von der Kirche, die Spaltungen, die Richtungskämpfe. Die Geschichte des Glaubens ist eine Geschichte der Zerrissenheit.

Luther selbst lebte im Aufruhr. Er lebte im Streit mit der Ordnung, er lebte mit der Gewissheit seines Glaubens, er legte sich an mit der größten Macht, die es für einen Menschen des Glaubens geben konnte, der Kirche, wie sie Petrus und Paulus und all die geschaffen hatten, die danach kamen, und wenn er sich irrte, wenn er verlor, dann drohte ihm ewige Verdammnis, dann hatte er sich metaphysisch verspielt.

Dieses Risiko war ihm bewusst, er nahm es auf sich, und auch das bockige, trotzige »Hier stehe ich und kann nicht anders! Gott helfe mir, Amen!« passt dazu – der Legende nach soll Luther dies 1521 auf dem Reichstag zu Worms gesagt haben, verbürgt ist jedoch nur, dass er sich in diesem Statement auf sein Gewissen berufen hat: »Daher kann und will ich nichts widerrufen, weil wider das Gewissen etwas zu tun weder sicher noch heilsam ist. Gott helfe mir, Amen.« Er sah sich auf der richtigen Seite, er ging mit einer Unbedingtheit vor, die Spuren hinterlassen sollte für die, die nach ihm kamen, Priester, Pfarrer,

Pfarrerskinder. Die Haltung war klar, die Botschaft war es nicht immer. Denn die Schlachten, aus denen die Kirche des Protestes entstand, waren andere als die Schlachten der späteren Zeit. Das eine war existenziell, das andere innerlich. Der Feind wohnte nach Luther nicht mehr in der Hölle, der Feind wohnte in einem selbst, und er musste bekämpft werden, so wie Luther seine Feinde bekämpft hatte.

Die Härte, von der ich spreche, war in diesem Anfang entstanden, und sie ging nicht mehr fort. Sie war immer nur ein Teil dessen, was das Erbe Luthers ausmachte, sie war aber ein wesentlicher Teil. Der Radikalismus Luthers rückte dabei in immer größere Ferne, die Gefahr, die von ihm ausging, war immer schwieriger zu verstehen. Die Härte blieb als protestantisches Erbe, sie veränderte sich mit der Zeit, sie suchte sich Formen der Moral, der Strenge, der tiefen Gläubigkeit, des Bibelfundamentalismus, der Weltabgewandtheit, der Versunkenheit und Verstiegenheit, des Rigorismus, des Terrorismus, sie fand sich in Brandbomben und Molotowcocktails, es ist kein Zufall, dass Jahrhunderte der Kriege auf die Reformation folgten. Es war eine Welt, die entzweibrach, die entzweibrechen musste, weil die Religion, von Menschen erdacht, nicht von der Macht zu trennen ist, die die Menschen beherrscht. Luthers Akt war einer der Befreiung und der Unterwerfung, religiös, spirituell, ganz konkret. Er war aber auch, unabhängig davon, wie man die Motive, die Ausgangssituation, die Folgen einschätzt, ein Akt der Zerstörung.

Denn die Gewalt war da, und sie war zuerst einmal im Wort. Luther kultivierte sie, Luther liebte sie, Luther übte sich in dieser rhetorischen Gewalt, er schärfte seine Begriffe an den Beleidigungen, die er ausstieß. »Gockelnarrn« etwa, das war noch eines der freundlichsten Worte, die er für seine Gegner übrig hatte, die vor allem in Rom saßen. Er wollte die Kirche retten vor der »Tyrannei«, vor der »Räuberei«, vor dem Teufel, der auf dem Thron saß in Gestalt des Papstes, in diesem Fall Leo X., der aber nur einer war in einer Reihe von systematisch korrupten Kirchenfürsten. Sie finanzierten ihre Pracht mit dem Geschäft ums Jenseits, der verkauften Erlösung, um Kirchen zu bauen und Paläste. Sie nutzten die Hölle kreativ. Sie erfanden immer neue Qualen, um sich immer neue Quellen zu erschließen. Sie taten, was im Aberglauben ihres Glaubens angelegt war, weil jeder Glaube letztlich vor allem die Sehnsucht der Menschen nach Erklärungen befriedigt, die aber so einfach nicht zu haben sind.

In den Bildern von Lucas Cranach dem Älteren ist all das präsent. Es ist eine Welt auf der Kippe, die hier gezeigt wird, ein Denken im Umbruch, und der Mensch steht dazwischen, unsicher, nackt, fremd in seinem Körper und neu in seinem Glauben. Adam und Eva etwa, ein Fuß leicht nach vorn gesetzt, als wollten sie losgehen, die Hüften etwas verdreht, als wollten sie zurück, die Hände greifen entweder ins Nichts oder halten den Apfel, der die Sünde verspricht und den Spaß und den Sex. Evas Brüste sind zart und hell und verlockend, Adam schaut aber auf den Apfel, er traut sich nicht, auf die Brüste zu blicken, noch nicht, und dort, wo die Blicke gefährlicher werden, halten beide einen Zweig. Es ist ein schönes Bild,

Adam und Eva, von Lucas Cranach d. Ä., 1513 (Mainfränkisches Museum Würzburg).

1513 bis 1515 gemalt, es strahlt die überraschende und in aller Schuld unschuldige Erotik aus, mit der Cranach sich oder die Betrachter überrumpelte.

Cranach war Luthers Freund und Partner, sie wohnten beide in Wittenberg, das sie dominierten, Cranach der Maler, der Politiker, der Geschäftsmann, die weltliche Seite der Macht, und Luther, der Mann, der den theologischen Kampf gegen Rom führte, der mit dem Teufel

56

rang, der den Glauben erneuerte. Sie waren das propagandistische Duo der protestantischen Revolution, sie ergänzten sich perfekt und waren doch verschieden. Luther war die Rationalität der Renaissance fremd, schon weil er sie mit den Exzessen der römischen Päpste verband. Cranach, ein wenig älter, war offen für beide Welten, er malte für die Reformation und für ihre Gegner, er war versucht, den italienischen Renaissance-Malern zu folgen, die dem Körper näher und näher rückten und ihn in seiner Schönheit und seiner Wirkung erfassten. Cranach versuchte, die Distanz zu dem zu halten, was eigentlich unvermeidlich war: der Blick auf den Menschen in seiner Vollkommenheit und Verlorenheit. Diesen Widerspruch suchte die Renaissance dadurch zu lösen, dass sie erst einmal beschrieb, was war, dass sie zeigte, was die Augen sehen konnten und der Verstand begreifen.

Es sind Kampfbilder, die Cranach in dieser Zeit gemalt hat, Elemente einer Bilderschlacht, in der es darum ging, den Ketzer Luther zum Star zu machen, zum Anführer einer Bewegung, zu dem Weltenstürzler, der er längst war. Lucas Cranach der Ältere und dann auch sein Sohn Lucas Cranach der Jüngere lieferten die Munition in diesem Kampf. Die Hölle, das zeigten ihre Bilder, war bewohnbar, sie war begehbar, die Maler jener Zeit verwendeten viel Energie darauf, sie sich und ihren Zeitgenossen auszuführen: Der »Höllensturz« von Cranach dem Jüngeren aus dem Jahr 1540 etwa, der Martin Luther auf der Kanzel zeigt, wie er die Welt der Gläubigen scheidet, die Arme weit ausgebreitet, den Blick verachtungsvoll in Richtung der Katholiken gewandt, die sich auf der rechten Seite des Bildes drängen und im Maul eines Ungeheuers zu versinken drohn, aus dem ihnen Flammen entgegenschlagen. Tiere, Drachen, Monster sitzen neben ihnen, sie sind die Verdammten der alten Ordnung, sie sind die Ungläubigen, die Feinde, sie sind dem Untergang geweiht, ohne Gnade, denn sie selbst haben es ja in der Hand, zum guten, zum richtigen, zum wahren Glauben zurückzukehren. Todesengel, Trollwesen, Mönche, Ehrenmänner, Würdenträger drängen sich aneinander, während links die Erwählten das Abendmahl der richtigen Art empfangen, ein Gnadenzeichen unter dem gekreuzigten Jesus.

Die Angst war allgegenwärtig in dieser panischen Epoche, auch darin war Luther Zeitgenosse. Die Bilder, die erst der ältere und später der jüngere Cranach schufen, waren von hingebungsvoller Schrecklichkeit. Das reale Leid der Menschen und die Nöte im Leben wurden in die Hölle verschoben, die wiederum zu einer Realität wurden, stets präsent, eine schauerliche Sicherheit, was zur

»Abendmahl der Protestanten und Höllensturz der Katholiken«. Holzschnitt von Lucas Cranach d. J., um 1546.

58

Gehet hin von mir, ihr verfluchten, in das ewige feur: welches bereitet ist dem Deufel vnd seinen Engelen.

»Die Himmelsleiter des hl. Bonaventura. Die Hölle«. Holzschnitt von Lucas Cranach d. Ä., 1513.

Folge hatte, dass sich die Menschen mehr mit dem Jenseits beschäftigten und den Plagen, die dort auf sie warteten, und weniger mit dem Diesseits und den Möglichkeiten, diese Plagen zu bekämpfen. Die Angst vor der Hölle war immer sozial konservativ, ein Druckmittel, metaphysische Erpressung im großen Stil. Die spitzschnabeligen Wesen, die an den Gesichtern der Frauen knabbern und ihren Schwanz um ihren nackten Körper wickeln, die Greise, die ihre ausgemergelten Glieder in Schmerzen winden, das grinsende Flügelwesen, das auf der auf Arm und Knie gestützten Frau reitet und sie an den Haaren zerrt, der Stumpfsinn des einen, die Verzweiflung des anderen – was Cranach der Ältere hier im unteren Höllenteil der »Himmelsleiter des hl. Bonaventura« schuf, wo das Fegefeuer ewig lodert, war auf ganz andere Art als seine Luther-Porträts ein Propagandabild der bestehenden Macht.

Freiheit im eigentlichen Sinn war hier nicht zu haben, und es war die Kirche, die Ketten der Angst um die

Menschen legte. Der Isenheimer Altar zum Beispiel, geschaffen von Matthias Grünewald zwischen 1506 und 1516, eine Art Schmerzensporno, ein Blick in die dunkle Welt der Dämonen, die die Gläubigen Sonntag für Sonntag erwartete: Jesus am Kreuz, seine überlangen Arme schrecklich verdreht, die Füße vom Nagel zerrissen, seine Lippen leichenblau, die Zunge hängt ihm aus dem Mund, der Körper ist übersät mit Wunden, Eiter, Blut, seine Mutter Maria bricht ohnmächtig zusammen. Das ist kein Opfer, das ist eine vollständige Demütigung. Der Sohn Gottes, verraten und entwürdigt, von seinem Vater oder von seinen Mitmenschen. Gott straft symbolisch auf eine Art und Weise, die wieder Furcht und Schrecken verbreiten soll. Das Bild ist ja keine Warnung davor, was die Menschen sich gegenseitig antun. Das Wesen dieser Altarbilder ist es gerade, den Diesseitigen einen Eindruck von jener Welt zu geben, an deren Existenz sie glauben sollen, glauben müssen, sonst funktioniert die Disziplinierung durch den Glauben nicht.

Zu sehen ist hier eine ästhetische und heilsgeschichtliche Übersteigerung der Angst und des Leidens, eine Feier der Grausamkeit und des Todes, als Mahnung, als Einschüchterung und Trauma. Die Frage ist dabei, was aus diesem Leid erwächst, das es in der Welt gibt und das man darstellen kann, um die Reflexion des Menschen über sich selbst zu ermöglichen. Aber darum geht es nicht. Im Gegenteil. Der Zweck dieser Übung ist Einschüchterung und Erniedrigung. Das Leid wird ikonisiert und instrumentalisiert. Gnade ist nicht die Botschaft. Veränderung ist nicht die Botschaft. Ordnung ist die Botschaft. Das Leid ist ein Signal für Gehorsam, für Warten, für Erdul-

60

Isenheimer Altar (Ausschnitt): Kreuzigung und Grablegung, von Matthias Grünewald, um 1515.

den. Die Schrecken der Erde sind gottgewollt, also sind sie hinzunehmen. Sie sind ein Zeichen, und wer sich dem Willen Gottes widersetzt, wird in der Hölle enden.

Die Angst, die aus diesen Bildern spricht, war eine Angst aus der Vergangenheit, die auf eine Gesellschaft im Umbruch traf, auf dem Weg in die Zukunft. Es war eine bildmächtige Zeit, es war die Zeit der medialen Revolution. Das Wort gewann an Macht, durch den Buchdruck, aber auch das Bild bekam dadurch größere Kraft. Rationalität und Polemik, Aufklärung und Angst, all das wurde begierig aufgenommen von der neu enstehenden selbstbewussten urbanen Bürgerschicht, mitverursacht durch einen Bevölkerungsanstieg seit dem späten 15. Jahrhundert. Die Reichsstädte gewannen an Bedeutung, gleichzeitig lebte weiterhin der weitaus größte Teil der Menschen auf dem Land, meist als Bauern in Abhängigkeit von Adel oder Kirche. Wer als Bauer geboren wurde, der blieb auch Bauer, Aufstieg oder Veränderung waren nicht vorgesehen. Die Unzufriedenheit aber nahm zu. Auch Handel, Handwerk, Kapitalverkehr expandierten. Luther selbst war das Produkt dieser Schicht, dieses Wandels, eines neuen Selbstbewusstseins, eines neuen Selbstverständnisses: eine Ruptur im Gefüge der Zeit, so nahmen das viele Menschen wahr. Die Möglichkeiten waren auf einmal neu und ungeheuer, die Ängste waren es dadurch auch.

Die Erde war größer geworden in jener Zeit, die Neugier, die Unruhe, die Suche nach neuen Wegen und neuen Wahrheiten nahmen zu. Kolumbus hatte 1492 eine Seeroute nach Amerika gefunden, Kopernikus hatte die Sterne beobachtet. 1543 erschien sein Werk *De revolutionibus orbium coelestium*, in Nürnberg gedruckt, wie auch viele Werke Luthers, der Kopernikus mit Spott bedachte: »Der Narr will mir die ganze Kunst Astronomia umkehren«, schrieb er. »Aber wie die Heilige Schrift zeigt, hieß Josua die Sonne stillstehen und nicht die Erde!« Luther wollte es nicht sehen. Er lebte in einer anderen Zeit, an der scharfzackigen Grenze des Mittelalters, er lebte in einer anderen Welt mit anderen Gesetzen und anderen Konturen und einer anderen Chronologie. Die kleinen deutschen Städte waren seine Welt, Eisleben, Mansfeld, Erfurt, Wittenberg, im Schutz der Fürsten, die Ebenen und Täler eines Landes, das seit jeher im Zentrum der Dinge lag und doch am Rand, eine geographisch-metaphysische Mittellage. Aber die Welt war nicht nur größer, sie war auch runder geworden, sie war nicht mehr Mittelpunkt von allem, besonders nicht des Sonnensystems. Der Mensch wurde durch Kopernikus auf andere Art und Weise befreit und gleichzeitig infrage gestellt als durch Luther. Der Mensch stand auf einmal wie zufällig in einem System von möglichen Konstellationen, das Wesen seiner Existenz war seine Kontingenz, also die Nicht-Notwendigkeit seines Bestehens.

Luther war das alles fremd. Wenn er nach vorne schaute, sah er keine Zukunft, sondern das Ende, den Untergang der Welt, den er mit einer gewissen Erlösungshoffnung erwartete. Er kannte keine Zeit, die sich unabhängig vom Menschen bewegt. Zeit war nur wichtig in Bezug auf das, was Gott mit den Menschen vorhatte. Zeit war ein Muster, in dem Gott sich zeigte. Durch das Alte Testament zieht sich diese Spannung zwischen göttlicher und historischer Zeit, zwischen einer Zeit, die dem Schöpfer gehört, und der Zeit, die seine Geschöpfe durchwandern, die warten, fliehen, kämpfen, rächen, morden, huren oder Kinder kriegen mit fast hundert Jahren oder mehr. Der Einzelne schnellt durch sein Leben, und die Zeit thront mächtig und fremd über ihm. Sie ist etwas, dem man sich unterwerfen muss, ausgesetzt und nackt, sie ist eine Drohung, weil die Ewigkeit sehr lang ist.

»Dein Leichnam wird eine Speise sein allen Vögeln des Himmels und allen Tieren auf Erden, und niemand wird sein, der sich scheucht«, so wütet Gott im 5. Buch Mose und vernichtet die Zukunft, indem er sie beschwört. »Der HERR wird dich schlagen mit Drüsen Ägyptens, mit Feigwarzen, mit Grind und Krätze, daß du nicht kannst heil werden. Der HERR wird dich schlagen mit Wahnsinn, Blindheit und Rasen des Herzens; und wirst tappen am Mittag, wie ein Blinder tappt im Dunkeln; und wirst auf deinem Wege kein Glück haben; und wirst Gewalt und Unrecht leiden müssen dein Leben lang, und niemand wird dir helfen.« (5 Mose 28, 26–29)

Gott macht die Menschen stumm. Die Zeit breitet sich aus wie ein Parcour der Demütigungen, Geschichte ist ein Werk Gottes und keine Errungenschaft des Menschen, keine Leistung, kein Aufstieg, kein Ziel außerhalb der Schrift, außerhalb der Botschaft von der Vertreibung und der Rückkehr, der ewigen Versprechung im metaphysischen Wartesaal. So ändert der Mensch nichts, so entsteht kein Sog nach vorn, so entsteht keine Vorstellung davon, was der Mensch zu tun imstande ist. Man muss ein Verständnis von Zeit haben, um eine Revolution denken zu können.

Luther aber war all das fern, er bewegte sich in seinen Tagen und in seiner Ewigkeit, weil es das war, was er kannte und wollte. Die Konturen einer vernunftgeborenen und naturwissenschaftlich überprüfbaren Geschichte der Erde zeichneten sich ab, aber Luther schaute in eine andere Richtung. Er lebte wie Kopernikus im Bewusstsein der Epochenschwelle, aber er blickte nicht nach vorn, er blickte zurück, wo er Halt suchte, und er blickte in sich hinein, wo er die Angst fand. Er war damit einer wie alle, was seinen Erfolg bei weiten Teilen der Bevölkerung erklärt. Er sprach aus, was viele fühlten. Er übersetzte sein Zeitalter, übersetzte den Wandel, den die Menschen ahnten und der sie schon schwindelig machte.

Sie flüchteten sich in eine Marienfrömmigkeit, die

64

auch Luther vertraut war. Sie suchten nach Zeichen, sie suchten nach Wundern, sie suchten nach dem Bösen in der Welt und in den Menschen, und manche fanden es im Wahn, fanden es im Hexenglauben, der in tödliche Arien der Gewalt mündete. Der Puls schlug heftiger in jener Zeit, die Vernichtungsorgien der Pest waren noch in Erinnerung, Strafen schienen eine Realität zu sein, Gott war eine Präsenz und die Apokalypse eine vertraute Gewissheit. Es grassierte eine Art Hyperreligiosität, die oft nah an der Hysterie war, und Luther selbst ist ein Beispiel dafür, wie er seinen Lebensplan – oder den Plan, den sein Vater für ihn hatte – radikal änderte. Er rief zu Anna und wurde Mönch.

Solche Bekehrungs- oder Erweckungserlebnisse sind in der christlichen Mythologie beliebt, weil sie von der Anwesenheit Gottes oder eines göttlichen Willens erzählen, weil sie das menschliche Leben und die eigene Biographie als formbar erscheinen lassen, weil sie dem Bruch, dem Riss eine sinnstiftende Wirkung zuschreiben. Die Unordnung des Lebens wird so reduziert, eine Entscheidung wird zum Exemplum der Erweckung gemacht, zum Zeichen für das richtige, das gelungene Leben überhaupt. Die Geschichte von Paulus diente dazu, der sich vom Verfolger zum Begründer des Christentums wandelte, und auch die Geschichte von Luther. Es geht in diesen Geschichten immer um den richtigen Weg, von dem man abgekommen ist, es geht um die Annahme, dass es überhaupt einen richtigen Weg geben, dass man ihn beschreiben, vorschreiben kann. Es ist eine Metapher der Macht über die Willkürlichkeit des Daseins. Es ist das Versprechen eines Glaubens, der Sicherheiten an die

Stelle des Zweifels setzt – ein modernes Wort, das nicht in die Welt von Martin Luther passt, die doch von Teufeln bewohnt ist.

Die Kirche machte ihr Geschäft damit, mit den Teufeln, mit der Angst vor der Hölle. Sie versprach einen Handel, der das Jenseits betraf und der schon im Diesseits geregelt werden konnte. Luther sah das skeptisch. Er glaubte an die Schuld und an das Böse des Menschen, das war geradezu sein Antrieb: »Des Menschen Herz und Sinn stehn allzeit zu dem Bosen«, schrieb er 1520 in seiner Schrift *Von den guten Werken*. Der Weg der Buße aber sollte ein grundsätzlich anderer sein als der, den die katholische Kirche mit dem Ablasshandel anbot, bei dem sich der Gläubige von seiner Schuld freikaufen konnte: eine Praxis, die kirchliche mit politischer Korruption verband, wie etwa beim sogenannten »Petersablass«, gegen den sich Luther mit seinen 95 Thesen von 1517 wandte. Albrecht von Brandenburg, Markgraf und Erzbischof von gleich drei Bistümern, was nach kanonischem Recht nicht erlaubt war, wollte die Strafe, die er deshalb zu bezahlen hatte, genauso mit den Erlösen aus dem Ablass begleichen wie die Schulden, die er bei den Fuggern hatte. Die andere Hälfte sollte nach Rom an den Vatikan gezahlt werden, um den Bau der Peterskirche zu finanzieren. Der Widerstand gegen diesen Handel war der Anfang der Luther'schen Rebellion.

Seine Vorstellung war eine ganz andere: Die Buße sollte von innen kommen, allein durch den Glauben – »sola fide« –, da war sich Luther sicher, konnte der Mensch gerettet werden. Die Verderbnis ist allgemein, sie ist existenziell, und die Vergebung kann einem niemand geben,

66

denn es ist Gott allein, vor dem sich der Sünder rechtfertigen muss, rechtfertigen kann. Gott ist die alleinige Instanz. »Unchristliches predigen die, die lehren, dass zum Loskauf von Seelen oder zum Erwerb von Beichtbriefen keine Reue nötig sei«, schreibt Luther als 35. seiner Wittenberger Thesen und fährt fort: »Jeder Christ, der wahrhaft Reue empfindet, hat vollkommenen Erlass von Strafe und Schuld, auch ohne Ablassbriefe. Jeder wahre Christ, ob lebend oder tot, hat einen von Gott geschenkten Anteil an allen Gütern Christi und der Kirche, auch ohne Ablassbriefe.«

Gleichzeitig bindet er diese Gnadenfreiheit an die Unterwerfung unter eine andere Macht, nicht die weltliche Macht Roms, sondern die Macht Gottes. Hier, in der Gnadenphilosophie, ist einer der spannendsten und widersinnigsten Momente von Luthers Denken zu beobachten. Denn was wie Individualismus klingt, ist es nicht, weil es dieses Wort, dieses Denken in Luthers Welt nicht gab. Wenn er vom Einzelnen sprach, dann war es immer der Einzelne in Bezug auf Gott, nie auf sich selbst oder auf andere. Der Mensch, von dem er sprach, war kein soziales Wesen, sondern ein Element der Schöpfung. Luther formulierte damit eine negative Anthropologie, ein Menschenbild des Verdachts und der Vorverurteilung. Freiheit reimt sich hier auf Faulheit, Gehorsam ist die eigentliche Glaubenspraxis und »Dienst aller der, die uns zur Ubirkeit gesetzt sind«. Einerseits also wird alles Weltliche in seinem Machtanspruch zurückgewiesen, andererseits braucht Luther die Obrigkeit, um seine Glaubensrevolution zu schützen.

Später, viel später ist das die sprichwörtliche Innerlichkeit der Pfarrhäuser wie auch der Schriftsteller und Philosophen, die diesem Milieu entstammen, Männer, vor allem Männer, die sich das Wort nahmen und damit ihre eigene Welt und ihre eigene Macht bauten. Das Wort trennte sie von der anderen Welt, auch wenn sie sich darauf bezogen. Im Wort lebten sie, das Wort gab ihnen ihre Autorität. Luther schuf die Sprache, derer sich diese Männer bedienten, er schuf das Denken, das sie prägte. Seine Bibelübersetzung war die Grundlage für so viele Eigenheiten der Deutschen, die sich in seiner Sprache wiederfanden, weil er sie ihnen vom Mund abgelesen hatte. Er war einer von ihnen, er war ganz in seiner Zeit und ganz in seinem Land. Er erfand jenen deutschen Wortmenschen, der so anders war als der westeuropäische *Homme de lettres*, der mit seinen Worten auf die Welt zielt. Luthers Jünger wollten eine Gegenwelt schaffen, und so bildete sich mit ihm und in den Jahrhunderten danach jene etwas arrogante und aggressive Weltabgewandtheit heraus, die sich mal im entpolitisierten Rückzug offenbaren konnte und mal im reaktionären Widerstand gegen eine weltliche Macht, die dann nicht mehr dem Fürstenwillen, sondern dem Volkswillen entsprungen war, wie ihn die Aufklärung beschrieben hat.

In der Gnadenlehre dieser Jahre um 1520, die direkt aus den 95 Thesen von 1517 folgte und dem Widerstand gegen den Ablasshandel, verfestigte Luther auch seine Idee eines universellen Priestertums, das jeden Getauften letztlich zum Priester machte. Das war seine Vorstellung von Volk, das waren die »lieben Deutschen«, an die er sich richtete, und »alle armen Seelen, die so klaglich durch das schändlich, teuflisch Regiment der Romer vorloren werden, und täglich mehr und mehr der Teufel zunimmt, so es anders muglich wäre, dass solch hellisch Regiment mocht ärger werden, das ich doch nit begreifen noch gläuben kann« – so schreibt Luther in der Schrift *An den christlichen Adel deutscher Nation*, mit der er die deutschen Fürsten zum Widerstand gegen Rom aufrief, zu einer Zeit, als er mit dem Kirchenbann bedroht war und mit einer Exkommunikation der Papstkirche antwortete und 1520 das kanonische Recht, die Bannandrohungsbulle und einige scholastische Lehrwerke in Wittenberg verbrannte.

Sein imperialer Gegenspieler Karl V., Herrscher von Burgund, Kastilien und Aragón, wozu damals Sizilien, Sardinien, Neapel, aber auch Südamerika und die Philippinen gehörten, war 1519 nach einem langen und teuren Wahlkampf zum römisch-deutschen König gewählt worden. Karl V. vertrat die Idee einer Universalmonarchie. Er wandte sich gegen die Selbstständigkeit der europäischen Einzelstaaten, auf die Luthers Werk hinauslief. »Die Zeit des Schweigens ist vorgangen, und die Zeit zu reden ist kommen«, so beginnt Luther seine Gegenschrift an den deutschen Adel, an die deutsche Nation – mit einem Verweis auf das Buch Kohelet (7, 15–18) aus dem Alten Testament.

Dort heißt es: »Da ist ein Gerechter, und geht unter mit seiner Gerechtigkeit; und ein Gottloser, der lange lebt in seiner Bosheit. Sei nicht allzu gerecht und nicht allzu weise, daß du dich nicht verderbest. Sei nicht allzu gottlos und narre nicht, daß du nicht sterbest zur Unzeit. Es ist gut, daß du dies fassest und jenes auch nicht aus deiner Hand lässest; denn wer Gott fürchtet, der entgeht dem allem.« Das war die Sicherheit, die Luther trug, die Gewissheit, ein Gerechter zu sein, eine Anmaßung, könnte man meinen, oder eine Zurüstung für die Schlacht, in die Luther ziehen wollte, ziehen musste.

Es waren ja, so dachte er oft, die letzten Tage, und der Antichrist herrschte in Rom. »Die Not und Beschwerung, die alle Ständ der Christenheit, zuvor deutsche Land, druckt, nit allein mich, sondern jedermann bewegt hat, vielmal zu schreien und Hulf begehren, hat mich auch itzt zwungen zu schreien und rufen, Gott jemand den Geist geben wollt, seine Hand zu reichen der elenden Nation.«

Es war ein Kampf gegen Rom, und es war ein deutscher Kampf. Es war ein deutsches Wüten, gegen die Hierarchie, aus dem Volkswillen geboren, aus dem Verständnis heraus, dass »wir allesamt durch die Tauf zu Priestern geweihet« sind, ein Aufschrei gegen die Autoritäten, die weit weg herrschen, diese »vordrießliche teuffelische Fundle« (womit er die Kniffe des Antichristen meinte), diese Hure, der Papst. Dagegen steht der christliche »Korper«, die Einheit und Gleichheit der Christen vor Gott, wie Luther schrieb. »Warum ist dein Leib, Leben, Gut und Ehr so frei, und nit das meine, so wir doch gleich Christen sein, gleich Tauf, Glauben, Geist und alle Ding haben? Wird ein Priester erschlagen, so liegt ein Land im Interdikt, warum auch nit, wenn ein Baur erschlagen wird? Wo kummt her solchs groß Unterscheid unter den gleichen Christen? Allein aus Menschen Gesetzen und Dichten.«

Mit diesem Gleichheitsfuror wollte Luther den deutschen Adel aufwecken. Luther stand zwischen den Zei-

70

ten, er stand auf dieser Bruchlinie, er spürte, wie sich der Boden unter seinen Füßen bewegte. Aber das, was ihn vorwärtszog, war nicht das, was er suchte. Er scheute die Zukunft, er scheute die Zeit, die Veränderungen bedeutete, die womöglich menschengemacht sein würden. Die Zeit, dieses Material der Politik, war ihm als Kategorie so fremd wie eben das Dichten der Menschen, wie er es nannte. Das war für ihn die Eitelkeit des Einzelnen, das war ein Auflehnen gegen die Bestimmung. Es sind die Gesetze der Ewigkeit, die gelten, so sah er das, nicht die Gesetze der Menschen, nicht die Realität der Gesellschaft. Die Gesellschaft bestand für ihn nicht aus Bürgern, sondern aus Gläubigen. Die Beziehungen der Menschen untereinander waren geregelt durch ihre Beziehung zu Gott. Der Anarchismus Luthers war ein Widerstand gegen weltliches Recht, und Ordnung entstand für ihn aus einem tiefen Glauben an die göttliche Ordnung. Es war letztlich gar kein Anarchismus. Es war ein Anachronismus, mit anarchischer Lust vorgetragen.

»Dieser mutwille und lugenhaftige Furbehalt des Papsts macht nu zu Rom ein solch Wesen«, schreibt Luther *An den christlichen Adel deutscher Nation*, »dass niemand davon reden kann. Da ist ein Kaufen, Vorkäufen, Wechselin, Tauschen, Rauschen, Liegen, Triegen, Rauben, Stehlen, Prachten, Hurerei, Buberei, auf allerlei Weis Gottis Vorachtung, dass nit muglich ist dem Endchrist, lästerlicher zu regieren.« Es ist ein Rap fast, den Luther hier loslässt, es ist der Sound der Selbstanfeuerung, es ist ein Rauschen der Worte, das Luther so liebte und das die Prediger begleitete, die das Tönen gelernt hatten, den hohen Ort genossen, die Kanzel, von der herab sie den Gläubigen die Wahrheit brachten, die die ihre war und doch die ewige sein musste, aus diesem Dilemma konnten sie nicht recht entkommen, es sei denn, sie nahmen ihre Subjektivität ernst.

Luther jedenfalls feuerte weiter in dieser Schrift, in diesem für ihn so produktiven und streitlustigen Jahr 1520, er feuerte gegen die »Focker zu Augsburg«, die Fugger also, die ein wesentlicher Geldgeber von Luthers Gegenspieler Karl V. waren und auch des Papstes, der »je gestohlen und geraubt fast allis was er hat«. Es seien speziell die Deutschen, die unter dem »elenden, heidnischen und unchristlichen Regiment« von Rom litten, schreibt Luther, und die Aggression, die Bockigkeit, der halsstarrige Egoismus vergangener wie gegenwärtiger Tage werden hier deutlich: Luther sprach als Mann des Volkes, er sprach aber vor allem als Mann seines Volkes, das er explizit zu dem machte, was es noch nicht war, aber was es werden sollte. Er sah und erfand diese Nation mit diesem Wort, er verband das Christentum, sein Christentum, mit diesem Deutschland, er setzte Worte und Gedanken in die Welt, die ihr schreckliches Echo fanden durch die »Deutschen Christen«, die in der Zeit des Nationalsozialismus mit ihrer antisemitischen, rassistischen, völkischen Ausrichtung den Protestantismus bestimmten. Es ist alles da in Luthers Schriften, es musste nur anders zusammengesetzt werden, es musste nur in einer anderen Zeit mit neuer Aggression und neuem, tödlichem Antisemitismus aufgeladen werden. Die Gefahr, die hierin lag, die Gefahr der Gedanken, war die Gefahr Luthers.

Die Härte, die Ausschließlichkeit, die Wut, er legt alles in seine Worte. Und man kann aus der theologisch motivierten Geldverachtung, die aus dem Ablassstreit resultierte, auch einen permanenten antikapitalistischen Antrieb herauslesen, eine Form der Weltabgewandtheit, eine antiwestliche, zentraleuropäische oder eben speziell deutsche Sicht, aus dem Protestantismus geboren, aus der Opposition gegen Rom, gegen die Renaissancepäpste, gegen die Verschwendung und in gewisser Weise damit auch gegen die Raffinesse, gegen die Schönheit, gegen das Menschenbild, das daraus entstand. Und auch gegen die Juden. Der »Antichrist« gefiel sich in seiner »vordammten Hoffart«, der Mann in der Kutte dagegen, Luther, bediente das Ressentiment der Antiästheten, eine Oberflächenfeindlichkeit, eine Kultur des Verdachts gegen das, was die Revolution im Menschenbild bewirkte, die die Renaissance war. Bis heute hält sich diese Denkweise im deutschen Geistesleben, eine konservativ bis reaktionäre Feindschaft gegen Geld und Kommerz, die nichts mit einer linken Kritik am Kapitalismus verbindet.

Es ist eine Bruchlinie, die sich hier auftut, eine Spaltung Europas anhand der kulturellen Gegebenheiten, die aus dem theologischen und politischen Streit folgten, fast ein Kult der Grobheit, wie ihn Luther selbst in *An den christlichen Adel deutscher Nation* beschreibt: »Zum Ersten wäre hoch not ein gemein Gebot und Bewilligung deutscher Nation wider den ubirschwänglichen Ubirfluss und Kost der Kleidung, dadurch soviel Adel und reichs Volk vorarmet. Hat doch Gott uns, wieder andern Landen, gnug geben, Wolle, Haar, Flachs, und allis das zur ziemlicher, ehrlicher Kleidung einem jeglichen Stand redlich dienet, dass wir nit bedurften, so gräulichen großen Schatz fur Seiden, Sammet, Guldenstuck, und was der ausländischen War ist, so geudisch vorschutten. Ich acht, ob schon der Papst mit seiner unträglichen Schinderei uns Deutschen nit beraubet, hätten wir dennoch mehr dann zuviel an diesen heimlichen Räubern, den Seiden und Sammet Krämern.«

Das Vorurteil ist geschürt, und zwar im Namen der Nation: das antirömische, antikapitalistische, antihedonistische Vorurteil, gegen Genuss und Schönheit und Verschwendung, gegen den Handel, der Gewinn bringt, gegen den Fortschritt, der Veränderung bringt, gegen den Kommerz, der des Teufels ist. Denn »das großist Ungluck deutscher Nation ist gewisslich der Zinskauf«, so schreibt Luther weiter. »Soll er noch hundert Jahr stehen, so wäre es nit muglich, dass Deutschland einen Pfennig behielte, wir mussten uns gewisslich untereinander fressen. Der Teufel hat ihn erdacht, und der Papst wehe getan mit seinem Bestätigen aller Welt.«

Und so lese ich diese Zeilen, lese sie wieder und wieder und sehe in eine dunkle Zeit, sehe einen dunklen Menschen, sehe jemanden, der gejagt wird und gepeinigt, jemanden, der nie frei war und nie frei sein wird.

Ich lese diese Zeilen in ihrer harten, klaren Sprache, ich lese diese Worte, die wie Gegenstände im Text herumstehen, »hundert Jahr«, »Deutschland«, »fressen«, ich höre den Klang und spüre die Enge, der Worte, der Familie, des Erbes. Ich spüre die Beklemmung, die von diesem Mann bleibt. Ich spüre die deutsche Angst.

Ich lese diese Zeilen, es ist etwas da von der Skepsis gegen eine Ordnung, die auf Geld gebaut ist. Ich lese diese Zeilen und denke an die Kraft, die ich bei Occupy Wall Street gesehen habe, wie sich Menschen gegen eine offen-

74

sichtliche Ungerechtigkeit stemmen, die auf die Herrschaft des Kapitals gebaut ist, ich denke aber auch an die Wut jener Menschen, die weiter in deutschen Tälern wohnen und sich abgehängt fühlen von einem System, so nennen sie das, das sie mit der Globalisierung verbinden, sie wollen wieder Grenzen, sie wollen keine Flüchtlinge, sie wollen weniger Welt in ihrem Leben und mehr Sicherheit und wehren sich, an der Wahlurne, und manche auch mit Gewalt.

Ich lese diese Zeilen in ihrer Ambivalenz, alle Wut ist hier, die auf die eine oder andere Weise genutzt werden kann, benutzt, ausgenutzt, die Wut allein ist noch nichts, was gut oder schlecht ist, es kommt schon darauf an, was man mit dieser Wut will.

Ich lese diese Zeilen und reise durch die Zeit, von einer Neubausiedlung am Rande von München in das Franken der Väter und weiter in das Land, aus dem Luther kam, flach, nicht so hügelig, wie ich dachte, an einem Fluss gelegen und von vergeblicher Macht, zu den Pfarrern in der Gegend, wo sie predigten und lebten, fern von mir und doch seltsam nah.

Es ist das Wesen des Mythos, die Veränderbarkeit aus der Geschichte zu nehmen und der Zeit ihren Stachel; es ist das Dilemma der Religion, dass sie mythologisch ist und dennoch Veränderung will, Veränderung braucht, damit sie nicht stirbt; es ist das Wesen des Pfarrers, des Priesters, des Predigers, dass er diesen Widerspruch aushalten muss, er stellt ihn dar, er lebt mit ihm oder geht an ihm zugrunde.

Davon handelt die Bibel. Vom Mythos, den die Zeit

durchfließt, den die Zeit bedrängt, der sich gegen die Zeit stellt. Von Typen, nicht von Menschen.

Ich habe lange gebraucht, sehr lange, um überhaupt zu verstehen, dass es jemanden wie Jesus wirklich gab, dass er tatsächlich existierte. Ich habe ihn nur als Teil einer Geschichte gesehen, die andere für ihn geschrieben haben, nicht als Akteur seiner eigenen Geschichte. Als eine Symbolfigur, der die Konturen ihrer Individualität aus dem Gesicht gewischt wurden. Der Heiland. Der Erlöser. Der Sohn Gottes. Der Schmerzensmann. Keiner von uns. Einer von uns. Eine bloße Behauptung.

Man muss die Menschen suchen in diesem Buch. Paulus ist so einer, er ist als Autor präsent. Er ist als Subjekt seiner eigenen Geschichte greifbar, er verfolgt einen Plan, er will etwas, und gleich bekommt die Sprache einen anderen Drall, einen Einschlag ins Egozentrische. Und das konnte auch gar nicht anders sein. Bislang war es Gott, der waltete und wütete, der richtete und strafte. Nun war es der Mensch, der handelte, der handeln sollte.

In gewisser Weise war damit der Auftrag der Religion erfüllt. Sie hatte den Menschen zu sich selbst geführt, sie hatte ihm Richtung und Regeln gegeben. Sie wurde nicht mehr gebraucht. Aber das war es nicht, was Paulus wollte. Für ihn war Jesus nur der Anfang. Für ihn stellte sich die Frage: Wie konnte man aus diesen Sätzen eine Religion bauen?

Das sind die Widersprüche: Die Bibel will benutzt werden, sie will gelesen werden. Die Bibel ist der Anfang von etwas und doch in gewisser Weise final. Die Bibel soll lebendig sein, sie soll jeweils heute gelten, sie muss also passen. Aber sie passt nicht. Die Worte passen nicht, die Geschichten passen nicht. Es sind Jahrhunderte, die hier zusammengepresst werden. Es sind Sätze, die sich so wild gegeneinanderschieben, dass sich Klüfte auftun. Es kann die Aufgabe des Pfarrers sein, zu erklären, wie jedes Teil ins Ganze passt. Es kann auch die Aufgabe des Pfarrers sein, anhand einiger Teile das Ganze zu verändern.

Damit hadert der Prediger. Er soll den Text »mit lebendiger Stimm« auslegen, wie es Martin Luther nannte, in der *Vorrede auf das Alte Testament.* Er soll den Text mit Geist und Gegenwart versehen und ihn dabei so belassen, wie er ist. Es sind nicht seine Worte. Die Zeit, die fließt, wird angehalten und soll doch vorwärtsweisen, das ist die Spannung, die am Prediger zerrt.

»Im Anfang war das Wort, und das Wort war bei Gott, und Gott war das Wort. Dasselbe war im Anfang bei Gott. Alle Dinge sind durch dasselbe gemacht, und ohne dasselbe ist nichts gemacht, was gemacht ist.« Das ist das Pathos des Predigers, wie es im Evangelium des Johannes (1, 1–3) beschrieben ist. Die Frage war die Welt, die Antwort war das Wort, und der Mensch gab sie sich selbst und erfand sich seinen Gott, um der Antwort Gewicht zu verleihen.

Es war eine Art Flucht vor sich selbst. Der Mensch hätte die Antwort auch in sich finden können, wenn er gewollt hätte, wenn er gekonnt hätte, wenn er den Mut gehabt hätte. Aber er sah sich noch nicht als Mensch, er sah sich als Geschöpf. Es fehlte ihm das Selbstvertrauen. Und das macht die Erfindung Gottes auch verständlich. Aber die Probleme kamen, je länger die Zeit den Glauben durchfloss, der gemacht war für eine ganz andere Zeit mit ganz anderen Anforderungen.

Denn je länger es dauerte, und je mehr der Mensch lernte, und je größer die Welt wurde, desto größer wurden die Spannungen zwischen dem, was gelten sollte, und dem, was war. Und als sich die Sonne irgendwann nicht mehr um die Erde drehte und der Mensch merkte, dass er nicht mehr im Mittelpunkt stand, sondern Teil war von etwas, das womöglich gar keinen Sinn für ihn bereithielt, je mehr sich also der Himmel aufklärte, desto weniger konnten die Gläubigen noch an diese Worte mit dem gleichen Recht glauben.

Und so veränderte sich der Glaube. Er hatte einmal die Welt entworfen, als Geschichte, als Modell, als Heilsversprechen, als Gefahr, der mit Regeln, Gesetzen, Verboten begegnet wurde. Der Glaube war das Gerüst, um die Welt zu begehen. Und die Welt war, wie der Glaube es wollte. Der Glaube gab der Welt Tiefe und Ordnung. Aber dann öffnete sich die Welt, mehr und mehr, und das Wissen widersprach dem Glauben, mehr und mehr, und die, die nicht geglaubt hatten, sahen es schon früher.

Das ist das Dilemma das Predigers: Er benutzt den Intellekt, um etwas zu beschreiben und zu rechtfertigen, das sich dem Intellekt widersetzt. Die Worte, mit denen er seine Texte baut, umgeben einen Kern, der nicht mit Worten benannt werden kann, einen Ort, der Worten nicht zugänglich ist, der leer bleiben muss, weil der Glaube etwas anderes ist als die Welt.

Ich würde denken, dass einen das erst einmal melancholisch macht. Tatsächlich ist es ein Problem der Legitimation. Wer spricht? Und für wen? Wer hört zu? Und wie kann man damit etwas bauen, das eine Kirche ist, eine Institution, die sich darauf verlassen muss, dass jemand zuhört?

An diesem Sommermorgen etwa, die Dreieinigkeitskirche in Nürnberg-Gostenhof, die Pfarrerin auf der Kanzel, wo schon mein Großvater stand und auch mein Vater. An wen richtet sie sich? Wen meint sie? Aus welcher Perspektive spricht sie und mit welcher Autorität?

Lukas 19, 41–48, das ist der Text, über den sie predigt, vor etwa 25 Menschen, ein paar Alte, ein paar Angestellte, ein Mädchen mit Rasta-Haaren. Nürnberg wirkt ausgestorben an diesem Morgen, hart und fahl das Licht, als wäre die Energie irgendwo auf dem Weg von der Sonne zur Erde verschwunden.

»Und als er nahe hinzukam, sah er die Stadt und weinte über sie und sprach«, so schreibt Lukas über Jesus, der nach Jerusalem kommt. »Wenn doch auch du erkenntest zu dieser Zeit, was zum Frieden dient! Aber nun ist's vor deinen Augen verborgen. Denn es wird eine Zeit über dich kommen, da werden deine Feinde um dich einen Wall aufwerfen, dich belagern und von allen Seiten bedrängen und werden dich dem Erdboden gleichmachen samt deinen Kindern in dir und keinen Stein auf dem andern lassen in dir, weil du die Zeit nicht erkannt hast, in der du heimgesucht worden bist.«

Früher lebten Arbeiter in Gostenhof, heute finden hier die symbolischen und die realen Kämpfe der Gegenwart statt. Es geht im Kern mal wieder darum, wer etwas besitzt und wer nichts. Außen an der Kirche sind Hammer und Sichel und ein paar andere Graffiti zu sehen, Spuren des Protests gegen die Veränderung des Stadtteils, Gentrifizierung genannt. Die mit Geld kommen, die ohne Geld gehen. Worüber also würde Jesus weinen, das ist die Frage, mit der sich die Pfarrerin beschäftigt.

Ihre Predigt ist ein wüster Ritt, sie will im Grunde alles besprechen, was überhaupt passiert oder passiert ist, sie beginnt mit einer Beerdigung und einem Kind, das um seinen Vater weint, einen Menschen, der sich nicht ändern konnte. Es ist eine Geschichte, die lose in der Zeit hängt. Dann erzählt sie von Jesus und dem Tempel von Jerusalem, der siebzig Jahre später zerstört wurde. Dann von Nürnberg, das vor siebzig Jahren zerstört wurde. Hier wie dort weinten die Menschen. Aber was soll das bedeuten? Den Tempel haben die Römer zerstört, um den Aufstand der Juden zu bestrafen. Nürnberg haben die Alliierten bombardiert, um Hitler zu besiegen, der die Juden vernichten wollte. Was ist was?

Und weiter geht es, die Pfarrerin öffnet die Schatzkiste protestantischer Einwegwahrheiten. Sie redet davon, wie verführbar die Menschen sind. »Hass ist kein Weg«, sagt sie und spricht über den Druck der Eliten und der Mächtigen. Jesus hat Widerstand geleistet, das ist ihre Botschaft, aber auch hier ist nicht klar, was daraus folgt. »Die Gewinnmaximierung kann nicht unsere Lebensgrundlage sein«, sagt sie zu lauter Menschen, deren Lebensgrundlage genau das ist, ob sie es wollen oder nicht.

Denn sie ruft nicht zur Revolution auf. Sie predigt nur. Von den Flüchtlingen zum Beispiel, die von Nachbarn unterstützt werden. Es gibt Deutschkurse und Gemeinschaftsunterkünfte, sagt die Pfarrerin, »damit sie ankommen können in unserer Sprache, in unserem Land«. Das ist alles schön. Aber an wen richten sich diese Worte? Wen sollen sie aufrütteln? Was ist die Öffentlichkeit, die hier gemeint ist?

»Mit Jesus«, sagt die Pfarrerin, sollten wir erkennen, »was dem Frieden dient«. Und dass wir nie resignieren sollten und nie zu Gewalt greifen. Aber es ist ein sehr wenig gewaltbereiter Kreis von Menschen, der sich hier versammelt hat, unter einem Himmel aus Holz, in diesem Haus aus Stein, Zeichen vergangener Macht, Zeichen vergangener Wirkung. Schließlich singen alle zusammen ein Lied, nach einem Gedicht von Schalom Ben-Chorin, aus dem Jahr 1942:

»Freunde, dass der Mandelzweig wieder blüht und
    treibt,
ist das nicht ein Fingerzeig, dass die Liebe bleibt?
Dass das Leben nicht verging, so viel Blut auch
    schreit,
achtet dieses nicht gering in der trübsten Zeit.
Tausende zerstampft der Krieg, eine Welt vergeht.
Doch des Lebens Blütensieg leicht im Winde weht.
Freunde, dass der Mandelzweig sich in Blüten wiegt,
das bleibt mir ein Fingerzeig für des Lebens Sieg.«

Draußen ist es immer noch still. Ein sehr alter BMW parkt vor der Kirche. Es ist, als wäre die Zeit angehalten worden.

Immer, wenn ich in der Kirche sitze, auch früher schon, als Kind, denke ich an das Mittagessen danach. Auf eine seltsame Weise gehört es zum Gottesdienst, ist Teil dieser Stunden am Sonntag, die der Gottesdienst strukturiert. Schließlich ist Glaube, ist Religion, ist die rituelle Praxis immer auch ein Weg, die Zeit zu bewältigen, die Zeit, die vor einem liegt, die Ewigkeit also, und die Zeit, die einen umgibt, der Alltag, der manchen zerfließt. Religion stiftet Ordnung, findet ein Maß, und der Sonntagmittag ist als Sehnsucht stets das gewesen, was mich am meisten mit der Kirche verband. Eine widersprüchliche Vorstellung von warmen Knödeln, die nach der Kirche auf mich warteten, auch wenn das meistens gar nicht so war. Die kulturelle Praxis also, die das Pfarrhaus bedeutet. Vielleicht vermisse ich das wenigstens?

Und die anderen, die Gläubigen? Es braucht niemanden, um den Glauben zu vermitteln oder zu erklären, sagte Luther. Es reicht, dass der Mensch glaubt. Der Glaube schafft den Glauben. Das war die Luther'sche Tautologie. Es gibt nur den Text und den Menschen. Die Versenkung in die Worte. Der Glaube kann nur aus dem Menschen selbst kommen, aus jedem Einzelnen, denn der Glaube ist wie der Mensch. Jeder sieht ihn anders. Jeder sieht ihn so, wie er selbst ist. Wer frei ist, wird auch im Glauben frei sein. Wer ängstlich ist, wird auch einen Gott suchen, vor dem er sich fürchten kann. Gott ist das Ebenbild des Menschen.

Und doch schuf Luther keinen freien Glauben, sondern eine Kirche, die aus seiner Lehre erwuchs. Er schuf einen Streit, der Jahrhunderte überdauerte. Und er schuf diesen Beruf, der Prediger im eigentlichen Sinn, der Pfarrer, der sich vor die Gemeinde stellt und genau das tut, was eigentlich nicht nötig ist, so Luther, nicht nötig sein sollte: Er erklärt den Glauben, er öffnet Gott und bezieht seinen Stolz und sein Selbstbewusstsein daraus.

Aus diesem Widerspruch erwuchs das protestantische Pfarrertum. Die Freiheit war da, sie war benannt, aber sie wurde gleich wieder eingebunden in das Ritual. Es war auch ein Problem der Ordnung. Wenn der Einzelne glauben konnte, was er wollte, konnte er auch tun, was er wollte. Und das war nicht im Interesse der Macht, die ihre Autorität fest an den Glauben gebunden hatte, die weltliche Macht, die die Kontrolle über die Worte und Gedanken nicht verlieren durfte.

Es ist also die Frage, wie die Pfarrer in dieser Spannung standen. Es ist die Frage, wie die Zeit diese Menschen durchfloss. Die Herausforderung war es, Freiheit und Gehorsam in Einklang zu bringen und den Einzelnen mit der Ewigkeit. So entsteht der Glaube. Als Ordnungsprinzip, das mit metaphysischen Mitteln das menschliche Maß etabliert. Die Sätze gaben dem Pfarrer Halt dabei, die Worte gaben ihm Sicherheit, indem er sie still sagte, im Gebet oder laut in der Predigt, sie gaben auch denen Vertrauen, vor denen er sprach, und weil sich alle an diesen Sätzen festhalten konnten, weil sie daran glaubten, dass aus diesen Sätzen eine Wahrheit sprach, die eine höhere Macht gesandt hatte, deshalb fühlten sie sich aufgehoben als Teil einer Geschichte, die andere für sie erzählten.

Aber was ist das für eine Geschichte? Man könnte es als eine Stärke ansehen, dass sie sich verändert, schon in dem Buch, auf das der Glaube baut, dass sie sich verändert in all den Jahren und Jahrhunderten, in denen diese Männer auf der Kanzel standen, mit dem weißen Wimpel und dem schwarzen Talar, sehr würdig und sehr bewundert für ihre Gelehrtheit und ihre Gedanken, für ihre Wortmacht und ihre weltliche Macht, für das, was sie sagten, und für das, was sie darstellten.

Sie veränderten die Geschichte, so wie sich das Leben verändert, wie sich die Zeit verändert. Sie schufen aus Tradition und Gegenwart eine Wahrheit, die sie für richtig hielten. Sie lasen das Buch und deuteten es so, wie sie es verstanden. In ihrer Vieldeutigkeit und Widersprüchlichkeit ist die Bibel der Grund dafür, dass diese Männer Macht hatten, dass sie Vertrauen fanden, dass sie anderen eine Richtung zeigen konnten.

Etwas verbindet mich mit diesen Männern, meinem Vater, meinem Großvater, meinen Vorfahren. Sie waren Pfarrer in Städten und Dörfern, sie hatten Frauen und Familien, sie beugten den Kopf zum Gebet, sie falteten die Hände vor dem Essen, sie fürchteten Gott oder fühlten sich geschützt durch ihn, sie fanden im Glauben etwas, das ihnen im Leben fehlte.

Ich glaube nicht an Gott. Ich falte die Hände nicht vor dem Essen. Ich beuge den Kopf nicht zum Gebet. Ich habe die Bibel zum ersten Mal im Januar 2015 angefangen zu lesen, das Alte und das Neue Testament in der Übersetzung von Martin Luther, auf meinem iPad, und es hat lange gedauert, es war wirklich Arbeit. Irgendwann sagte mir die kleine Anzeige rechts unten, dass ich 95 Prozent der Bibel geschafft hatte. Links stand: »8 mins left in chapter«. Ich las gerade Timotheus.

Es ist Paulus, der in diesem Kapitel spricht, Paulus, der Bekehrte, Paulus, der Bekehrer. Ich mag Paulus nicht, er hat einen Ton, der mir nicht gefällt. Er redet viel von sich,

84

er lobt gern sich selbst, er stellt sich in den Mittelpunkt einer Mission, die er sich selbst erschaffen hat, die er aber mit Gott und vor allem mit Jesus begründet, mit seinem besonderen Verhältnis zu Jesus, den er nie traf, mit seiner eigenen Erwähltheit.

Paulus war in vielem der erste Pfarrer, aber nichts an ihm erinnert mich an meinen Vater. »Das ist gewißlich wahr und ein teuer wertes Wort, daß Christus Jesus gekommen ist in die Welt, die Sünder selig zu machen, unter welchen ich der vornehmste bin«, schreibt Paulus an Timotheus. »Aber darum ist mir Barmherzigkeit widerfahren, auf daß an mir vornehmlich Jesus Christus erzeigte alle Geduld, zum Vorbild denen, die an ihn glauben sollten zum ewigen Leben.« (1 Tim 1, 15–16)

Was brachte einen Mann wie meinen Vater dazu, sich in diese Tradition zu stellen? Was suchte er? Was fand er? Und warum hat er nie versucht, etwas davon mit mir zu teilen? Mich zu begeistern? Mir zu zeigen, was sein Leben im Glauben war?

Ich habe ihn als Kind beten sehen, vor dem Essen, da war der Glaube Alltag. Ich habe ihn als Kind predigen hören, von der Kanzel, da war der Glaube Beruf. Irgendwo dazwischen war der Mensch. Irgendwo ist er verloren gegangen, für mich.

Ich komme nicht ganz an ihn heran, in seinem Suchen, in seinem Leben. Was war dieser Beruf für ihn? Ich habe ihn nicht als jemanden in Erinnerung, der von sich aus leicht auf andere zuging. Und dennoch ist mir etwas von ihm besonders im Gedächtnis geblieben, die Geschichte seiner Besuche als junger Pfarrer. Er ging von Tür zu Tür, gemeinsam mit meiner Mutter, und klingelte und gab den

Menschen eine Blume und sagte: »Ich bin der neue Pfarrer.«

Ich mag diese Geschichte, auch wenn mir der Mann in dieser Geschichte fremd ist.

»Denn es ist ein Gott und ein Mittler zwischen Gott und den Menschen, nämlich der Mensch Christus Jesus, der sich selbst gegeben hat für alle zur Erlösung, daß solches zu seiner Zeit gepredigt würde«, schreibt Paulus an Timotheus, »dazu ich gesetzt bin als Prediger und Apostel (ich sage die Wahrheit in Christo und lüge nicht), als Lehrer der Heiden im Glauben und in der Wahrheit.« (1 Tim 2, 5–7)

Paulus musste sich noch selbst seine Rechtfertigung verschaffen, er erfand sich seine Tradition und seine Überlieferung, in der er sich selbst seinen Platz gab. Mein Vater hatte die Kirche, wie sie war, wie sie nach Paulus entstand, wie sie mächtig wurde und reich, wie sie korrupt wurde und zerbrach, wie sie danach neu entstand, mit weniger elaboriertem und mehr evangelischem Pathos, eine strenge, hermetische, deutsche Institution.

Er fand dort seinen Platz, aber wollte er das? Fühlte er sich aufgehoben? Und brauchte er das? War es ihm unwohl, allein? Oder suchte er in der Kirche gerade nicht die Wärme, suchte er die Fremdheit, ein Moment der Differenz, aus dem heraus er das Leben anders, besser sehen konnte?

Die Kirche ist ja nicht der Glaube. So wie der Text nicht der Glaube ist. Der Glaube, so wie ihn Paulus den Korinthern erklärt, ist das: »So aber Christus gepredigt wird, daß er sei von den Toten auferstanden, wie sagen denn etliche unter euch, die Auferstehung der Toten sei nichts? Ist die Auferstehung der Toten nichts, so ist auch Christus nicht auferstanden. Ist aber Christus nicht auferstanden, so ist unsre Predigt vergeblich, so ist auch euer Glaube vergeblich.« (1 Kor 15)

Es kann nicht sein, dass wir uns täuschen, sonst würden wir uns ja täuschen. Der Zirkelschluss des Glaubens, von Paulus selbst vollzogen. Das ist die widersprüchliche Logik des Christentums, und ich bin immer noch und immer wieder zutiefst überrascht darüber, wie überzeugend dieser Widerspruch zu sein scheint.

Ist es nur die Angst vor dem Tod, die das alles antreibt? Das Leben nach dem Tod in seiner emphatischen, paradiesischen Verheißung war der Antike fremd. Dort herrschte die Vorstellung eines Dämmerreiches. Es geht weiter. Es ist nicht zu Ende. Und weil man im Dunkelreich des Todes operierte, blieb auch die Begründung notwendigerweise im Dunkeln. Wer kann schon wissen? Das ist die Prämisse des Glaubens. Wie haben es die frühen Christen geschafft, ihre Lehre vom Leiden über die Lockungen der Lust zu erheben?

Paulus erscheint in seinen Briefen als eitel und falsch. Ich bin überrascht von dieser Figur, die eine so zentrale Stellung einnimmt in der Entwicklung des Christentums von einer jüdischen Sekte zu einer eigenständigen Kirche in Konkurrenz. Ich kannte als Kind nur die Geschichte seiner Bekehrung, ich hörte nur die Fabel vom grausamen Inquisitor Saulus, der sich zum sprichwörtlichen Paulus und zum Missionar wandelte. Es ist eine der Geschichten, in denen sich das christliche Selbstbild spiegelt. Sie zeigt, wie man sein will, sie zeigt, an was man glauben will. Der Mensch ist wandelbar, er kann aus dem Schatten ans Licht geführt werden. Aber was bleibt vom Schatten? Was sind das für Menschen, die zuerst glühend hassen und dann glühend lieben?

Ich sehe hier einen Mann, der sich durch das Zwielicht seines Lebens offenbart. Ein Leidender, so wird er beschrieben, von Krankheiten gepeinigt, die ihn schrecklich entstellt haben, ein Mann von irgendwie bedrohlichem Aussehen, ein Gejagter, ganz buchstäblich, er wurde geschlagen und zum Sterben zurückgelassen, als er auf seinen Reisen war, um die Botschaft von Jesus, um seine Botschaft in die Welt zu tragen. Er war einerseits die klassische Sektenperson, fanatisch, monomanisch, er war andererseits als Redner nicht sonderlich effektiv, wie es heißt. Es waren seine Briefe, die seine Botschaft vermittelten, es war das Wort, das er so gut beherrschte. Er schrieb, bevor die Evangelien geschrieben waren, er war in so vielem der Mann dazwischen, zwischen dem Ereignis und dem Echo, zwischen Verfolgung und Erlösung. Er predigte »Beten ohne Unterlass«, er beschwor seine Zuhörer, ihm auch zu glauben, wenn er sich selbst widersprach, er forderte Keuschheit, er trieb seine Zuhörer in Zustände, in denen sie Dinge sahen, die sie bis an den Rand ihres Verstandes führten und schließlich darüber hinaus. Die Kräfte, die an ihm zerrten, schienen riesengroß. Es war eine einzige Belastungsprobe, wer würde zuerst weich werden, er oder die anderen?

Ich fühle mich frei ohne diesen Glauben. Aber etwas von diesem Glauben ist mir geblieben, etwas, das ein Teil von diesem Glauben ist, ob das die Gläubigen merken oder nicht. Es ist die Wut, die Luther kannte und die ihn antrieb, die Wut, die Jesus kannte, die Wut, die in der Bibel steckt – obwohl es hier eher Zorn ist als Wut, wie ich finde, also die verdammende, die destruktive, die übermächtige und überpersönliche Art der Wut.

Die Wut dagegen, die Teil des Glaubens ist, der sie bannt, indem er ihr eine Form gibt, diese Wut ist persönlich, sie prägt den Blick auf die Welt, sie macht mich zu dem, der ich bin, innerhalb einer Gesellschaft, die bemüht ist, die Wut zu neutralisieren. Das ist einerseits ein Aspekt des zivilisatorischen Prozesses, andererseits ist es wichtig, diese Wut am Leben zu erhalten, weil sonst alles verkümmert. Die Wut ist eben Antrieb, sie ist Protest, sie ist ein Hadern mit der Welt, wie sie ist. Sie kann reaktionär sein, diese Wut, im dumpfen Grollen gegen die Gegenwart, sie kann aber auch licht und hell sein, diese Wut, wenn sie einem hilft, die Dinge, das Leben, die Welt anders zu sehen, als sie ist.

Diese Wut animiert, sie ist ein ständiges Anrennen, sie ist alltäglich. Zorn dagegen ist ewig, Zorn ist bei Gott, Wut ist beim Menschen. Die Frage ist aber, wie sich diese Wut äußert, wo sie ihr Ventil findet. Luther war ein Wutbürger im ambivalenten Sinn dieses Wortes, das im Grunde unscharf ist, weil es den Antrieb für den Furor ausblendet. Ist der Sarrazin-Anhänger ein Wutbürger, ist der Stuttgart-21-Demonstrant ein Wutbürger? Wut kann sich im Streben nach Freiheit äußern oder in Regeln, an die man glaubt, in einer Moral, die man für absolut hält, in einer Opposition zur Welt oder in gewisser Weise zum Leben, sie gibt sich nicht damit zufrieden, dass alles so ist, wie es ist. Dann läge Wut auch in dem Verlangen nach einer Welt, die einem Plan folgt, einem Gesetz, einer Vorlage für ein besseres Leben. Wut kann sich in einem Sinn für Gerechtigkeit zeigen oder in einem Streben nach Gehorsam.

Diese Spannung ist in der Wut angelegt, die die deutschen Pfarrerskinder durchzieht, die sie prägt, die Kinder Martin Luthers, die sie manchmal fast zerreißt. Sie ist nicht selbstbezogen, nicht die Wut eines kleinen Kindes. Sie ist nach außen gewandt, die Wut eines großen Kindes. Es ist auch Trotz in dieser Wut. Es ist aber vor allem eine Wut, die ein Unbehagen ausdrückt und die ein Unbehagen produziert.

Das ist der Riss, der durch die Welt geht. Der Riss, der ich selbst bin. Der Riss, den ich selbst geschaffen habe. Der Riss, den ich kitten muss.

Ich hatte mich nie als Pfarrerssohn gesehen. Ich habe nie als Pfarrerssohn gehandelt, habe nie als Pfarrerssohn gedacht.

Jedenfalls schien es mir so.

3

DER MANN

Das Pfarrhaus von Cadolzburg hat grüne Fensterläden, die oben bogenförmig zulaufen, was dem ganzen Haus etwas Südländisches gibt, obwohl es flach ist und breit, ein Stockwerk nur über dem Erdgeschoss, eine sehr breite Fassade, ein Haus, das eher hockt, als steht.

Es war viel zu groß, daran erinnert sich meine Tante, die hier als Kind gelebt hat, mit meinem Vater, insgesamt waren sie fünf Geschwister. Unten befanden sich die Küche, das Sommeresszimmer, das nicht heizbar war, eine Speisekammer, ein Zimmer zum Wäschemachen und das Arbeitszimmer meines Urgroßvaters. Im ersten Stock waren das Winteresszimmer, ein Schlafzimmer, das Bad, der Badeofen und das Gästezimmer, in dem mein Vater und seine Schwestern schliefen, vom August 1943 bis zum Mai 1945, als die Burg abbrannte, die so hoch und einschüchternd direkt über dem Haus thront, dass man den Kopf weit nach hinten beugen muss, wenn man im Garten spielt und den Himmel über dem Mauerwerk sehen will.

Die Macht, die alte Macht war sehr präsent, sie wachte über diesem Haus, über diesem Garten, über diesem fränkischen Städtchen, die Macht des alten Adels, der doch die Macht längst abgegeben hatte, als mein Vater hier lebte – zwei Jahre, von denen er oft erzählte: von Reta, der Haushälterin, die bis zu ihrem Tod eine Präsenz in der Familie hatte, ein Name, den ich kannte, ohne etwas anderes damit zu verbinden als die ferne Kindheit meines Vaters in einer fernen, anderen Welt, weit weg von dem München, in dem ich aufwuchs, in einem Neubauviertel am Rande der Stadt. Diese Reta, dieser Name, der Ort Cadolzburg, dieser stolpernde Name, Ca-dolzburg, all das war für mich von einer Dunkelheit umhüllt, als hätte es nichts mit mir zu tun. Mein Vater erzählte, wie die Kinder mit Reta im Garten herumrannten, aber er erzählte nicht, dass sie Reta auch mit einer Bohnenstange durch den Garten gejagt hatten und mein Vater danach von seinem Großvater ins Arbeitszimmer mitgenommen wurde, wo er mit dem Stock bestraft wurde.

Denn mein Urgroßvater war streng, sehr streng, er hielt sich an Regeln, er glaubte an Regeln, sie waren eine höhere Ordnung, so wie es die Burg auch war, die neben seinem Pfarrhaus stand, Zeichen der Verbindung von weltlicher und göttlicher Macht, wie sie in diesem alten Deutschland gegeben war, eine Prägung von Untertanentum und Gehorsam, die schon in der Architektur und in der Anlage der Städte vorgegeben war. Über allem drohte der Herr. Gott war für alles zuständig. Gott war immer präsent. Und Christoph Raab, so hieß mein Urgroßvater, war stolz darauf, protestantisch zu sein. Er war stolz darauf, lutherischer Pfarrer zu sein. Er war ein schlechter Prediger, so sagt es meine Tante, ein eintöniger Prediger. Er war nüchtern, er war klar, das war sein Charakter. Er misstraute den Katholiken, er fühlte sich ihnen überle-

92

gen. Die Katholiken haben für jeden Tag einen Heiligen, sagte er, sie erzählen den Leuten lauter seltsame Sachen, sie können sich freikaufen von ihren Sünden. Bei uns, sagte er, ist das anders. Es war der Stolz des Protestanten auf die eigene Strenge.

Das war die Welt, in die mein Vater als Kind kam, sie hatte etwas Mittelalterliches. Immer wurde gebetet, vor dem Essen, vor dem Einschlafen. Überall war Gott. Die Häuser und Burgen und Gassen waren aus einer anderen Zeit, und schon damals, im vergangenen Jahrhundert, muss es für die Menschen seltsam gewesen sein, permanent in einer anderen Gegenwart zu leben, durch die Vorstellungen und Herrschaftssysteme anderer Menschen zu gehen, sich mit der Ästhetik einer anderen Epoche zu versöhnen, weil die Mauern und Steine sie immer wieder zurückzogen in die Geschichte, während die Gedanken, eventuell, hoffentlich, nach vorne drängten.

Mein Vater kam aus Nürnberg hierher. Mein Großvater hatte seit 1935 bei der Inneren Mission gearbeitet und wurde 1939 als Kriegspfarrer an die Front geschickt. Meine Großmutter entschied sich 1943, dass es besser und sicherer wäre, zu ihrem Vater aufs Land zu gehen. Das Reihenhaus in Nürnberg, in dem die Familie gewohnt hatte, wurde im Januar 1945 von einer Bombe zerstört. Eine der Geschichten, die mein Vater mir von Cadolzburg öfter erzählte, handelte davon, wie er kurz vor Ende des Krieges ein paar Soldaten durch die verwirrenden Gassen aus dem Dorf herausgeführt hatte. Ich hatte immer gedacht, es seien amerikanische Soldaten gewesen, und mein Vater sei eine Art Gegenspion gewesen, aber natürlich waren es deutsche Soldaten auf dem Rückzug, und mein Vater tat, was ein 16-jähriger Deutscher damals eben tat.

Und als ich dann schließlich dort stand, an diesem Ort, von dem ich immer nur gehört hatte, unter der Brücke, die zum Schloss hinüberführt, sah ich den Jungen, der mein Vater war, unter dieser Brücke stehen. Er hatte schon früh kleine Heftchen für seine Schwestern geschrieben, gezeichnet, verlegt, er wäre so gern Journalist geworden, aber seine Mutter wollte, dass er Pfarrer wird, lutherischer Pfarrer wie sein Vater, und seine Mutter war sehr dominant, und so wurde er kein Journalist, sondern Pfarrer. Er war das älteste Kind, der einzige Sohn, und als sein Vater sehr früh und sehr überraschend starb, war das sein Platz, sein Erbe, die Kanzel, und er tat, was von ihm erwartet wurde.

Vor ein paar Jahren habe ich einen Text über meinen Vater geschrieben und über die dreimonatige Reise durch die Vereinigten Staaten, einmal quer durch, die er als Theologiestudent machte, als er 1953 in Michigan studierte. Er hat viel fotografiert damals, und die Aufnahmen überraschen mich noch heute, weil sie in gewisser Weise ihn und mich gemeinsam zeigen – es ist ein doppeltes Selbstporträt durch die Augen meines Vaters, projiziert auf das Land und die Landschaft, die wir beide lieben.

»Ich kenne den Mann nicht, der diese Fotos gemacht hat«, so beginnt der Text. »Aber ich mag ihn. Er ist neugierig auf eine angenehme Art. Er ist präzise, ohne eitel zu sein, er ist leger, wo es nötig ist. Er schaut nicht dorthin, wo alle hinschauen, aber es macht ihm auch nichts aus, das zu fotografieren, was offensichtlich ist. Ich

94

glaube, er ist ein Mann mit Prinzipien, ganz anders als ich.

Ich weiß noch, wie er da stand, im Wohnzimmer der Pfarrwohnung in München-Oberföhring, irgendwie gebückt schon, in meiner Erinnerung, auch wenn er sich gerade hielt. Ich weiß nicht, wie alt ich war, vielleicht zehn, vielleicht zwölf, vielleicht vierzehn, ich fühlte mich jedenfalls nicht mehr jung, obwohl ich noch gar nicht wusste, was Jungsein bedeutet. Vielleicht wollte er mir davon erzählen, mit diesen Bildern.

Ich glaube, er holte den weißen Plastikkasten mit den kleinen, schrägen Plastikstufen, dann öffnete er eine der kleinen, grauen Metallkisten, in denen er seine Dias aufbewahrte, er legte ein Dia nach dem anderen auf die Plastikstufen, er schaltete den Leuchtkasten an. Klein war das, was ich sah. Auf der strahlend weißen Oberfläche lagen bunte Bilder, aus einer Welt, die mir damals noch fremd war, aus einer Welt, mit der ich damals noch nichts zu tun hatte. Bäume, Büsche, eine Straße, der Himmel, Amerika. Sein Amerika. Das auch mein Amerika werden sollte. Vielleicht war die Balkontür offen, vielleicht war sie geschlossen, vielleicht blühte draußen der Raps auf den Feldern, vielleicht war es schon Abend, und das Einzige, was leuchtete, war dieser weiße Plastikkasten. Ich schaute hin und sah nichts. Ich hätte mir Mühe geben können und gab mir keine.

Irgendwie stolz und irgendwie unsicher war er dabei, und ich mochte diese Unsicherheit, weil sie ja nur zeigt, dass er ahnte, was in meinem Kopf vor sich geht. Der Plastikkasten stand dann noch lange Jahre auf der Ablage unter dem Fernseher, wir hatten einen Schwarz-Weiß-

Fernseher, als die meisten anderen schon einen Farbfernseher hatten. Das verbraucht ein Drittel weniger Strom, sagte mein Vater.

Die Bilder vergaß ich, ohne sie zu vergessen. Das merkte ich, als ich sie wieder sah, im Herbst 2010, mein Vater war vor einem Jahr gestorben, und die Bilder lagen in einer Vitrine aus Glas in der viel zu großen Halle des Münchner Rathauses, und die Leute schlichen umher, so schien es mir, als hätten sie Angst, durch den Steinboden zu brechen. Es waren noch ziemlich viele andere Vitrinen voller Fotos dort, aber ich schaute immer nur die eine an.

Denn auf einmal verstand ich, was dieser Mann wollte, als er aufbrach zu seiner Reise. Er hatte einen Plan, er hatte eine Idee, und er machte sich daran, diese Idee in der Wirklichkeit zu verfolgen. Er suchte nach dem, was seinen Gedanken entsprach. Deshalb nahm er die Landkarte, wie er es schon so oft getan hatte, er liebte Landkarten, er kannte die Berge im hinteren Kaukasus, und er wusste, welcher Fluss in den Don mündet oder umgekehrt. Er schaute auf die Karte von Amerika und sah ein Land, das sich öffnete, eine Zeit, die sich dehnte. Er sah die Zukunft, und sie sah so anders aus als alles, was er kannte. Immer schon muss ihn etwas getrieben haben, wenn er sich in diese Landkarten vertiefte, eine Sehnsucht, die ich bei ihm nie mehr so gespürt habe. Hinaus, hinaus, und sei es nur im Kopf. Diese Reise durch Amerika musste er erst in sich selbst finden. Erst dadurch wurde sie möglich.

Das Amerika, das er sah, war ein Land, das so übermächtig war, so fern, so fremd. Wie einen Außerirdischen mussten sie diesen jungen Mann anschauen, der da mit

96

seinem Pappkoffer aus dem kaputten Deutschland gekommen war, Naziland, Mörderland, das sie besiegt und befreit hatten. Wie ein fremder Planet musste dieses Land auf ihn wirken, Autos wie Reptilien, Häuser wie Tempel, Straßen wie Schusslinien. Dieses Befremden, diese Verblüffung, diese Erheiterung auch ist auf den Bildern zu sehen. Er fuhr durch dieses Land, das sich ihm so langsam erschloss wie der Blick auf sich selbst. Da sind die grünen Hügel, fast wie daheim in Franken, vertraut wirkt das noch, aber schon die Perspektive ist verrutscht. Schon der erste Blick, die ersten Fotos zeigen, wie verwirrend gerade das ist, was man besonders gut zu kennen glaubt. Das kirchenähnliche Gebäude der Ordensschwestern vom St. Vincent College in Latrobe, Pennsylvania, der blassgrüne Rasen wölbt sich ins Bild, öffnet sich zu den verschieden blauen Autos, die ihn eigentlich mehr zu interessieren scheinen. Erst im Hintergrund ist das schwere braune Sakralgebäude zu sehen, die Rosette genau in der Mitte, wie ein Knopf, den man drücken muss, damit sich etwas öffnet, wie eine Wunde.

Sein Aufenthalt dort, das schrieb er damals zu dieser Aufnahme, war ›vermittelt durch den mit meinem Vater befreundeten Münchner Caritasdirektor‹. Dieser Vater war 1952 gestorben, ein Jahr vor der Reise. Im Bild selbst nun scheint sich etwas zu sträuben, stachelig schauen die Äste des Baums in die Szenerie hinein, als wollten sie den Himmel verletzen. Eine Skepsis spricht aus diesem Bild, eine Ahnung, die sich gegen nichts konkret richtet. Verbogen ist dieses Bild, der Blick geht gleichzeitig nach außen und nach innen. Es wirkt, als habe der Mann, der dieses Foto machte, eine Frage gehabt, die er selbst

97

nicht kannte. Es wirkt, als habe er etwas finden wollen, eine Erklärung vielleicht, etwas, das eine flüchtige Verbindung hatte zur Welt, die ihn umgab. Er glaubte daran, dass es dort draußen etwas gab, das dem glich, was er in sich trug. Er war kein Idealist, er war kein Positivist. Er war ein Mann von 25 Jahren.

Er war kein Sohn mehr. Aber das wusste er noch nicht, als er aufbrach, in Holland, Michigan, wo er ein Jahr lang studiert hatte. Und vielleicht wusste er es auch am Ende nicht, als er die vielen tausend Kilometer hinter sich hatte, auf den Rücksitzen der Autos, wo er auch geschlafen hatte. Er war Bären begegnet und alten Frauen und den Töchtern der Trapp-Familie in ihren Dirndln. Er hatte rauchende Schornsteine gesehen, Bäume, die wie Fischgräten in die Luft stachen, Präsidentenköpfe, archaisch, riesig und in Stein gehauen. Er hatte tief in den Grand Canyon geschaut, dann war er hinabgestiegen und wäre dort fast verdurstet. All das hatte Abdrücke in seiner Seele hinterlassen, von denen ich lange nichts verstand. Erst jetzt, seit er tot ist, erst jetzt, wenn ich diese Bilder sehe, merke ich, wie sehr diese steinigen Wüsten, diese grünen Hügel, wie sehr all das, was ich nicht kannte, da war, all die Jahre, in ihm.

Er staunte und schaute sich durch dieses Land. Schatten prägen manche dieser Bilder, weil sie wichtiger sind als die Dinge, die die Schatten werfen. Fremde huschen durch diese Bilder, am Rand ein Kopf ein unscharfer Körper in der Mitte, und der Fremde zeigt einem nur, wie wenig man sich selbst kennt. Was kann man schon sehen? Was will man überhaupt sehen? Was will man sagen, seinem Sohn zum Beispiel, der doch eh nichts verstehen wird. Er wird nicht verstehen, dass man selbst einmal jung war, sehr gut Fußball spielen konnte und sich freute, wenn die Gewitterwolken sich über den Straßen von Schwabing schwarz auftürmten und irgendwann zerbrachen und das Wasser einen durchnässte, im Englischen Garten, wie am ersten Tag. Er wird nie die Träume verstehen und die eigene Schüchternheit und die Chancen, die man verpasst hat. Er wird die Geschichte nie in ihren Brüchen sehen, weil der Blick zurück alles in seine Ordnung rückt. Jede Erzählung ist eine Lüge. Was nicht heißt, dass sie nicht wahr ist.

Ich weiß, dass der Mann, der diese Bilder gemacht hat, immer zwei Kameras dabeihatte, wenn er unterwegs war, um zu fotografieren. Sie waren silbern, er trug sie in hellbraunen Lederfutteralen, an dünnen Schulterriemen, in der einen Kamera war ein Farbfilm, in der anderen war ein Schwarz-Weiß-Film. Er hatte auch einen Lichtmesser dabei, um die Blende einzustellen. Er schaute aus dem Schatten und sah das Licht. Dieser Mann, der mein Vater war.«

Was also sind die Aufträge, die einem die Eltern hinterlassen und von denen man lange nichts merkt, sehr lange, bis man aufschaut und sich umsieht und auf einmal allein ist, kein Vater mehr da und keine Mutter, dafür andere Menschen, eine Frau, die Kinder, und sich diese Fragen wieder stellen, nur dieses Mal ganz anders?

Die Mutter meines Großvaters war 28 Jahre lang krank. Sie lag den ganzen Tag im Bett. Wurde ihr Sohn deshalb so ernst und so traurig? Mein Großvater starb an einem Herzinfarkt, da war er knapp über fünfzig, es

99

erschienen Artikel und Nachrufe in den Zeitungen, die mein Vater in ein Album legte, damit ich sie lese. Mein Vater wurde krank, als er Gemeindepfarrer in München war, zuerst war es Diabetes, dann kam Parkinson dazu. Er verließ die Gemeinde Ende der 8oer-Jahre, kurz nachdem ich aus den USA zurückgekommen war, wo ich ein Jahr auf der Highschool war. Er kam mir alt vor damals, er war aber noch nicht einmal fünfzig. Er war in etwa so alt, wie ich heute bin. Er zog damals in einen anderen Stadtteil von München, nach Pasing, in das schöne Haus, das den Eltern seiner zweiten Frau gehört hatte, er saß oft in seinem Arbeitszimmer, umgeben von seinen Büchern, seinen Briefmarken, die Nachmittagssonne schien herein, draußen an der Hauswand blühten die Kletterrosen, er arbeitete und schrieb, er predigte weiter und betrieb einen kleinen Handel mit alten Büchern aus seiner Garage heraus, und das Geld spendete er für gute Zwecke. Er saß immer samstags in der Einfahrt vor der Garage, einen alten Hut etwas schief auf dem Kopf, und es gab frisch gebackenen Apfelkuchen für die, die wollten. Ab und zu besuchte er seine alte Gemeinde, die er aufgebaut hatte, mit meiner Mutter zusammen, als sie noch verheiratet waren, und die Leute begrüßten ihn dort als »Pfarrer Diez«, als wäre Pfarrer sein Vorname.

Ich merkte damals nicht und verstehe es erst heute langsam, wie dankbar, wie zugewandt, wie treu die Menschen in dieser Gemeinde waren, wie sehr sie an meinem Vater hingen, nicht alle vielleicht, aber die meisten, mit denen ich nun gesprochen habe, all die Jahre später. Es mag damit zu tun haben, dass diese Kirche für sie so ein wesentlicher Teil ihres Lebens war. Sie waren jung, als sie herkamen, gemeinsam in dieses Neubauviertel am Rande der Stadt, sie bauten die Gemeinde gemeinsam auf, und sie wurden gemeinsam älter. Sie verbinden diese Jahre und dieses Leben mit meinem Vater, und dieses Leben war gut. Sechsstöckige, siebenstöckige Wohnriegel auf dem Acker, modern und klar waren diese Bauten, es waren die frühen 60er-Jahre vor den eigentlichen, den wilden 60er-Jahren, die Bundesrepublik wuchs und wuchs, zwanzig Jahre erst war der Krieg her, aber es wurde gebaut und gebaut. Und so saß ich am Küchenfenster und schaute hinüber zu dem Pyramidenbau, der da auf dem Feld entstand, hoch und immer höher, und davor kauerte ganz klein das Holzhaus, das mein Vater wie alle anderen die »Baracke« nannte, ihre Kirche, die Vaterunserkirche, ein Provisorium, wie das Land, wie die BRD.

Mein Vater wollte gern in diese Gemeinde, er wollte etwas Neues beginnen, er wollte in der »Diaspora« arbeiten, wie er es nannte, Protestant im katholischen Kernland. Es muss etwas an dieser Fremdheit gewesen sein, das ihn reizte, es war nicht das Etablierte, das er suchte, sondern das Eigene, das er gestalten konnte. Sein Weg, denke ich, hätte aber auch ein anderer sein können. Er war nach dem Studium ein Jahr in Bossey am Genfer See gewesen, um einen Weltkongress der evangelischen Jugend vorzubereiten, dort hatte er auch meine Mutter getroffen. Er hatte in Amerika studiert, er konnte gut formulieren, er hatte Energie und Ehrgeiz. Ich wusste manchmal als Kind nicht, warum er Gemeindepfarrer geworden war, und ich weiß es auch heute manchmal nicht. Aber das sagt womöglich mehr über mich als über meinen Vater.

Als er anfing, hatte er ein paar Kollegen, die zu Freunden wurden und so waren wie er, jung und anders. Sie wollten eine andere Kirche, mein Vater und sein Freund Hans Gerch, der mein Patenonkel wurde, und ein paar andere Pfarrer, die neu waren in dieser bayerischen Landeskirche, die so alt war, eine konservative, obrigkeitshörige Kirche, die nichts infrage stellte an der lutherischen Theologie – und Luther in seinem Wesen, in seiner Botschaft war so weit weg von meinem Vater und seinen Freunden, er war nicht besonders wichtig für sie, so sagt das meine Patentante. Sie suchten einen wohlwollenden, keinen strafenden Gott. Sie wollten auf die Evangelien hören, sie wollten die Botschaft Jesu hören, und das klingt schon wieder sehr lutherisch in seinem Widerstand gegen eine Kirche, die Macht geworden war, starr und Stein. Sie suchten einen Gott, der erlebbar war, das war ein Schlüsselwort für sie, sie suchten einen sichtbaren Gott, einen Gott, der sich in den Menschen zeigte und nicht über sie urteilte. Mein Vater sei glücklich gewesen als Pfarrer, sagt meine Tante, er sei ja auch erfolgreich gewesen, »das Wort eines Pfarrers ist das Wort der Gemeinde«, wie sie es ausdrückt. Er konnte seine Ideen weitergeben, Glaube ist gut, Gemeinde ist gut, das war es, woran er sich hielt.

Und sie schlingerten ja, so kurz nach dem Krieg, der alle Gewissheiten und vieles von der Geschichte zertrümmert hatte, auf die ihre Kirche gebaut war. Mehr als 400 Jahre war sie alt damals, diese feste Burg, von der ihre Väter und deren Väter gesprochen hatten. Aber diese feste Burg lag in Schutt und Asche. Was sollten sie also tun? Sie schienen frei und auch ein bisschen verloren. Luther war ihnen zu aggressiv, so roh, so grob. Sie waren die Generation danach, die Generation dazwischen. Sie suchten im Glauben und in der Religion etwas, das sie sonst nicht finden konnten. Für manche war es eher das Seelsorgerische, die Gemeinschaft im Sozialen, an einem konkreten Ort, und sei es ein Haus aus brüchigem Holz inmitten der neuen Bauten aus Beton; für andere war es eher die kulturelle Praxis, die im Glauben lag, Selbsterforschung, Sinnsuche als Lebensersatz; und manche, so war das in den 70er-Jahren, verloren sich auch darin. Sie hätten, sagen alte Freunde meiner Eltern, keine Form gefunden damals, den Glauben den Kindern zu vermitteln, und sie wüssten bis heute nicht, ob das eher eine Freiheit oder ein Versäumnis bedeutete.

Das waren die Turbulenzen, durch die diese Generation ging, mit ihrem Glauben, mit ihrem Leben. Manche Ehe überstand diese Sinnsuche nicht, mancher Glaube verlor sein Fundament. Mein Vater, so habe ich ihn in Erinnerung und so beschreiben ihn seine Freunde, wirkte dabei wie verkapselt. Er sah die Freiheiten, er sah die Möglichkeiten, und in gewisser Weise sah er weg. Er konnte nicht, er wollte nicht. Ich weiß es nicht. Er hatte seine Gemeinde, die er aufbauen wollte, das war der Reiz, das war das, worin er seine Freiheit fand. Ohne Gewissheiten, ohne Routine. »Wer zu uns kommt, kommt nicht, weil er eh kommt«, sagte er, »wer zu uns kommt, kommt, weil er will.«

Davon erzählt ein Mann, der lange Jahre der Steuerberater meines Vaters war und auch im Kirchenvorstand saß, ein Wort wie dünner Kaffee, ein Wort wie purer Luther, ein Wort von Verantwortung und christlichem

Selbstbewusstsein und von Menschen, die sich nach einem langen Arbeitstag zusammensetzen, um über eine neue Orgel zu reden oder darüber, ob die Vaterunserkirche zur »atomwaffenfreien Zone« erklärt werden soll, was einerseits nicht falsch ist und andererseits irgendwie vergeblich, aber sie wollten ja damals auch alle noch schnell einen Apfelbaum pflanzen, bevor die Erde untergeht.

So war das in den 8oer-Jahren, und als ich diesen Mann, an den ich mich so gut erinnern konnte, ein halbes Leben später wiedertreffe, da ist alles wie immer, er schaut noch so aus wie früher, ein Mann mit verschmitzter Energie und einem verrutschten Lächeln im Gesicht, ein Mann, den ich vielleicht immer unterschätzt habe. Es ist Samstag, da arbeite er gern, sagt er, da sei es ruhig, da werde man nicht gestört. Er ist fast achtzig, aber die Arbeit ist ihm, wie man es sich bei Protestanten vorstellt, eine Mischung aus Lust und Pflicht oder Lust an der Pflicht. Er spricht in seinem schweren schwäbischen Tonfall, er kommt aus dem Württembergischen, im Norden waren sie Lutheraner, im Süden Reformierte, es war eine der Spaltungen innerhalb der Spaltungen, und manchmal waren die Differenzen tiefer, weil die Nähe größer war. Der Pietismus war stark, nicht dort, wo er aufwuchs, aber in seiner Familie, durch seine Mutter, die, wie er sagt, »im frommen Sinn« gläubig war.

Und so sitze ich dort, in einem kleinen Büro dieser Steuerkanzlei im feinen Münchner Stadtteil Gern, und trinke Tee aus einer Thermoskanne und höre diesem Mann zu, der mir von einem anderen Mann erzählt, meinem Vater, dem »Pfarrer Diez«, den er sehr mochte, den er sehr schätzte, dem er nie wirklich nah war, den er immer respektierte, und wenn sie anders gewesen wären, wären sie vielleicht Freunde geworden.

Aber so war mein Vater eben nicht. Er ließ die Menschen nicht gern an sich heran, und sie mochten ihn trotzdem, vielleicht gerade in dieser Distanz. Er war eigen, auch in seinem theologischen Ansatz, er predigte auf seine Art, direkt und mit einer Sprache, die von heute war und für die Menschen verständlich, die vor ihm saßen – aber immer mit dem Blick auf die Menschen, wie sie damals waren, in der biblischen Zeit, ein Verständnisspagat also von großer Ernsthaftigkeit und sprachlicher Klarheit. Er suchte den Weg zurück zu den biblischen Autoren, er versuchte zu verstehen, was sie »umgetrieben« hatte, so beschreibt es der Mann vor mir, der Steuerberater, der Kirchenvorsteher. Die Art, wie er predigte, wäre gar nicht denkbar gewesen ohne die »historisch-kritische Denkweise«, also eine Sicht auf die Bibel, die die Realität mit einbezieht, den realen Jesus, die Politik jener Zeit, eine Sicht, die den Textcharakter der Bibel sprengt und sie zu verstehen sucht mit den Mitteln des Intellekts und der Welt. Ein denkendes Christentum, kein fühlendes, kein glühendes, kein versinkendes. Ein selbstbewusstes Christentum, ein Christentum, so war das Selbstverständnis, das durchaus ein paar entscheidende Antworten auf die politischen Fragen der Gegenwart parat hatte. Es gab eben eine »Verantwortung«, so sagt es der Mann an diesem Vormittag in München, und ohne diese Verantwortung sei die christliche Gemeinde für ihn, aber auch für meinen Vater nicht denkbar gewesen.

Wie tief aber sein Glaube war? Langes Schweigen. Es

war eine Frage, die ich mir nicht überlegt hatte, es war eine Frage, die mich überraschte, als ich sie stellte. Ich merkte erst, dass ich eine Antwort auf diese Frage wollte, als ich sie stellte. Und ich merkte auch, dass es auf diese Frage keine Antwort geben konnte, die mich befriedigte. Sagte er: Ja, tief, dann würde ich denken, dass er meinen Vater nicht verstanden und nicht gekannt hatte, denn so einfach war es nicht. Würde er sagen: Nein, nicht tief, dann würde mich das auch leer lassen, ich würde es nicht annehmen können von diesem Mann, wie auch? Ich merkte, dass diese Frage anmaßend war und vollkommen natürlich. Es fühlte sich richtig an, dass ich diese Frage stellte, und auch der Mann schien den Sinn dieser Frage in seiner ganzen Komplexität zu erfassen. Diesen Moment. Er war selbst aus dem Glauben geboren, er kam tief aus dem Protestantismus. Ich hatte den Glauben nie erlebt, ich kannte dieses Gefühl nicht, diese Sicherheit, dieses Vertrauen. Aber muss man glauben, um nach dem Glauben anderer zu fragen?

Mein Freund Max sagt: Ja. Er sagt: Es ist schwierig, über den Glauben anderer zu urteilen, wenn man selbst nicht glaubt. Max sagt auch, dass es langweilig ist, die offensichtlichen Unstimmigkeiten in der Bibel oder im Glauben zu benennen, weil es nicht darum geht, ob etwas stimmt. Gerade darum geht es nicht. Es geht um den Glauben als Glauben. Max glaubt übrigens auch nicht. Das denke ich jedenfalls. Es ist nichts, worüber wir beiläufig reden. Also schweigen wir davon. Wir können im Grunde nur beiläufig reden, sonst wird das Schwere zu schwer. Das Beiläufige, das Vorläufige, das Unstete und der Wandel, das ist es, was uns am besten gefällt. Max,

106

würde ich sagen, mag den Gedanken, dass er glauben könnte. Und er hat Sorgen, dass ich ein Buch schreiben könnte über den Glauben wie ein Blinder über Chagall.

Als der Mann, der meinen Vater länger kannte als ich, mir schließlich antwortete, hatte er so lange geschwiegen, dass es ihn wohl selbst überraschte: »Alles«, sagte er, »ist nur verständlich aus dem Glauben heraus.«

Der Blick geht nach innen, auch wenn der Mann starr und stark nach vorn schaut. Er ist müde, das zeigt dieses Bild, und wirkt doch voller Energie. Fast wie ein Römer, sehr soldatisch. Die Begegnung mit dem Bild ist ein kleiner Schock. Er, der Bekannte, der Allzubekannte, ist weniger vertraut als fremd, dieser Mann, dem der Hals aus der Kutte wächst, das Kinn von einem kleinen Grübchen geprägt, die Wangenknochen stechen spitz hervor, die Nase krümmt sich etwas, um den breiten Schädel trägt er die Tonsur, die Ohren sind geschrumpft und etwas knorpelig. Am interessantesten aber ist der Mund, dünne, fast feminin geschwungene Lippen, die wirken, als wolle er etwas sagen, als könne er nicht länger schweigen. Aber das kann auch eine Projektion sein. Unter dem Bild steht auf Lateinisch der Satz: »Das unvergängliche Abbild seines Geistes drückt Luther selbst aus, Lukas dagegen zeichnet die sterbliche Gestalt.«

Das Bild stammt aus dem Jahr 1520, Luther war schon der Luther der Kämpfe und Auseinandersetzungen mit Papst und Kaiser und sah doch noch so jung aus, so verblüffend, ein anderer Mann. Es ist ein Kupferstich von strenger Schönheit und fast zärtlicher Nähe, den Lucas Cranach der Ältere von Luther angefertigt hat, es war der Auftakt zu einem Bilderprojekt, das es in dieser Art, Intensität und Wirkung noch nicht gegeben hatte, und im Zentrum stand dieses Gesicht, stand dieser Mann, Luther in seinen Porträts, wie er sich wandelte, wie er alterte, vor den Augen seiner Zeitgenossen und besonders für die, die nach ihm kamen und mit ihm lebten, weil er sie begleitete, weil sie ihn begleiteten, die Deutschen, die Protestanten, die Gläubigen, die sich in diese Porträts vertiefen konnten, die sie umgaben, in denen sie wohnten, mit denen sie aufwuchsen, mit denen sie alt wurden und starben.

Cranach war der Bildermacher der Reformation, und das Visuelle spielte bei diesem Umsturz der himmlischen Ordnung auf Erden eine wichtige Rolle. Da waren die Bücher Luthers, die Drucke, die Flugschriften, die sich in Auflagen verkauften, wie man sie bis dahin noch nicht gekannt hatte. Die Revolution des Buchdrucks durch Johannes Gutenberg erst ermöglichte die Revolution des Glaubens. Als die Gläubigen die Schriften von Luther und schließlich die Bibelübersetzung in Händen hielten, konnten sie den Weg gehen, den Luther für sie vorgesehen hatte, den direkten Weg zu Gott durch die Sprache, durch seine Worte. Und Cranach verstand die Wucht, die diese Schriften hatten, er setzte diese Wucht in Bilder und Illustrationen um, die mit Lust und Furor gegen Rom zielten – wobei es Cranach fertigbrachte, gleichzeitig für beide Parteien zu arbeiten, für Luther und für Luthers Gegner, Erzbischof Albrecht von Brandenburg etwa, den er im gleichen Jahr 1520 porträtierte und der im Ablassstreit, der gerade tobte, auf der anderen, auf der römischen Seite stand.

Luther als Mönch. Kupfer-stich von Lucas Cranach d. Ä. aus dem Jahr 1520, das älteste erhaltene Porträt Luthers.

AETHERNA IPSE SVAE MENTIS SIMVLACHRA LVTHERVS
EXPRIMIT·AT·VVLTVS CERA LVCAE OCCIDVOS·
M·D·XX·

Das Bild aber, das Cranach von Albrecht von Branden-burg machte, ist von so erschlagender Müdigkeit, von einer solch metaphysischen Überlebtheit und Weltfaul-heit, dass es einen traurig macht, wenn man es nur an-sieht, ein Akt von fast schon subversiver Ikonographie. Alles ist schlaff an diesem Mann, und was an Luther, so wie Cranach ihn zeigt, hart und präsent wirkt, das ist hier fahl und fleischig. Backen wie Teig, ein Körper ohne Spannung, der Kopf, der unsicher auf dem Hals sitzt, der wie zufällig aus dem Mantel ragt. Es ist klar, auf wessen Seite die Zukunft und auch die Sympathie von Cranach waren. Er war ja selbst Teil jenes aufstrebenden neuen Bürgertums, das von dem Wandel profitierte, der den ganzen deutschen Raum ergriffen hatte und neben Wohl-stand auch ein neues Selbstbewusstsein hervorbrachte.

Geboren wurde er in Kronach in Franken, wo mein Vater seine erste Stelle als Vikar hatte. Eine Stadt, wie ich sie nicht kannte oder nur aus Frankreich oder Italien. Eine Stadt der schweren Steine. Eine Stadt der schweren Gedanken. Eine Stadt, in der heute vor allem die Vergangenheit präsent ist, als Kulisse, als Last. Eine Stadt, gebaut auf der Macht des Glaubens und des Adels. Eine Stadt, in der der Mensch eher stört. Auch er wird hier zur Kulisse. Der Mensch war vor allem Untertan. Die Stadt war vor allem Ordnung.

Über allem thronte und thront in Kronach die Burg, zu der eine relativ kurze und sehr gerade Straße aus der Stadt hinaufführt. Eigentlich ist es weniger eine Burg als eine Festung, so brachial ragen die Mauern in die Höhe. Heute ist sie der Ort einer musealen Ratlosigkeit, mal gibt es Sommertheater, die Ausstellungen sind eher bescheiden und auch bescheiden besucht. Einige wenige Cranachs werden oben gezeigt, gegenüber befindet sich eine Strafanstalt, von Stacheldrahtzaun umgeben.

Dieses Kronach, könnte man sagen, gibt es eigentlich gar nicht. Oder, besser gesagt, es gibt es mehrmals. Es gibt das Kronach von heute, das Kronach außerhalb der alten Stadtmauern, das Kronach des kleinstädtischen Alltags, der geduckten Häuser und der geduckten Bewohner, das Kronach der Elektrogeschäfte, wo man einen Fön kaufen kann und einen Staubsauger, und der Reisebüros, wo man einen Flug buchen kann. Und dann gibt es das Kronach innerhalb der alten Stadtmauern, ein Museum vergangener Herrschaft, vergangenen Glaubens, vergangener Hierarchien, die immer noch auf das gegenwärtige Gemüt drücken. Alles ist stehen geblieben, konserviert, abgeschottet. Die alten Verhältnisse, die alten Verbrechen. Während des sogenannten »Rindfleisch-Pogroms« wurden hier 1298 zehn Juden erschlagen. Um 1400 waren acht Juden gemeldet, versehen mit Schutzbriefen der Bamberger Bischöfe. Mal forderten die Zünfte die Vertreibung der Juden, mal wurde ihr Eigentum geplündert.

Die katholische Kirche St. Johannes steht immer noch groß und mächtig in diesem mittelalterlichen Kronach. Das überraschte mich, als ich das erste Mal in der Stadt war. Ich suchte die evangelische Kirche und fand nur katholische Wucht. Ich hatte gedacht, dass dieses Franken, wo mein Vater und seine Väter Pfarrer waren, so sehr und ausschließlich evangelisch sei, dass natürlich auch dieses Kronach eine evangelische Stadt sein müsse. Aber Franken ist ein Flickenteppich des Glaubens, und die evangelische Christuskirche liegt etwas außerhalb der alten Stadtmauern. Sie wirkt hier mehr geduldet als verankert, und das Spiel von Unsicherheit und Bestimmung umfängt die Kirchenbesucher in der heutigen Zeit besonders heftig, so scheint mir, weil sie dem Zweifel an dem, was sie da machen, nicht mehr entkommen können.

Diese Verunsicherung verdoppelt oder verdreifacht sich noch bei einer Konfirmation, wie ich sie in Kronach besuchte, 12-, 13-, 14-Jährige in ihren wachsenden Körpern, zwischen Eltern und erster Liebe, manche Arme und Beine sind deutlich zu lang, der restliche Körper und der Geist kommen noch nicht hinterher, und so stehen sie in der Kirche schief in ihren feinen Kleidern und Anzügen und schauen freundlich, weil ihnen nichts anderes übrig bleibt. Die Eltern sind da, die Erwartungen sind da, aber wer von ihnen wird regelmäßig in die Kirche gehen, für wen wird Gott eine Bedeutung bekommen, wer wird hier etwas finden, was er sonst nicht finden kann? Denn es gibt kein Zurück, das zeigt so ein Tag in Kronach, und das wissen ja auch die Pfarrer, die dann eine Band hinstellen, um Gegenwart zu suggerieren, eine Frau mit Blockflöte, ein Schlagzeug, ein Synthesizer, sie spielen eine Art Bibel-Pop, aber es ist nicht cool, es ist nicht Heute, es ist auch nicht das, was die Jugendlichen hören wollen. Die Botschaft prallt an diesen Formen ab.

Für Cranach war das anders. Er lebte voll und ganz in seinem Heute, er war so sehr seine Zeit, in Form und Inhalt, dass man das Echo seiner Triumphe noch heute spüren kann, in seinen Bildern, die ein Selbstvertrauen ausstrahlen, das einen fast physisch angreift. Er lebte die meiste Zeit seines Lebens in Wittenberg, wo er Bürger Nummer eins war, der reichste, der erfolgreichste Mann mit dem schönsten Haus am Platz und einer Werkstatt, die Bild um Bild produzierte. Er war Geschäftsmann, Apotheker, Verleger unter anderem von Schriften Luthers, Buchhändler, Papierhändler, Lokalpolitiker, Bürgermeister, Großmaler für verschiedene Fürsten und Herzöge, er war ein Mann mit einem offenen Gesicht, das optimistisch nach vorne schaute und das er bald hinter einem mächtigen Bart versteckte, der mal rötlich schimmerte, mal bräunlich und der schließlich so weiß wurde, wie es ein Bart bei würdevollen Menschen sein sollte.

Auf den Bildern, die ihn gegen Ende seines Lebens zeigen, um 1550, sieht man aber auch einen Mann, der nicht mehr ganz so offen in die Zukunft schaut, das ist das Phänomen der Alters vielleicht. Er blickt skeptischer, wohl auch, weil er erlebt hat, wie sich im Konflikt der Konfessionen die Euphorie des Neuen in ein Hin und Her der Verhandlungen, der Zerwürfnisse, der Kriege und der Niederlagen verwandelt hatte. Luthers Kämpfe, die sie zusammen begonnen hatten, waren vorüber, aber die Schlachten waren noch nicht geschlagen. Die Konturen eines blutigen Zeitalters zeichneten sich vor ihm ab. Er ahnte das wohl, es machte ihn müde.

Er war etwas älter als Luther, Cranach wurde 1472 geboren, Luther 1483. Cranach starb ein paar Jahre nach Luther. Sie waren Freunde, im kleinen, aber immer wichtigeren Wittenberg, das etwa 2000 Einwohner hatte, als Luther hier ankam, im Winter 1508, und das rasch und durch Cranach und ihn an Bedeutung gewann, eine Studienstadt, ein intellektuelles Zentrum, in der Malerei der Ort, wo die nordische Renaissance begann. Wie die meisten Künstler seiner Zeit hatte auch Cranach eine Art Pilgerfahrt nach Italien gemacht und blieb doch im künstlerischen Widerstand gegen den Süden: Für den Kunsthistoriker Richard Muther war er schlicht »der Deutscheste der Deutschen«.

Sein Frühwerk, da waren sich auch seine Kritiker einig, war spektakulär, innovativ, wild. Er war ein Künstler »explosiv wie Dynamit«, so nannte ihn der Kunsthistoriker Max J. Friedländer, der erste Direktor der Berliner Gemäldegalerie bis 1933, der von den Nationalsozialisten abgesetzt wurde, weil er Jude war. Es waren vor allem seine Darstellungen der Kreuzigung, die verstörten und begeisterten. Ein wenig heiliges, erhebendes Leiden war da zu sehen, ein Verenden eher, eine Vereinsamung auch, die existenziell schien und endgültig.

Gott hatte Jesus verlassen, so die grausame Botschaft dieser frühen Werke. Aber auch zarte Gemälde beginnender Liebe waren darunter, und wie Cranach hier die Psychologie von Erwartung und Versprechen einfing, diese Bildwerdung eines Schwellenmoments im Leben, das zeigt einen Maler, der sich dann eben doch im Renaissance-Sinn für den Menschen als Menschen interessierte und nicht als Maske, als Figur in einem eventuell göttlichen Spiel, als Symbolgestalt einer anderen als der wirklichen Wirklichkeit.

Sie waren sich dabei in ihrer Weltsicht durchaus einig, Luther und Cranach, der in steter Konkurrenz zum großen Albrecht Dürer stand, der so viel strenger und in gewisser Weise virtuoser war als Cranach und der, so beschreibt es Steven Ozment in seiner weit ausgreifenden Studie *The Serpent and the Lamb*, »Ernsthaftigkeit und Macht« ausstrahlte, während Cranach eher für »Phantasie und Charme« stand. Aber es war dann Cranach, dessen Wirkung schon im fast modernen Sinn ins Agitatorische ausgriff, der für die Reformation die direktere und damit auch größere Wirkung hatte als Dürer. Seine Illustrationen der Schriften Luthers machten die Schreckensbilder des römischen Antichristen populär, seine Farben und Figuren bildeten den Hintergrund für die Lektüre der Luther'schen Bibelübersetzung, ein literarisches Großwerk, mit dem Luther die deutsche Sprache prägte und miterfand. Cranach schuf suggestive und sinnlich erfahrbare Welten, die Altäre etwa, in Torgau, Dessau, Wittenberg, Szenerien einprägsamer, menschennaher Religiosität von großer Spannkraft, streng, lutherisch, bürgerlich und klerikal in Wittenberg, eher lieblich, kinderreich, voller Frauen in Torgau. Glaube und Leben im Widerstreit oder in Übereinkunft.

Und dann sind da noch die Porträts. Christus und Maria von 1516–1520, ein Paar von trauriger Innigkeit, sie schaut zur Seite und hat den Kopf geneigt, er starrt durch den Betrachter hindurch, geradewegs in eine Sphäre, die nur er kennt. Er will niemanden dorthin mitnehmen, er will niemanden überzeugen, er will niemandem etwas beweisen. Er ist allein, obwohl Maria direkt neben ihm ist – und sein Vater, ja, sein Vater ist doch allmächtig. Andererseits ist das eine der schieferen metaphorischen Konstruktionen des Christentums, der leibliche Vater, der im Bild nie präsent ist und seiner biologischen Kraft und damit seiner Lebensrealität beraubt ist: der entfernte Josef. Und die Mutter, die immer da ist, die verehrt wird, so wie auch deren Mutter Anna verehrt wird, die Martin Luther anruft, als er auf dem Feld bei Schotternheim von einem Gewitter überrascht wird, es ist der 2. Juli 1505.

Der junge Student Luther war überraschend bei seinen Eltern zu Besuch gewesen. Er studierte zu jener Zeit in Erfurt an der juristischen Fakultät, das war der Pfad, auf dem man Karriere machte, das war es, was sein Vater von ihm wollte, Hans Luder, ein Mann mit breiter Stirn und strengem Blick, so malt ihn viele Jahre später Cranach, eine kräftige Nase, der Mund ein Strich, die rechte Backe durchzogen von seltsam fleischigen Falten. Es sind zwei Porträts, die der Maler von Luthers Eltern 1527 anfertigt, und die Freudlosigkeit, ja eisige Strenge, die die beiden ausstrahlen, lässt einen noch heute frösteln. Die Mutter Margarete trägt ein schlichtes Kopftuch, das ihr lang über die Schultern fällt, sie hat einen verkniffenen Mund, es ist das Wort »Kartoffelernte«, das mir bei diesem Bild einfällt, vielleicht ist es die Mühsal, die aus diesem Bild spricht, die Not auch, obwohl keine Not herrschte im Haus des aufstrebenden Bürgers Hans Luder.

Die größte Not mag dort die Angst vor der Strafe gewesen sein, die metaphysische Angst vor der Strafe des Gottvaters, aber auch die ganz direkte Angst vor der Strafe des Familienvaters. Denn »Hans Luder gehörte in allen seinen charakteristischen Grundeigenschaften zu den engen, mißtrauischen, primitiv-religiösen, katastrophenängstlichen Menschen«, ein Mann, dem man »seine zurückgebliebene Erziehung« immer anmerkte. So beschreibt ihn der amerikanische Psychoanalytiker Erik H. Erikson in seinem Buch *Der junge Mann Luther*, das heute vergessen scheint, es wird manchmal sehr kurz darauf verwiesen, aber etwas mag aus heutiger Sicht oder in der historischen Herangehensweise nicht stimmen mit Eriksons Analyse oder seiner Methode. Es ist 1958 zuerst in Amerika erschienen, auf Deutsch dann mit Verspätung 1970. Ich besitze ein vergilbtes Suhrkamp-Exemplar von 1975, das nach Antiquariat riecht, es war das Jahr, in dem sich meine Eltern trennten. Jahre, in denen sich im Familienbild so viel verschob. Jahre, in denen Männer ihre alten Rollen hinterfragten und Frauen ihre neuen Rollen suchten. Und die Psychoanalyse war für manche, wie für meine Mutter, der Motor. Mein Vater blieb eher stehen. Er ging ein paar Schritte mit und drehte sich dann um.

Erikson nun erzählt in seinem Buch von einem Mann, der von seiner Depression geprägt und gepeinigt wurde, und doch ist in dieser Erzählung immer auch das Interesse daran zu spüren, zu verstehen, wie Luther zu dem Mann wurde, der die Welt entzweireißen konnte, so wie sie ihn selbst oft entzweiriss. Eigentlich sollte er den gesellschaftlichen Aufstieg seiner Familie vorantreiben, die im Mansfelder Bergbaugebiet zu Wohlstand gekommen war. Luther wurde mit sieben Jahren auf die Lateinschule geschickt, wo er eine Uniform trug, die ihn von den anderen Kindern der Stadt unterschied, und wo er streng und in Furcht erzogen wurde, vor den Lehrern wie vor Gott.

»Ich wurde von Kindheit auf so gewöhnt«, so sagte es Luther, »daß ich erblassen und erschrecken mußte, wenn ich den Namen Christus nennen hörte: denn ich war nicht anders unterrichtet, als daß ich ihn für einen gestrengen und zornigen Richter hielt.« Ob aus all dem Hass erwuchs, auf seinen Vater etwa, diese Frage beschäftigt Erikson, er kann sie aber nur rückblickend und etwas vage beantworten: »In seinem späteren Leben entfaltete Luther eine außergewöhnliche Fähigkeit zu hassen«, schreibt er, »spontan und ausdauernd, gerechtfertigt und ungerechtfertigt, mit sarkastischer Würde und übelster Vulgarität.«

Aber wie verhält sich dieser Hass, wie Erikson es nennt, zu dem Zorn, von dem Luther selbst spricht und der ihn in seinen Kampf mit dem Teufel führte, so wie er es sah? Und wie verhält sich dieser Hass zu der Wut, von der ich spreche und die ich für ein kompliziertes Erbe der Reformation halte, schwer zu lokalisieren in anderen Menschen, weil man sich damit auf das Gebiet der Psychologie begibt und des Räsonnierens, besser zu beschreiben bei einem selbst, dieses Unbehaustsein, dieses

Uneinssein, dieser Widerstand gegen die Welt, wie sie ist?

Das Ereignis von Schotternheim jedenfalls sollte Luthers Leben und, wenn man so will, den Kurs der Geschichte ändern. Die grundsätzliche Angst, die heilsgeschichtliche Unsicherheit, die Suche nach Zeichen, der Wunder-, der Teufels-, der Endzeitglaube, die Erhöhung von Menschen zu Heiligen, die frei flottierende Nervosität dieses Zeitalters auf der Kippe, all das bündelte sich in diesem Moment, der die Zeit in ein Vorher und ein Nachher teilte, ein Konversionsmoment, wie ihn auch Paulus erlebt hatte, eine bewegende Legende, und von Legenden lebt der Glaube ja. Luther also wurde auf freiem Feld in der Nähe der kleinen Ortschaft Schotternheim von einem schweren Gewitter überrascht. Ein Blitz, so erzählte er es, schlug in seiner Nähe in den Boden ein und warf ihn um. In Todesangst rief er aus: »Hilff du, Sankt Anna, ich wil ein monch werden!«

Luthers Reaktion war geprägt von der Zeichengläubigkeit, die so typisch war für seine Zeit und die Luther sein Leben lang begleitete und sein Denken wie seinen Glauben prägte. Es gab sie immer wieder, jene Momente, in denen ein physisches Phänomen mit übersinnlichen Erklärungen belegt wurde, der Anfall im Chor, der Blitz von Schotternheim oder der Angstanfall während Luthers erster Messe als Priester, als sein Vater in der Kirche war, der beim späteren Festessen noch einmal seine Ablehnung der Karrierepläne seines Sohnes äußerte. Erikson erklärt die komplexe Situation etwas vereinfachend so, dass der Sohn in diesem krisen- oder erlösungshaft aufgeladenen Moment zwischen dem leiblichen und dem himmlischen

Vater hin- und hergerissen war und sich vom einen noch nicht ganz befreit, sich dem anderen noch nicht ganz überantwortet hatte. Er nimmt damit das symbolisch überhöhte Vater-Sohn-Konzept auf, wie es das Christentum prägt, und verbindet es mit dem symbolisch überhöhten Vater-Sohn-Konzept, wie es die Psychoanalyse prägt. Er versucht zu erklären, was der Mensch Luther tat. Und das ist ja nicht falsch. Es erfasst nur nicht unbedingt die historische Bedeutung dessen, was Luther tat, die Folgen also seines brachialen Bruchs mit den Konventionen und mit den Lügen der Kirche. Das war sein Wahrheitsfuror. Eriksons Interesse lenkt dagegen den Blick vor allem auf die Familienkonstellation, wie sie das Neue Testament durchzieht, beginnend mit der jungfräulichen Geburt, von der die frühen Schriften des Neuen Testaments, Paulus und Markus, noch nichts wissen und die den Ton vorgab für eine Bühne voller verklemmter Männer, für Triebstau und Triebverzicht. Diese Unterdrückung der Sexualität wiederum produzierte Angst. So war es bei Luther, der sich vor der Onanie fürchtete. Sein Glaube verfolgte ihn bis ins Bett.

Der abwesende Vater, die unberührte Mutter, die ungelebte Sexualität, das sind die prägenden Momente, wenn es um die familiären Beziehungen innerhalb des Neuen Testaments geht – wobei Jesus sich von der Biologie früh freimachte. Seine einzige Verpflichtung sei die dem »göttlichen Vater« gegenüber. All die Prüderie jedenfalls, all die Lebensferne, all die knäckebrothafte Moral und auch all der Missbrauch gehen auf die übersteigerte Vorstellung von heilig entmenschlichten Menschen zurück, die die Wüste des frühen Christentums durchwanderten, ein

Trupp geheimbündlerischer Jungs, erweckungshungriger Eremiten, mädchenscheu und asexuell, wie es Paulus stolz von sich selbst sagte. Und so gibt es hier tatsächlich einen entscheidenden Bruch zwischen dem Alten und dem Neuen Testament, den der französische Schriftsteller Emmanuel Carrère in seinem Buch *Das Reich Gottes* so erklärt, mit Verweis auf den deutsch-amerikanischen jüdisch-katholisch-evangelischen Widerspruchs-Philosophen Jacob Taubes: »Während das Alte voller Geschichten von unfruchtbaren Frauen ist, denen Gott die Gnade des Gebärens schenkt, findet man im Neuen davon keine einzige. Es ist nicht mehr vom Wachsen, Vermehren und Gedeihen die Rede, sondern eher davon, sich für das Reich Gottes zum Eunuchen zu machen.«

Luther ist auf seine Weise derjenige, der das ändert. Er bricht das Zölibat, er bringt Nonnen dazu, die Klöster zu verlassen, und findet Mönche, die diese Nonnen heiraten. Er selbst wählt Katharina von Bora, oder Katharina von Bora wählt ihn, er ist glücklich, so scheint es, mit Frau und Familie. Und doch bleibt ihm viel von dieser Angst, eine Angst wie Folter, Angst als Strafe, keine menschlich begründete, sondern eine göttlich angestiftete Angst, die ich am besten verstehe, wenn ich dieses eine Wort lese, das sich im Buch von Erikson findet und das ich unterstrichen habe, ein Wort, das sich auf andere Weise auch in Luthers Gesicht findet, in seinem Blick, in seiner Abwesenheit: »tristitia«.

Mich berührt dieses Wort sehr, in dieser Traurigkeit ist Luther mir am nächsten. Man kann dieses Wort in seinem verhangenen Blick finden, auf einem Bild von 1521 etwa, einem Holzschnitt, den Cranach von Luther ge-

Bildnis Luthers als Junker Jörg, einmal als Holzschnitt (links), einmal als Gemälde, beide um 1521/22, von Lucas Cranach d. Ä.

macht hat, als er einen Bart trug und seine Haare lang waren. Luther musste sich nach dem Reichstag von Worms auf der Wartburg verstecken, er fühlte sich verfolgt und bedroht, es war eine schwere, eine einsame Zeit. Während draußen der Sturm der Reformation losbrach, den er selbst angefacht hatte, musste sich Luther von der Welt, die er verändert hatte, fernhalten und still sitzen, zur Ruhe verdammt. Er arbeitete in dieser Zeit an der Übersetzung des Neuen Testaments, er hatte Visionen und Visitationen des Teufels zu bestehen, er lebte in der Angst und stürzte sich in die Arbeit. Cranach zeigt ihn seltsam körperlos, fast fraulich sacken die Schultern weg, der Kopf sitzt eher abstrakt auf dem Körper, er ist verdreht, der Blick geht von unten nach schräg oben, und umschwirrt wird Luther von einem Himmel voll fahler Wolken. Schwermütig ist dieser Mann und eher passiv, obwohl er mit seinen Worten eine Kettenreaktion von explosiver Wirkung in Gang gesetzt hat. Ein anderes Bild Cranachs aus dieser Zeit, ein Gemälde diesmal, zeigt Luther mit langen Haaren, sehr jugendlich und mit offenem Gesicht, eigentlich schaut er positiv nach vorn, könnte man denken, wenn da nicht die Hände wären, die sehr klein sind und mädchenhaft und wurzelig verwachsen, eine Hand klammert sich um sein Herz, die andere ist krampfhaft auf die Bibel gelegt, der Daumen unter den Zeigefinger geschoben, oben Freiheit, unten Angst.

Der Künstler Cranach sah hier etwas, das auch der Psychoanalytiker Erikson zu sehen meinte, der in seiner Diagnose von einer »offenen Psychose« ausgeht, die ihren Höhepunkt erreichte habe, als Luther Mitte vierzig war, also um das Jahr 1527 herum – nachdem Luther mit dreißig in seinen frühen Predigten zwischen 1513 und 1516 eine »neue Theologie des betenden Menschen« entworfen hatte, wie Erikson das nennt, nachdem 1517 seine Thesen die Reformation ausgelöst hatten, nachdem er 1520 die Bannschrift des Papstes mit seinen Studenten in Wittenberg öffentlich verbrannt hatte und er 1521 exkommuniziert worden war. Im Jahr 1520 entstanden auch seine drei einflussreichsten Schriften: *An den christlichen Adel deutscher Nation*, *Von der babylonischen Gefangenschaft der Kirche* und *Von der Freiheit eines Christenmenschen*. Doch diese Klarheit, diese Entschiedenheit hatte bald ein Ende. Als 1525 die Bauernkriege begannen und sich die Frage nach einer Radikalisierung der Reformation ganz direkt stellte, wählte Luther einen anderen Weg, er wurde privater statt politischer und heiratete Katharina von Bora, mit der er sechs Kinder bekam.

Luther hatte drei, vier, fünf Leben gelebt zu diesem Zeitpunkt. Und nun schien es, als würde die Traurigkeit, die immer in ihm gewesen war, sich ausbreiten, als würde die Spannung weichen, die die Ereignisse und Konfrontationen gebracht hatten, als würden sich die Anfälle und Halluzinationen der frühen Jahre in einer umfassenden Melancholie erfüllen, mit der Luther kämpfte, weil er in ihr eine Versuchung des Teufels sah. Er spürte diese Kraft in sich, die er nicht beherrschen konnte, und interpretierte sie als etwas Übersinnliches, Tiefes, Diabolisches. Er unterschied sich darin von Denkern der Renaissance, die in diesem Zustand eine Art künstlerisches Ideal sahen, einen Grad von höherer Wahrheit und von Schöpfergeist. Auch Albrecht Dürer, der sich selbst in seinen Bildern so nahe kam, etwa in dem ergreifenden Selbstporträt aus dem Jahr 1500, sah das wie die italienischen Humanisten, er sah das Leiden, das mit der Melancholie kam, als etwas von Gott Gegebenes, als eine Gabe, die einen großen, wenn auch schmerzvollen Schatz bedeutete.

Seine Radierung »Melencolia I« aus dem Jahr 1514 zeigt eine vor sich hin brütende Figur, halb Mann, halb Frau, die umgeben ist von den Werkzeugen der Welt und der Erkenntnis, Sägen, Waagen, Nägeln, Leitern, Uhren, ein Zirkel in der Hand. Es ist ein komplexes, strenges, trauriges Bild, Erschöpfung im Vordergrund, während weit hinten ein Komet den Himmel zu durchschlagen scheint. Auch Cranach malte die Melancholie mehrmals, seine »Orange Melancholie« aus dem Jahr 1528 ist anders als die von Dürer, weniger einsam, weniger existenziell, bürgerlicher, familiärer, die Frau im orangefarbenen Kleid, die im Vordergrund traurig vor sich hin schnitzt und stumm auf die vier nackten Kinder schaut, die wild mit dem Hund spielen. Sie sind das Zentrum und sind doch an den Rand gedrängt, denn in der Mitte des Bildes klafft eine Leere. Es ist ein Tisch zu sehen, auf dem zwei Gläser stehen, Gäste, die womöglich nie kommen. Dürer und auch Cranach waren damit in gewisser Weise weiter als Luther, weil sie sich dem öffneten, was es bedeutet, Mensch zu sein – Luther spürte es, ahnte es, fand die Antwort darauf aber nicht in sich, sondern in Gott oder in der Angst, vor dem Teufel, vor der Versuchung.

Für Luther war klar, dass er wieder und wieder versucht war, von sich, seiner Krankheit, seinem Leiden und seiner Lust, und wieder und wieder bedankte er sich, dass »Gott ihn vonn der hohen Geistlichen anfechtung des Teufels erlöset, welche ist traurigkeit, schwermut, erschrecken, verzagen, zweifeln, todts not, unnd dergleichen vergiffte, fewrige Pfeile des Teufels«, wie er in der Schrift *Nützlicher Bericht unnd heilsamer Rath aus Gottes Wort, wider den Melancholischen Teufel* schrieb. Diese Feuerpfeile verfolgten ihn sein ganzes Leben. Als er jung war, wehrte er sie ab oder wandte sie gegen andere, als er älter wurde, wich die Kraft und wuchs die Aggression und schließlich der Hass. Er kultivierte mehr und mehr ein Menschenbild, das den Menschen nicht entlässt aus seinen Zwängen, aus dem Schrecken, der in der Welt ist und damit in ihm und auf den er eine Antwort sucht. Aber: Ist der Mensch der Grund? Oder ist Gott der Grund? Das ist die sehr einfache, sehr konkrete, sehr komplizierte Frage, die für so viel Leid und

Allegorie der Melancholie, von Lucas Cranach d. Ä., 1528
(National Gallery of Scotland, Edinburgh).

125

Mord und Krieg gesorgt hat. Wenn Gott der Grund ist, kann man Unmenschliches anrichten in seinem Namen. Wenn der Mensch der Grund ist, muss man den Menschen respektieren.

Luther kämpfte, erst einmal gegen sich, denn so sah er diese »Anfechtungen«, als Kampf. Aber je länger es dauerte, desto mehr wandte er die Aggressionen, die in ihm loderten, nach außen. Es sei ganz richtig, »unsere Hände im Blut von Kardinälen und Päpsten zu waschen«, sagte er in revolutionärer Aufwallung, nur um ein paar Jahre später *Wider die Mordischen und Reubischen Rotten der Bawren* zu hetzen und zu fordern, sie öffentlich oder heimlich zu attackieren. »Eyn auffrurischer ist nicht werd, das man yhm mit vernunfft antworte«, sagte er dazu, »denn er nympts nicht an. Mit der faust mus man solchen meulern antworten, das der schweys zur nasen ausgehe.« Es waren härtere und angstvollere Jahre, die kamen, und sie brachten gröbere und brutalere Worte mit sich. Der Aufstand der Bauern, den Thomas Müntzer anführte, verstärkte in Luther nur den Eindruck, dass die Welt in einen Abgrund gezogen wurde, an dessen Grund der Teufel wartete. Seine Panik wirkte pathologisch und war es womöglich auch. »Drumb lieb herren, loset hie, rettet hie, helfft hie, erbarmt euch der armen leute, Steche, schlahe, würge hie, wer da kan, bleybstu drüber tod, wol dir«, das schrieb er mit Blick auf die Fürsten, in der Hoffnung, dass die Revolte von oben niedergeschlagen werden würde, »seligklichern tod kanstu nymer meer uberkomen.«

Luther hatte für sich – und damit auch für andere – das Tor zum Fanatismus weit aufgestoßen. Der Zorn war in ihm, und er ließ ihm nun fast hemmungslos seinen Lauf. Die Bedrohung durch die Türken, die 1532 Wien belagerten, weitete die Angst ins Allgemeine. Es war ein Kampf der Religionen, es war ein Krieg der Kulturen, es prägte sich tief ein ins Angstgedächtnis Europas und kommt heute wieder hoch, dieses Gefühl, überrannt zu werden, das Abendland unter Attacke, der Ansturm aus dem Osten – all die alten Muster bündelten sich bei Luther und verstärkten das, was in ihm an Ressentiment vorhanden war. All das formte den blutigen Furor seines späten Hetztraktats *Von den Juden und ihren Lügen* von 1543, einer Urschrift des Antisemitismus, der bei Luther in seinem ersten Versuch zu diesem Thema noch anders intoniert war, als er 1523 in der Schrift *Dass Jesus Christus ein geborener Jude sei* die Konversion der Juden als den einzigen und auch anzustrebenden Weg für die Rettung der Juden gesehen hatte. Zwanzig Jahre später forderte er die Vernichtung dieser »Teufelskinder«: »Wir müssen mit gebet und Gottes furcht eine scharffe barmhertzigkeit uben, ob wir doch etliche aus der flammen und glut erretten kündten.« Es ist eine Anleitung zum Pogrom.

Die Synagogen und Schulen solle man »mit feur« anstecken, schrieb er, »und, was nicht verbrennen wil, mit erden uber heuffe und beschütte, das kein Mensch ein stein oder schlacke davon sehe ewiglich.« Die Häuser solle man zerstören, die Bücher verbieten, den Rabbinern die Lehre untersagen, »den Jüden das Geleid und Strasse gantz und gar auffhebe. Denn sie haben nichts auff dem lande zu schaffen, weil sie nicht Herrn noch Amptleute noch Hendeler, oder des gleichen sind.« Den Wucher solle man nicht mehr dulden, Silber und Gold solle man

Doppelporträt Martin Luther und Katharina von Bora,
Ölgemälde von Lucas Cranach d. Ä., 1529.

ihnen nehmen. »Denn, wie gehört, Gottes zorn ist so
gros uber sie, das sie durch sanffte barmhertzigkeit nur
erger und erger, durch scherffe aber wenig besser werden.
Drumb imer weg mit inen.«

Martin Luther war sechzig Jahre alt, als er das schrieb.
Er hatte noch drei Jahre zu leben. Er war nicht mehr der
Mann von milder Melancholie, wie Cranach ihn 1529
malte. Die Augen blickten zur Seite, sein Blick war nicht
bohrend, aber wach, zusammen mit dem Mund, der eng
zusammengepresst war, aber nicht allzu sehr verkrampft,
ergab das einen Ausdruck von fast heiterem Erstaunen
darüber, wie alles gekommen war. Ein wenig Überheb-
lichkeit liegt auch in diesem Blick. Luther war schon im
Griff der Depression, wie sie Erikson beschrieb, er war in
vielem auf dem Höhepunkt oder darüber hinaus. Er hatte

Porträt Martin Luther.
Ölgemälde von Lucas
Cranach d. J., 1575
(Kunstsammlung der
Veste Coburg).

seine Schlachten geschlagen. Von hier ab ging es darum, sein Erbe zu sichern und zu verwalten. Das Bild ist ein Doppelporträt mit seiner Frau Katharina von Bora, die Cranach als eine auffällig unscheinbare Person gemalt hat; hohe Wangenknochen, stummer Blick, durchaus selbstbewusst. Sie sollte den Fanatismus Luthers anfachen, sie war noch extremer antisemitisch befeuert als ihr Mann, sie suchte wie er, diese Vernichtungsfantasien mit ihrem Glauben zu rechtfertigen.

Dieser Luther von 1529 ist genauso alt, wie ich es heute bin. Sein Blick ist der Blick nach vorn, auf das, was noch kommt. Es ist zugleich ein Blick nach hinten. Es ist der Luther, den mein Freund Carsten Fock auf dem Titelbild gezeichnet hat. Wir waren zusammen auf der Veste Coburg, wo es ein Bild gibt, diesmal vom jüngeren

Cranach, das einen vom Alter und vielleicht vom Tod berührten Luther zeigt. Er ruht schwer in einem absichtsvoll viel zu groß gemalten Körper, eine Masse Mann, auf der ein Kopf sitzt von sturer Energie. Kein Besserwisser, etwas Weiches liegt in seinen Augen. Aber ein Mann der Macht, der sich entschieden hatte, dass die Macht das war, was er wollte, weil sie ihn schützte und damit auch das, was er angestoßen hatte. Es war der Luther, wie ihn seine Totenmaske zeigt, ein Kind mehr als ein Mann, die Augen geschlossen, der Mund entspannt, die Wangen feist. Er war voller Sicherheit, dass er auf dem Weg war zu seinem Herrn, so wie er ihn sich erschaffen hatte, so wie ihn Paulus und all die Prediger, die nach ihm kamen, zeichneten, ein anderer Gott in vielem als der Gott des Alten Testaments.

4

DAS WORT

Als mein Vater mir das Buch gab, das sein Leben bestimmte, ein schweres Buch aus braunem Leder, sehr alt und mit zwei Metallverschlüssen an der Seite, da sagte er, das sei das Wertvollste, was er besitze; und weil er jemand war, der sehr selten von Geld oder dem Wert von Dingen sprach, war es ein merkwürdiges Wort, das er benutzte, dachte ich, wertvoll.

Er hatte das Buch, unsere Familienbibel, gerade aufwendig restaurieren lassen. Er hatte selbst, als er jung war, eine Buchbinderlehre gemacht und zeigte mir die Rückseite des Buches, an der deutlich zu sehen war, wie neues, hellbraunes Leder das alte, dunklere Leder ersetzte oder stabilisierte.

Ich nahm das Buch, das er mir vor seinem Tod schenkte, und stellte es in mein Regal. Ich öffnete es nicht, ich schaute es nicht an, ich verstand nicht, was dieses Geschenk bedeutete. Ich sah nicht, was dieses Buch mit mir zu tun hatte. Ich hatte mir manchmal überlegt, wie es wäre, dieses Buch zu lesen, und dann fiel mir kein Grund ein, es zu tun, und ich ging raus und spielte Fußball.

Ich verband nichts damit, weder mit dem Buch noch mit dem möglichen Lesen noch mit dem möglichen

Nicht-Lesen, und jetzt, da ich das Buch gelesen habe, jetzt, da ich die Bibel geöffnet habe, die mir mein Vater geschenkt hat, jetzt, da ich das Datum gesehen habe, das auf der ersten Seite steht, fast verdeckt von all den winzig kleinen Notizen, die sich einer meiner Vorfahren gemacht hat, da finde ich es schade und falsch, dass ich die Bibel damals nicht gelesen habe, als mein Vater noch lebte, vor allem deshalb, weil ich gern mit ihm darüber geredet hätte.

1546, das ist das Datum, das auf der ersten Seite steht, ein echter Schock, ein positiver Schock, aus den vielen, vielen Jahren dringt eine eigenartige Energie herüber, eine Strecke zeichnet sich ab, es ist wie eine Bestätigung, die sich nicht auf mich bezieht, ein Beweis für einen Glauben, der nicht meiner ist, aber der meiner Familie. 1546, das war das Jahr, in dem Martin Luther starb, am 18. Februar, er war unterwegs, um einen Streit zu schlichten, und starb nicht daheim, in Wittenberg, sondern dort, wo er geboren wurde, in Eisleben.

»Witeberg« steht auf der ersten Seite meiner schweren Familienbibel, hier wurde das Buch gedruckt, durch Hans Lufft, der berühmte Hans Lufft mit den zwei f. Auf der ersten Seite ist auch Martin Luther auf einem Bild zu sehen, wie er vor dem toten Jesus kniet, der am Kreuz hängt, ein kleiner Körper, sein Kopf nur etwa halb so groß wie der von Luther, der die Hände gefaltet hält, mit mächtigem Schädel und mächtigem Gewand, und ihm gegenüber kniet, ebenfalls die Hände gefaltet, ebenfalls mit mächtigem Schädel und mächtigem Gewand, der Kurfürst. Es war die Vereinigung von weltlicher und spiritueller Macht unter dem Kreuz.

Und darüber, daneben, in die freien Flächen des Bildes hinein, sind Sätze gekritzelt, Fragmente, Verweise auf Textstellen, Gedanken, die sich all die Männer machten, die mit diesem Buch lebten und arbeiteten, »Literalem sensum esse tuti –«, der Rest ist undeutlich und am Rand der Seite schwer zu entziffern. Keine Seite dieser Bibel ist frei von Notizen, aber nirgendwo sind sie so wild und so dicht wie auf der ersten Seite. Ich kann sie kaum lesen, die Buchstaben sind klein, manches ist in altdeutscher Schrift, die ich nur gedruckt lesen kann, manches ist in Latein, das ich entziffern kann, aber nicht alles davon. »Omnis dies, omnis hora«, steht da auf der ersten Seite, »alle Tage, alle Stunden«, und danach das Wort »ostendit«, zeigt, zeigt er, zeigt es, aber was da gezeigt wird, das kann ich nicht entziffern. Rechts daneben steht in einer ähnlichen Schrift, klein und etwas zackig, »Gottes Wort soll«, auf Deutsch, aber was Gottes Wort soll, das kann ich auch nicht mehr entziffern.

Es ist wie eine Karte der Gedanken, diese erste Seite des von Luther übersetzten Neuen Testaments, es ist wie ein Blick in den Kopf meiner Vorfahren. Ich weiß nicht genau, wann diese Bibel in den Besitz meiner Familie gekommen ist. Mein Vater hätte das wohl gewusst, er mochte auch Stammbäume. Ich mag die Gegenwart. Ich habe Geschichte studiert und suche Verbindungen in der Vergangenheit, aber das hier, ein fast 500 Jahre tiefer Schacht in Gestalt eines Buches, das ist etwas anderes, es ist eher eine Zeitreise in eine Epoche, in der dieses Buch die Welt war, weil die Welt das war, was man mit diesem Buch erklären wollte. Und so lese ich die Bibel heute auch als den Versuch, sich das Rätsel der eigenen Existenz zu erklären und sich in diesem Rätsel seinen Platz und seine Regeln zu geben, damit diese Existenz weniger gefährdet ist.

Die Bibel ist also eigentlich ein politisches Buch im ganz allgemeinen Sinn des Wortes, ein Buch, das etwas über die Ordnung einer bestimmten Gruppe von Menschen erzählt oder, besser: das die Ordnung aus einer sehr konkreten Geschichte herleitet, die immer mit Blick auf die gestaltende Instanz erzählt wird, und das ist Gott; darin liegt, wenn man so will, der spirituelle Teil der Bibel. Die Menschen, die sich diese Geschichte erzählten, brauchten Gott, um das Chaos zu meistern, so scheint es, sie hatten nicht genug Vertrauen in sich, um im Menschen selbst die Begründung dafür zu finden, wie sie leben wollten. Sie verbanden spirituelle Fragen nach Sinn und Wesen des Lebens mit Fragen der konkreten Lebenspraxis. Luther, der von der Überlegenheit des Neuen gegenüber dem Alten Testament überzeugt war, nannte das Alte Testament ein »Gesetzbuch«, von Sünden, Schuld und der Suche nach dem Guten geprägt, nicht nur dem »Judischen Volk alleine gegeben und nu fort aus sei, und nur von vergangenen Geschichten schreibe«, wie manche meinten, aber doch der Gnadenlehre des Neuen Testaments unterlegen. Denn »weil solch Testament nicht auf Gottis Gnaden sondern auf Menschen werken stund,« schreibt er in seiner *Vorrede auf das Alte Testament*, »musst es alt werden und aufhoren, und das verheißen Land wieder verloren werden, darum das Werk nicht mugen Gesetz erfullen, und musst ein ander Testament kommen, das nicht alt wurde«.

Die Botschaft Jesu überwindet die Gesetzesmacht, da

134

war Luther sicher, auch die Macht der zehn Gebote, die nicht ihren Sinn verlieren, aber ihre Bedrohung, so wie auch der Tod seinen Stachel verliert, weil die Erlösung ja Gottes Geschenk ist, mit dem er die Christen beglückt. Das alles war das Versprechen. Und doch sei »solch Sund Amt und Tod Amt gut und fast von noten«, wie Luther schreibt, »denn wo Gottis Gesetz nicht ist, do ist alle menschliche Vernunft so blind, dass sie die Sund nicht mag erkennen, denn kein menschlich Vernunft weiß, dass Unglaube und an Gott Verzweifeln Sund sei«.

Die Bibel also als eine Abwehr der menschlichen Vernunft, die nur durch Angst und Schrecken in Bann gehalten werden kann, auch so kann man es mit Luthers Worten beschreiben. Und so »schuf Gott Himmel und Erde. Und die Erde war wüst und leer, und es war finster auf der Tiefe; und der Geist Gottes schwebte auf dem Wasser.« Gleich auf den ersten Seiten wird klar, wie groß die Angst vor dem Menschen war, die in diesem Buch kultiviert wurde, die Angst der Menschen voreinander, die sie auf Gott projizierten, der es seinen Geschöpfen verbot, sich mit dem ganzen Reichtum ihrer eigenen Existenz zu feiern: »Und zu Adam sprach er: Dieweil du hast gehorcht der Stimme deines Weibes und hast gegessen von dem Baum, davon ich dir gebot und sprach: Du sollst nicht davon essen, verflucht sei der Acker um deinetwillen, mit Kummer sollst du dich darauf nähren dein Leben lang.«

Da ist die Geschichte erst ein paar Minuten alt, 1 Mose 3, und schon ist der Mensch ins Schwefelbad des göttlichen Misstrauens geworfen worden. Es ist von Anfang an ein Ringen zwischen dem Schöpfer und seiner Kreatur, was eine Frage aufwirft: Entweder ist dieser Schöpfer nicht allmächtig, aber so wird er ja beschrieben, oder er hat mit Absicht eine defizitäre oder wenigstens widerständige Kreatur geschaffen, den Menschen, dann leuchtet es aber nicht ein, warum ihn das so überrascht oder warum er es dauernd thematisiert, es war ja seine eigene Idee. Oder wie es in 1 Mose 8 heißt: »das Dichten des menschlichen Herzens ist böse von Jugend auf.« Das ist das Grundmisstrauen gegenüber dem Menschen, wie es wieder und wieder formuliert wird im Alten Testament, und jeder Versuch, den Menschen zu emanzipieren, muss Argumente gegen diesen Widerstand finden.

Es ist ein stetes Streiten zwischen dem Menschen und seinem Gott, das dieses Buch durchzieht, der Mensch irrt und muss auf den richtigen Weg zurückgebracht werden, er zweifelt und zaudert und muss wieder und wieder zum Gehorsam gezwungen werden von einem Gott, der durch Engel regiert und durch Vernichtung. Oder, wie es in der Geschichte des lügenden und betrügenden Jakob heißt, der sich den Segen seines Vaters Isaak erschleicht: »Völker müssen dir dienen, und Leute müssen dir zu Fuße fallen. Sei ein Herr über deine Brüder, und deiner Mutter Kinder müssen dir zu Fuße fallen. Verflucht sei, wer dir flucht; gesegnet sei, wer dich segnet.« (1 Mose 27, 29)

Die Annahme einer göttlichen Ordnung, die auf Unterwerfung angelegt ist, wird auf die menschliche Welt übertragen, mit den gleichen Vorstellungen, mit der gleichen Härte und Grausamkeit, von der die Bibel so ausführlich erzählt. Und wie Jakob und seine Söhne wüten und plündern, wie sie morden und schänden, wie das Verbrechen zu ihrem Zeichen wird – da scheint es fast, als sei die Geschichte des Alten Testaments die Geschichte eines abwesenden Gottes, der erst nach und nach versteht, wie grausam das Wesen ist, das er da erschaffen hat. So gibt es für den Menschen von Anfang an keine Bestimmung im eigentlichen Sinn, er ist nie frei von einer Kraft, die darüber wacht, dass er unter Kontrolle bleibt. Und wenn doch, dann flieht er in die Sünde.

Es ist eine Welt ohne Moral, die die Bibel am Anfang zeigt, und das Einzige, was die Gewalt unter Menschen regelt, ist die größere Gewalt. Bis Gott kommt, aus einer dicken Wolke heraus spricht er zu Mose, nicht zur Menschheit, die immer schon gespalten ist in diesem Buch, und er sagt von sich selbst, er sei ein »eifriger Gott, der da heimsucht der Väter Missetat an den Kindern bis in das dritte und vierte Glied, die mich hassen« (2 Mose 20, 5). Es ist diese Härte, die das Buch durchzieht, eine Härte, die erst einmal die Härte der Geschichte ist, die aber zur Härte des Glaubens wird, denn die Gesetze nehmen diese Härte auf, sie sind dazu gedacht, sie zu reglementieren, aber sie bilden sie zugleich ab. Diese Härte ist ein Wesenszug des Alten Testaments, der bleibt.

Daraus folgt das sprichwörtliche »Auge um Auge, Zahn um Zahn«, da soll dieser und jener »des Todes sterben«, wenn er »Vater und Mutter flucht« oder »bei einem Vieh liegt«, da sind die Vorschriften nicht nur moralischer, sondern auch ästhetischer Art so genau beschrieben, dass es sich liest wie ein Reigen von Wörtern, die alles und nichts bedeuten könnten. Und mit besonders großer Lust und Genauigkeit werden die Gräueltaten aufgelistet, die die Menschen sich gegenseitig antaten oder Gott dem Menschen.

Die Gewalt, von der dieses Buch durchzogen ist, war mir unbekannt, als ich aufwuchs. Ich sah sie im Fernsehen, weit weg, in anderen Ländern. Ich sah sie nicht in der Welt, die ich kannte. Sie war klein, diese Welt, sie war heil, sie war auf einer Lüge gebaut, denn die Abwesenheit von Gewalt an einem Ort bedingt umso größere Gewalt an einem anderen Ort. Der Friede des einen ist der Krieg des anderen.

Es war die Welt, es war die Herrschaft des Westens, der zur Zeit Luthers seinen Triumphzug antrat, mit den Mitteln des Wissens und der Gewalt, mit Kriegen, Eroberungen, Unterwerfungen, Entdeckungen, mit all den Grausamkeiten der Sklaverei, des Kolonialismus, des Völkermords, die mit den Worten Gottes gerechtfertigt werden konnten. Jener Westen, der sein Selbstverständnis auf Verbrechen baute, die er verdrängte. Jener Westen, der in einer Krise steckt, 500 Jahre nach Luther, 500 Jahre, nachdem die Welt von Europa aus erobert wurde, mit Worten und mit Taten.

An den Rändern, an den Bruchstellen des Westens traten Risse auf, schon lange vor dem Ende des 20. Jahrhunderts, wenn man von außen auf Europa oder Nordamerika schaute, aus Afrika, aus Asien, aus Südamerika – am 11. September 2001 wurde es dann auch für alle deutlich, die wie ich im Schlummerschlaf gelegen hatten: Sie hassen den Westen, sie wollen den Westen vernichten, sie sind zu allem bereit. Aber wer ist »sie«? Und vor allem: Warum hassen sie den Westen? Die Naivität dieser Frage zeigte, wie tief sich der Schlaf in das Selbstverständnis des Westens gegraben hatte.

Wie sich Macht aus Gewalt konstituiert, das kann man

138

in der Bibel nachlesen. Es geht darin um Gruppenbildung, es geht um Abgrenzung, es geht darum, wie man Aufstände inszeniert und Identität konstruiert. All das also, was ich in den Straßen von Kiew sah, was ich in den Gesprächen mit den Malern und Schriftstellern fand, die auf dem Maidan gekämpft hatten, all die Hoffnungen und Enttäuschungen, die, so scheint es, in der jeweils gleichen Abfolge diese Umbrüche durchziehen. Es waren die Konturen des Revolutionären, die ich in Kiew und später auch in Kairo sah, es war ein Moment der Einsicht in die durchaus böse Wirkweise dieser Welt. Ich wusste, dass es die Gewalt gab, ich hatte es immer gewusst, aber ich hatte sie nicht gesehen.

Die Grausamkeiten der Bibel sind also die Grausamkeiten der Welt. Da erwürgt »ein jeglicher seinen Bruder, Freund und Nächsten«, und am Ende sind dreitausend Mann an einem Tag gestorben. Aber es ist Gottes Wille, so steht es da, es ist Gottes Auftrag, dieses Morden, um das »halsstarrige Volk«, das er »vertilgen« möchte, zu disziplinieren. Und weil es Gottes Wille ist, wird aus der Grausamkeit der Menschen etwas anderes. Es wird ein Kampf nicht darum, was der Mensch ist, sondern darum, was der Mensch sein soll. Und die Antwort auf diese Frage findet der Mensch nicht in sich, sondern in Gott.

Aus der Grausamkeit erwachsen das Gesetz und die Ordnung, von Gott gegeben, auf steinernen Tafeln, ein ichsüchtiger Verehrungsgott, so stellt sich heraus, der zornig wird, wenn er nicht die ungeteilte Aufmerksamkeit bekommt, ein zeterndes Kind, das den Kult fordert, der doch freiwillig sein sollte, ein Geschenk, eine Geste. Aber so ist das nicht im Monotheismus. Gott befiehlt, pedantisch, detailfixiert. Ermüdende Passagen lang geht es um Reinheit und Unreinheit, aber nicht nur praktisch, sondern auch als Metapher: »Macht eure Seelen nicht zum Scheusal«, heißt es in 3 Mose 11, »und verunreinigt euch nicht an ihnen, daß ihr euch besudelt.«

Die Psychologie dieser Drohgebärden ist widersprüchlich, denn wo Gott loben und werben könnte, wo er motivieren könnte, wie man heute sagen würde, da ist er kalt und zynisch. Er will »wilde Tiere unter euch senden, die sollen eure Kinder fressen und euer Vieh zerreißen und euer weniger machen, und eure Straßen sollen wüst werden«, heißt es in 3 Mose, 26, 22. Das kann man in der archaischen Wucht der Worte wie ein antikes Schauspiel betrachten, wobei die griechischen Götter sehr viel flexibler, in sich versponnener und dabei menschenzugewandter waren. Schwierig wird es, wenn man anfängt, in diesen langen, langen Seiten etwas anderes zu sehen als die konzentrierte und mythologisch überhöhte Erzählung davon, wie sich aus der Wildnis so etwas wie eine Zivilisation gebildet hat, mit allen Schrecken. Der Zorn, der das Volk Israel trifft, hat eine Zufälligkeit, die der Natur geschuldet ist, aber so heilsgeschichtlich überfrachtet wird, dass die Angst vor der Natur zu einem wesentlichen Element des Glaubens wird, wie die Angst vor dem anderen Menschen, wie die Angst überhaupt.

Die Frage ist, was diese Angst bedeutet, was diese Angst soll und zu was sie führt. Die Menschen in Kairo etwa, mit denen ich 2015 sprach, lebten seit mehr als einer Generation in Angst, die Angst war so sehr Teil ihres Alltags, ihres Wesens, ihres Lebens, dass sie selbst überrascht waren, als es so schien, dass es vorbei war, mit

Mubarak, mit der Angst. Sie feierten, sie tanzten, sie hatten vergessen oder verdrängten, dass fast jede Revolution in die blutige Gegenrevolution mündet.

Ist die Anrufung der Angst also, wie sie in der Bibel geschieht, sogar ein Appell, die grausame Mechanik der Welt genauer zu betrachten? Ein Appell an den Menschen, sich seiner Rolle und seiner Bestimmung besser bewusst zu werden? Auch so kann man das Buch lesen, wenn man will, roh und gegen seine Intention. Die zugrunde liegende Idee wäre dann, dass die dauernde Wiederholung der Demütigungen zu Widerstand oder zu Gehorsam verleitet. Der Text legt Gehorsam nahe. Aber das Lesen des Textes könnte auch zu Widerspruch führen, sollte zu Widerspruch führen. Tatsächlich ist das aber nicht die Absicht der Bibel.

Der Mann etwa, der am Sabbat Holz sammelt, und der »HERR aber sprach zu Mose: Der Mann soll des Todes sterben; die ganze Gemeinde soll ihn steinigen draußen vor dem Lager. Da führte die ganze Gemeinde ihn hinaus vor das Lager und steinigte ihn, daß er starb, wie der HERR dem Mose geboten hatte« (4 Mose 15, 35–36). Das ist die Logik einer Religion der Strafen, der Klagen und der Plagen, des Jammerns und des Donners. Da wird »gehurt«, da wird getötet, da werden Bilder zerstört und Höhen vertilgt, da wird der Bund mit Gott wieder und wieder beschworen, vor allem unter dem Druck der Ereignisse und der Drohung, den Menschen zu verlassen und zu verstoßen. Aus den Regeln erwächst ein Leben, die Regeln werden das Leben, und wer sie bricht, wird so gnadenlos verfolgt, dass es sich liest wie ein surrealer Folter-Roman.

Das ist die Geschichte, das ist die Historie, das ist es, was Menschen Menschen antun. Es ist nicht Gottes Schuld, weil es ihn ja eh nicht gibt, dass die Welt so ist, wie sie ist, und dass wir unsinnig werden von dem, was unsere Augen sehen, in Kriegen, vor allem, manchmal auch im Alltag. Das Buch, das über viele Jahrhunderte entstanden ist, als eine Mischung aus wörtlicher und schriftlicher Rede, eine Versprachlichung der Welt in gewisser Weise, soll aber etwas anderes erzählen. Es sind Fragen nach der Grundlage von Macht, die sich hier stellen, und Fragen nach dem Entstehen von Strukturen der Macht. »Denn es ist ein Volk, darin kein Rat ist, und ist kein Verstand in ihnen« (5 Mose 32, 28). Das ist die politische Aussage des Alten Testaments. Das ist das Menschenbild. Das ist die Grundlage für einen Glauben, der sich wie eine Daumenschraube um den Einzelnen und seine Freiheiten, seine Möglichkeiten legt.

Der Einzelne als solcher taucht nicht auf in diesem Teil der Bibel, und wenn, dann nur als Problem, als Abweichung, als etwas, das durch »schreckliche Taten« gerichtet werden muss. »Wer deinem Mund ungehorsam ist und nicht gehorcht deinen Worten in allem, was du uns gebietest, der soll sterben«, heißt es in Josua 1. Es waren Kriegsberichte aus dem Äußeren und dem Inneren, die hier versammelt wurden, eine Abhärtung der moralischen Skrupel, die den Gemeinschaftsgeist nicht durch eine Verbindung im Geist, sondern durch den Druck im Kampf herstellen sollte. So war es bei Josua, der seine Gefangenen dem Volk präsentiert und zu den Obersten sagt: »Kommt herzu und setzt eure Füße auf die Hälse dieser Könige. Und sie kamen herzu und setzten ihre

Füße auf ihre Hälse. Und Josua sprach zu ihnen: Fürchtet euch nicht und erschreckt nicht, seid getrost und unverzagt; denn also wird der HERR allen euren Feinden tun, wider die ihr streitet. Und Josua schlug sie dernach und tötete sie und hing sie an fünf Bäume; und sie hingen an den Bäumen bis zum Abend.« (Josua 10, 24–26)

Es ist viel Grausamkeit in diesem Buch. Eine Grausamkeit, die nicht verschwindet, je länger sie dauert. Eine Grausamkeit, die bleibt, als Grund, als Anfang, als Ende, als Erbe, die all das beeinflusst, was noch kommt. Da werden Nägel durch die Schläfe geschlagen, bis sie in die Erde dringen, da werden abgeschlagene Häupter über den Jordan getragen, da werden siebzig Männer auf einmal erwürgt, Häuser stürzen ein, Reiche kollabieren, es ist eine bizarre Form der Geschichtsschreibung, weil jede Art von Politik abwesend ist, also Gründe etwa für bestimmte Handlungen, Motive, Strategien, Entwicklungen, die außerhalb des Blickfelds des Betrachters liegen. Es gibt hier keinen Staat, es gibt nur das Private und das Göttliche, und aus diesem Konflikt entsteht das Drama, das diese Geschichte vorantreibt. Frauen werden zerstückelt, Frauen werden schwanger, Frauen verschließen ihren Leib, wie es heißt, es geht um Genealogie, es geht um Herkunft und die Legitimation der Reihe, es sind Erbgeschichten, die ihre Begründung haben in der archaischen Zeit – und allein der ständige Bezug auf Gott macht aus dieser sehr menschlichen Beziehung eine Heilserzählung. »Sie tun dir«, sagt der Herr zu Samuel, »wie sie immer getan haben von dem Tage an, da ich sie aus Ägypten führte, bis auf diesen Tag, und sie mich verlassen und andern Göttern gedient haben.« (1 Samuel 8, 8)

Die Allgegenwart des Meuchelns erzeugt einen Sog, einen Blutrausch, der jede Vernunft vernichtet. »Soll denn das Schwert ohne Ende fressen«, heißt es in 2 Samuel 2. »Das Schwert frißt jetzt diesen, jetzt jenen«, so steht es da ein wenig später, nachdem der Wahnsinn seinen Lauf genommen hat und unter Davids Augen querfeldein gemordet wurde, als gäbe es kein Morgen, lauter Soldaten wie Kinder, die um die Gunst des Vaters buhlen mit Blut. »Ja, sollte ich das Blut nicht fordern von euren Händen und euch von der Erde tun«, heißt es in 2 Samuel 5. »Und David gebot seinen Jünglingen; die erwürgten sie und hieben Hände und Füße ab und hingen sie auf am Teich zu Hebron.«

Und je länger das dauert, desto mehr stellt sich eine Art Lerneffekt ein: Nicht mehr Gott ist primär grausam, es sind nun vor allem die Menschen selbst, die zum Schlimmsten fähig sind. Erst im Chaos kann die ordnende Kraft ihre Wirkung entfalten, erst im Chaos bekommt Gott seine Funktion. Er lässt die Welt untergehen und rettet zwei Menschen und deren Kinder, deren Partner und ein paar Tiere, er zerstört Städte, die sündig sind, er entscheidet über Leben und Tod.

Man lernt viel über das menschliche Bewusstsein, wenn man die frühen Teile der Bibel liest, aber meistens funktioniert das über den Umweg Gottes. Da ist Salomo, der grausame und, wie es heißt, weise Salomo, der in einer Art Godfather-Manier einen Schergen namens Benaja beschäftigt, der für ihn mordet, während er seine Weisheit als Einschüchterungsgeste gebraucht und nicht als Maß für gerechtes Handeln und Regieren. Da werden mal die gesamten Nachkommen eines gefallenen Herrschers aus dem Haus vertrieben, »wie man den Kot ausfegt«, und mal ist es das Aas Isebels, das »wie Kot auf dem Felde« sein soll, »im Acker Jesreels, daß man nicht sagen könne: Das ist Isebel.«

In all diesen Jahrhunderten des Mordens kann man eine langsame Verwandlung des Mythos beobachten, der seine hermetische Wirkung mehr und mehr verliert. Die Konturen des Menschlichen dringen immer stärker durch die Geschichten hindurch, und im Buch Hiob nun wird Gott endgültig zu einem Charakter in der Fabel, ein Charakter wie die anderen, wie Satan, mit dem er sich misst – die dunkle Gegengestalt im Kampf um Hiob. Dieses Buch Hiob ist der eigentliche Beginn der Dichtung in der Bibel und damit eine Art Ende des Mythos.

Die Wette zwischen Gott und dem Teufel ist frivol und spekulativ, sie ist eine Vorführung, und es ist unklar, warum sich Gott überhaupt auf diesen Streit mit dem Satan um die Treue von Hiob einlässt. »Meinst du, daß Hiob umsonst Gott fürchtet«, so stachelt der Teufel ihn an. »Hast du doch ihn, sein Haus und alles, was er hat, ringsumher verwahrt. Du hast das Werk seiner Hände gesegnet, und sein Gut hat sich ausgebreitet im Land. Aber recke deine Hand aus und taste an alles, was er hat: was gilt's, er wird dir ins Angesicht absagen?«

Was also ist der Glaube? Und was ist Gott? Und was ist die Beziehung zwischen beidem, Gott und Glaube? Braucht es das Gute, um beides zu verbinden? Es ist zynisch und kalkuliert, was Gott mit Hiob anstellt – es ist aber auch ein Beweis für ein neues menschliches Selbstvertrauen: Wie von Hiob erzählt wird, so psychologisch, so sozial gedacht, das ist eine kleine Revolution, weil hier der Mensch die Bühne betritt. Er zweifelt und zaudert, dieser Mensch, aber zugleich führt er vor, wie die Demut vor Gott geht, wenn sie nicht von außen erzwungen, sondern von innen erkannt wird. Das macht die Sache noch ein wenig grausamer, weil der Marterer der Mensch selbst ist. »Da stand Hiob auf und zerriß seine Kleider und raufte sein Haupt und fiel auf die Erde und betete an und sprach: Ich bin nackt von meiner Mutter Leibe gekommen, nackt werde ich wieder dahinfahren. Der HERR hat's gegeben, der HERR hat's genommen; der Name des HERRN sei gelobt.«

Es sind einige der traurigsten, der einsamsten Sätze der Bibel, die von Hiob und seinen Freunden gesagt werden, in diesen langen Gesprächen, die wieder und wieder das eine Thema umkreisen, die Frage nach dem Grund für Hiobs Unglück. »Was ist ein Mensch, daß du ihn groß achtest und bekümmerst dich um ihn«, fragt Hiob. »Du suchst ihn täglich heim und versuchst ihn alle Stunden. Warum tust du dich nicht von mir und lässest mich nicht, bis ich nur meinen Speichel schlinge? Habe ich gesündigt, was tue ich dir damit, o du Menschenhüter? Warum machst du mich zum Ziel deiner Anläufe, daß ich mir selbst eine Last bin? Und warum vergibst du mir meine Missetat nicht und nimmst weg meine Sünde? Denn nun werde ich mich in die Erde legen, und wenn du mich morgen suchst, werde ich nicht da sein.«

Deutlich werden die Widersprüche im Bild und im Verhalten Gottes. Er sei »höher denn der Himmel«, sagt Hiobs Freund Zophar, »was willst du tun? tiefer denn die Hölle; was kannst du wissen?« Den Freunden, die über das Schicksal Hiobs reden, mag das so erscheinen. Aber

146

der Leser der Geschichte von Hiob kann sehr genau verfolgen, wie falsch Gott spielt – und es stellt sich die fast unausweichliche Frage, ob Hiob der Einzige ist, dem es so ergeht, oder ob die Existenz eines jeden Menschen ein abgekartetes Spiel ist, bei dem das Leid von oben herab diktiert wird. Was für eine Gottesidee wäre das aber, wie unerträglich wäre ein Leben, das unter solch einer Drohung stünde?

Wie das Leben tatsächlich ist, nach allem, was man aus Erfahrung weiß, auch das beschreibt das Buch Hiob. Die empirische, die natürliche Sicht der Dinge wird hier in den Gesprächen der Freunde ausgebreitet, sie ist mehr als eine Möglichkeit, sie hat die größere Plausibilität, und fast wirkt es so, als wären die Freunde und Hiob schon auf dem Weg ins Helle – um dann doch wieder umzukehren und die Rettung, die Antwort, die Bestimmung im Alten zu suchen, im Mythos, bei Gott. »Die Toten ängsten sich tief unter den Wassern und denen, die darin wohnen«, sagt Hiob und formuliert den eigentlichen Ausgangsort des Religiösen, die Furcht vor dem Tod, die Flucht vor der Sinnlosigkeit.

Denn die Ödnis, die Einsamkeit, das scheint noch unerträglicher zu sein als der Gedanke, dass wir verführt werden, verführt zu glauben, es gebe einen Sinn, und alle Enttäuschungen und aller Verlust und alle Niederlagen seien damit entweder geplant oder durch uns selbst verursacht – verführt, so zeigt es die Geschichte von Hiob, von einem Gott, dem man nicht trauen kann. Hiob sieht, aber er will nicht sehen. Er weiß, aber er will nicht wissen. Darum ist es auch ein Aufklärungsdrama, das die Bibel hier recht tollkühn vorführt. Was ist Weisheit?

Und was ist »die Stätte des Verstandes«? Diese Fragen stellt Hiob und beantwortet sie recht knapp: »Niemand weiß, wo sie liegt, und sie wird nicht gefunden im Lande der Lebendigen«, sagt er, ja mehr noch, »die Furcht des HERRN, das ist Weisheit; und meiden das Böse, das ist Verstand.«

Sie gehen immer noch von einem gerechten Gott aus, einem Gott, der es mit jedem Menschen gleich und gut meint, dem Reichen wie dem Armen, dem Frommen wie dem Gottlosen – am Ende, so die Hoffnung, gleicht sich alles aus. Was hier beginnt, ist eine Philosophie des Duldens und Abwartens, die den Menschen davon abhält, sich gegen sein Schicksal aufzulehnen. Aber die Ungerechtigkeit existiert. Im Psalm 34 heißt es: »Reiche müssen darben und hungern; aber die den HERRN suchen, haben keinen Mangel an irgendeinem Gut.« Auch das ist eine Aussage, die demütig macht, weil sie die Ansprüche ins absolut Ungefähre verschiebt, eine Aussage, die die Gläubigen warten lässt und schließlich stumm macht, denn warum sollten sie an ihrer Situation etwas verändern wollen, wenn es eine Gerechtigkeit Gottes gibt, die aber nicht von dieser Welt ist?

Wie also kommt die Gewalt in die Welt? Was macht sie mit dem Menschen? Was ist die Rolle Gottes? Was ist Schicksal? Gibt es Schicksal? Was ist die Stärke des Menschen? Was ist seine Schwäche? Was kann man tun? Was kann man ändern? Was muss man tun?

All das sind Fragen, die drängender geworden sind – sie präsentieren sich mir jedenfalls drängender, und sie sind es, glaube ich, vor allem in dem Teil der Welt, der sich lange vor diesen Fragen geschützt hat, durch Wohlstand, durch Grenzen, durch Medienblasen, durch Apathie, durch Politik, durch Unwissen.

Sie kamen mit den Flüchtlingen, diese Fragen, die nie weg waren, so wie die Ängste nicht weg waren, die Hoffnungen, die Aggressionen: Es geht immer zuerst gegen den, der fremd ist, der anders ist, der von weit her kommt. Es geht um die Angst, die man damit mobilisieren kann, es ist eine Angst, die manipulativ ist, so wie die Angst, die in der Bibel steckt, manipulativ ist.

Diese Angst ist eine mögliche Antwort auf die Welt, und ich würde sagen, es ist die falsche Antwort. Sie ist stark, diese Angst, und sie muss benannt werden, sie muss bekämpft werden, es ist fatal, wenn man sie zum Mittel der Politik macht oder ihr einen Platz in der Gesellschaft einräumt. Denn die Angst, auch das zeigt die Geschichte von Hiob, ist vor allem eine Lüge. Sie ist etwas, mit dem man Menschen täuschen kann. Sie ist der Schleier vor der Welt.

Aber wie kann man diesen Schleier zerreißen? Es ist ein altes Problem der Philosophie und auch der Theologie, es ist eine Frage, die sich heute akut stellt, weil sich die Welt verformt unter unseren Händen und wir nicht merken, so scheint es, was wahr ist und was nicht, was gut ist und was nicht, was richtig ist und was nicht.

Es waren solche Ungewissheiten, merke ich jetzt, die mich dazu brachten, nach Idomeni zu fahren, mit meinem Freund Igor, im Mai 2016. Es war eine Sehnsucht nach Klarheit, es war eine Unzufriedenheit mit uns selbst, es war der Versuch, über das Reden hinaus etwas zu verstehen, etwas davon zu erkennen, was es heute heißt, ein Mensch zu sein.

Hinter all den Worten also, hinter all den Leitartikeln, den Politikerstatements, den Meldungen, den Kolumnen, den Twitter-Einträgen, den Hass-Mails, hinter all den Bildern aus dem Fernsehen, den Begegnungen mit Flüchtlingen in Berlin, den Berichten von Aggressionen in der Provinz, den Demonstrationen in Dresden und anderswo, den vielen, vielen Anschlägen gegen Flüchtlingsunterkünfte und auch gegen Menschen, hinter all den Talkshows und der medialen Wirklichkeit: Was war da?

Oder, genauer: Was bedeutet es? Für uns? Losgelöst von dem, was gesagt wird, was gedacht wird, was andere tun? Was bedeutet es erst einmal für Igor und für mich?

Wir hatten den Flug nach Thessaloniki ein paar Wochen zuvor gebucht, wir hatten die Lage in dem Flüchtlingslager an der griechisch-mazedonischen Grenze nicht besonders genau verfolgt, wir hatten die Bilder aus dem Winter vor Augen, als die Flüchtlinge auf der sogenannten »Balkan-Route« hier gestoppt wurden, im Matsch und im Regen, von einem Zaun aus Stacheldraht, weil Politiker entschieden hatten, dass ihr Weg nun hier zu Ende sein würde – die Bilder waren weltweit zu sehen, und wie so oft: Es passierte nichts.

Wir stiegen also in ein Flugzeug, das voller Menschen war, denen es entweder egal war, was eine Stunde nördlich von Thessaloniki passierte, oder denen es nicht egal war. Die Ferien machten oder Geschäfte, die sich für Politik interessierten oder nicht, die sich für Menschen in Not interessierten oder nicht.

Wir waren nicht besser. Wir waren nicht anders. Wir hatten oft darüber gesprochen, was wir selbst tun könnten, wir hatten geholfen, mit unseren Mitteln, wir hatten uns über die Kälte der Worte gewundert, wie sie in vielen Gesprächen und vielen Zeitungstexten immer mehr durchschien, wir hatten uns über Pegida und AfD und die FAZ geärgert, wir waren ratlos gewesen und wieder ermutigt, weil so viele Menschen ja helfen.

Und als wir dann im Auto saßen in Richtung Norden, zur Grenze, als wir die Ebene verließen und die Hügel Mazedoniens auftauchten, als entlang der Autobahn die ersten müden Menschen liefen, dieses so neue, so unvergessliche, so seltsam vertraute Bild, das sich seit dem Spätsommer 2015 in die Erinnerung geschoben hat, da wurden wir still und schauten aus dem Fenster, weil die Worte, die wir zuvor gewählt hatten, nicht zu dieser Realität passten.

Da waren die Zelte, die den ganzen Parkplatz einer Raststätte füllten. Da waren die Kinder, die an der Straße spielten. Da war die Polizei, die wartete und zuschaute. Da waren die Ordnung und die Unordnung, die das Leid überdeckten. Da war unser Blick, der sich auf das Elend einstellen musste. Da war unsere Sicht, die nicht die Sicht dieser Menschen war. Da blieb eine Kluft, die es zu respektieren galt.

In Idomeni, eine kleine Ortschaft, ein paar Häuser nur, stiegen wir aus. Einige Kleintransporter von Fernsehsendern parkten entlang des Feldwegs, der zum Camp führte, leichter Rauch stieg auf über den Zelten, die Sonne schien, trügerisch, das Grün war übermächtig. Ich vermied es, die Menschen, die vor ihren Zelten saßen, zu lange anzusehen, ich vermied es sogar, mir Gedanken zu machen über das, was ich sah. Ich versuchte einfach, hier zu sein.

Wir sprachen mit ein paar Helfern, einige von ihnen schenkten Tee aus, andere erzählten von den Generatoren, die sie aufgebaut hatten. Die meisten waren erst kurz hier, ein paar Jura-Studenten aus Deutschland etwa, die für einige Wochen gekommen waren, um zu helfen. Ein- bis zweitausend Flüchtlinge hatten das Camp bereits verlassen, erfuhren wir, denn nach all den Gerüchten der vergangenen Wochen sollte es nun tatsächlich am nächsten Tag geräumt werden.

Es lag eine tiefe Traurigkeit über der ganzen Szenerie. Die Straßenhändler verkauften ihre Waren, ein paar Tomaten, Gurken, einzelne Zigaretten, ein paar Mütter saßen in der Abendsonne, Kinder spielten, sie waren am Ende ihres Weges, aus Syrien, wo sie vor dem Bürgerkrieg geflohen waren, oder aus Afghanistan, wo sie vor den Taliban geflohen waren, oder aus dem Irak, wo sie vor dem selbst erklärten Islamischen Staat geflohen waren. Andere suchten ein besseres Leben, und wer würde ihnen das vorwerfen wollen?

Sie waren Getriebene, denn wer verlässt schon freiwillig die Stadt, das Dorf, die Gegend, die seine Heimat sind? Sie waren Gestrandete, die Kräfte ihres Lebens hatten sie hierhergespült. Waren sie Gescheiterte?

Wie fühlt sich ein Vater, der seine Familie aus der Heimat hierhergebracht hat, aus den Bombennächten bis an den Rand von Europa, der mitten durch den Kontinent verläuft? Wie fühlt sich eine Mutter, die ihren Mann sieht und ihre Kinder und sich, wie verändert sich die Psychologie einer Familie in solch einer Situation, was ist man bereit zu opfern und was nicht?

Wir liefen eine Stunde durch diese Kleinstadt aus Zelten, etwa 7000 Menschen lebten noch hier. Dann stiegen wir wieder in unser Auto und fuhren zu unserem Hotel etwa 15 Kilometer entfernt. Die Helfer, die sich abends in der Lobby des Hotels versammelt hatten, berieten, was zu tun sei, wie man mit Tränengas umgeht und wie mit Gewalt. Sie erwarteten Auseinandersetzungen, Widerstand, Proteste. Aber es verlief alles ruhig. Vielleicht waren sie schon zu müde, die Menschen im Camp, vielleicht schonten sie ihre Kräfte für später. Sie ließen sich in Busse laden, die sie in andere Camps bringen würden, in die Nähe der Stadt, so hieß es, in ordentliche Camps, so hieß es.

Wir standen an der Straße und schauten den Bussen zu, wie sie das Camp verließen. Zuvor hatten wir entlang der Bahngleise, die zum Camp führten, mit ein paar Libyern gesprochen, die sich die Nacht über in den Wäldern versteckt hatten. Sie waren müde, sagten sie, und wollten zurück ins Camp.

»Das Camp gibt es nicht mehr«, sagte ich, und sie schauten mich an und verstanden nicht, was ich sagte.

Die Polizei ließ niemanden in die Nähe des Camps, und so fuhren wir hinter den Bussen her, die in Richtung Thessaloniki unterwegs waren, bis zu dem Ort, an dem die Flüchtlinge nun leben, warten, verzweifeln sollten, eine Anordnung von Lagerhallen inmitten von Feldern, weit weg von jedem Geschäft, weit weg von allem, was ein Leben in Würde ermöglichen würde.

Die Menschen, die aus den Bussen stiegen, waren fassungslos, das sahen wir an ihren Augen, das sahen wir daran, wie zögerlich sie sich bewegten, ein paar Schritte nur über die staubigen Betonflächen, die die Lagerhallen umgaben, als wäre es dünnes Eis und sie hätten Angst, sie könnten hindurchbrechen.

Ein paar Helfer erwarteten sie, manche trugen das Schweizer Kreuz auf ihren Westen, manche nicht. Sie brachten Wasser und Gemüse, sie bauten Bänke und reinigten die Zelte. Sie waren die einzigen Menschen, die die Flüchtlinge sahen.

Denn über ihnen thronte eine abstrakte Macht, eine konkrete Gewalt, über ihnen war etwas, das sie nicht sahen und wohl auch nicht verstanden. Früher hätten sie es vielleicht Schicksal genannt. Bachir, den wir in dem Lager kennenlernten, schrieb ein paar Wochen später: »Fuck Europe«.

Bachir fühlte sich verraten. Sie alle fühlten sich verraten.

Hiob stellt sich die eine Frage, in vielen Varianten: Wer kann ich sein, wie frei, wie unschuldig, wie glücklich, wie sorglos, wie sehr den Menschen zugewandt, auf die ich mich besser verlassen sollte oder könnte als auf Gott?

Und die Antwort, die die Psalmen geben, ist klar: Lobe mich, und es wird dir guttun, es wird dir gut gehen, selbst wenn du leidest, wenn du zweifelst, wenn du dich einsam und verlassen fühlst. Es ist ein großer Gesang, der Gläubige meldet sich zu Wort, er ruft Gott an, er bekommt seinen Platz und seine Stimme: »HERR, höre meine Worte, merke auf meine Rede!« Aber es bleibt eine Bittrunde, es bleibt eine Jammerstunde, denn »was ist der Mensch, daß du seiner gedenkst, und das Menschenkind, daß du sich seiner annimmst?«

Die Psalmen sind nicht das Buch Ester, das sich liest wie ein Ehe-Thriller, sie sind nicht das Buch Hiob, das ein metaphysischer Freundschaftstest ist. Die Psalmen machen Ernst mit dem Gebet. Es ist das Individuum, das sich hier etabliert, vor Gott und für Gott, und es fängt an zu sprechen, zu singen, zu loben: »Ich will satt werden, wenn ich erwache, in deinem Bilde.«

Es will aber auch Ordnung, das Individuum, seine Eigenheit, seine Freiheit vor Gott, im Glauben, wird gebrochen durch den Blick auf die anderen, die Nichtgläubigen, und durch die Hierarchie, die die Beziehung zu Gott vorgibt: »Gib ihnen, HERR, einen Meister, daß die Heiden erkennen, daß sie Menschen sind.« (Psalm 9)

Es ist eine spezielle Psalmenfrömmigkeit, die sich hier einstellt, eine Innigkeit in der Beziehung zu Gott, die zugleich eine Innerlichkeit bedeutet und vor allem über das Gebet, also über das Gespräch mit Gott, funktioniert. Es ist die Frömmigkeit, die ich aus der Kirche meiner Kindheit kenne, es ist der freundliche Sonntagsprotestantismus, der sich im Psalm 23 findet, weil er tröstlich ist, weil er positiv ist, weil er ein wenig naiv ist, weil er sehr gläubig ist und dabei doch die Schwierigkeiten des Glaubens umschifft.

Die Metaphorik ist klar und verständlich, sie ist kindlich und zugewandt, die Angst bleibt außen, der Friede kommt von innen. Es ist das Bild der Herde und des Hirten, das dieses Christentum prägt, es sind der Stecken und der Stab, die den Trost bringen, wohl als Orientierung und ab und zu auch als sanfter Schlag oder Schubser. Der Mensch, so will es dieser Psalm, ist aufgehoben in seinem Glauben, er ist beschützt vor dem Schicksal und den Feinden, er hat ein Haus, in dem er wohnt, und das ist das Haus des Herrn. Der Glaube, der nicht immer ganz so sicher ist wie in diesem einen Psalm – es wird gebettelt und gefleht –, verwandelt sich in etwas anderes, in den Ritus der Religion, in eine Kirche mit ihren Regeln und Prinzipien.

Es ist immer noch der gleiche Gott, der als »herrlich« und »schön« und »prächtig geschmückt« beschrieben wird, dieser Gott, »der du machst Winde zu deinen Engeln und zu deinen Dienern Feuerflammen«, dieser Gott, der den Menschen erforscht und kennt, wie es im Psalm 139 heißt. Er ist ein Knecht, sagt der Mensch von sich selbst; die Psalmen sind bei aller sprachlichen Wucht eine Selbstaufgabe. Die Strenge, die Härte, das Ordnungsgebaren, all das steckt in dem Buch der Psalmen, das ein Werk der Züchtigung ist – als Werk der Spiritualität ist es enttäuschend, finde ich, weil es zu sehr auf Furcht und zu wenig auf Freiheit ausgelegt ist, zu wenig vom Glück handelt und von dem, was nicht der Mensch ist, der Natur. Wo sie anfangs wild ist, da verengt sie sich zunehmend, sie verspießert in gewisser Weise, die Häuslichkeit überwiegt, die Domestizierungsprosa dominiert. Von Toleranz ist hier kaum zu lesen, nur von Barmherzigkeit, was aber nicht das Gleiche ist. Kinder soll man mit der Rute prügeln, sie werden schon nicht sterben daran, Feinde soll man mit feurigen Kohlen quälen. »Züchtige deinen Sohn«, das steht in den Sprichwörtern, »so wird er dich ergötzen und wird deiner Seele sanft tun.«

Es gibt auch Teile der Bibel, die sich dieser Logik entziehen. Das Buch Kohelet etwa gehört dazu, ein literarischer Höhepunkt des Alten Testaments, klug und fatalistisch wird hier vom Menschen erzählt, mit einem sehr distanzierten und fast literarischen Blick auf das Leben. Vom Himmel ist hier kaum die Rede oder von einem Gott, der über alles wacht und alles regelt. »Alles, was dir vor Handen kommt, zu tun, das tue frisch«, heißt es hier, »denn bei den Toten, dahin du fährst, ist weder Werk, Kunst, Vernunft noch Weisheit.«

Hier findet sich eine schon fast bürgerschaftliche Subjektivität, die in der Bibel sonst fehlt, hier zeigt sich ein Widersinn, der einen selbst zum Denken anregt, hier ist die Verworrenheit des Lebens als gelebtes und nicht verordnetes Leben getrennt von den Fallen und Verstellungen eines Gottes, der es nicht lassen kann, die Kreatur zu bevormunden, die er geschaffen hat und die doch Mensch geworden ist – und wenn sein Werk einen Sinn haben sollte, dann doch eigentlich den, den Menschen zu entlassen in seine Mündigkeit, in seine Freiheit.

Aber auch im Buch Kohelet ist die Freiheit des Menschen letztlich das Problem, auch hier ist es klar, dass die individuelle Glückserwartung nicht trägt, dass Hoffnung nichts ist, auf das man setzen sollte, dass »das Herz der Narren im Hause der Freude« ist, und »das Herz der Weisen ist im Klagehaus«. Der Kummer und das Leid werden auch hier zu einem höheren, sinnvollen Zustand stilisiert, die Wirkung dieser Leidensanrufung ist dabei nicht Wut oder Widerstand, es ist kein Wundern darüber, wieso Gott das tut – es ist auch hier die Einsicht, dass es im Grunde nichts nützt, sein Leben selbst zu gestalten.

Selbst dort, wo das Leben als etwas beschrieben wird, das man genießen, das man gestalten, das man als seines betrachten kann, selbst dort sind die Sanktionen der Freiheit eine Gewissheit. Es kann sich niemand wegducken, und jeder Versuch, eine andere Ordnung als die der Angst und der Gottesfurcht zu etablieren, wird gnadenlos verfolgt. Die politische Welt, die hier skizziert wird, ist durch große Passivität gezeichnet, der menschliche Wille ist mit Misstrauen zu betrachten. Feindschaft ist eine Grundlage in dieser Welt, Friede etwas, das nur Gott stiften, nur Gott gewähren kann – und im Grunde nicht mal der. Denn das Fluchen gegen die Feinde ist ein einziges Einpeitschen vor dem Krieg, der als Konstante gesehen wird. Städte zerfallen, Herrscher stürzen, Heere vergehen, und »der Mond wird sich schämen, und die Sonne mit Schanden bestehen, wenn der HERR Zebaoth König sein wird auf dem Berge Zion und zu Jerusalem und vor seinen Ältesten in der Herrlichkeit«.

Gott macht sich in dieser Logik beständig selbst zur Rechtsgrundlage, in ihm allein liegt die Wahrheit, und wenn es ihn nicht geben sollte, dann gäbe es auch keine Wahrheit, so der Gedankengang, dann gäbe es auch kein Recht. Und wenn man das liest, in dieser Gegenwart, dann wird das Politische, das einen umgibt, das sich formt und verändert, auf einmal roh, es wird weit, man kann es auseinandernehmen und betrachten, in seinen Widersprüchen, durch den Blickwinkel des Monotheismus, der in gewisser Weise die maximal entfernte Begründung dafür liefert, wie und warum Menschen in Frieden zusammenleben.

Die Frage nach dem Ursprung der Ordnung ist dabei heute so relevant wie immer. Ist es der Mensch, aus dem alles kommt, die Würde, das Recht, die Demokratie, die das alles in eine Staatsform bindet? Oder gibt es einen anderen Grund, etwas, das außerhalb des einzelnen Menschen, seiner Macht und seiner Bestimmung liegt? Die Antwort von Jeremia ist auf ihre Art eindeutig: »Verflucht ist der Mann, der sich auf Menschen verläßt.«

Aber auch Gott herrscht durch Fluch und Unterdrückung. »Du, Erde, höre zu«, heißt es: »Siehe, ich will ein Unglück über dies Volk bringen, darum daß sie auf meine Worte nicht achten und mein Gesetz verwerfen.« Es ist eine große Selbstbeschwörung, die den Jeremia-Text durchzieht, es ist eine Verdammung des Menschen als selbstständiges Wesen. Angst und Schrecken regieren, die Klagen werden lauter, aber nach Lösungen wird nicht gesucht, weil die Lösung allein in Gott zu finden ist und nicht in der Welt. Die Eigenständigkeit des Denkens wird durch die Monotonie des Preisens ersetzt. Das Freiheitsmoment, das in Hiob und Kohelet auf verschiedene Weisen auftauchte, verschwindet wieder, soll verschwinden, so wirkt es, es ist eine Kraft, die dagegen arbeitet in diesem Teil der Bibel, eine Kraft, die von einem Bewusstsein geprägt ist, dass die Zweifel an der Gotteserzählung größer werden. Die Folge ist eine restaurative Dynamik, eine Verhärtung des Tons und der Taten, wie sie in der Geschichte oft dann eintritt, nachdem sich Zweifel an der bestehenden Ordnung Raum geschaffen haben.

Die Antwort war harsch: »Siehe«, so heißt es im Buch Hesekiel (21, 8–9), »ich will mein Schwert aus der Scheide ziehen und will in dir ausrotten beide, Gerechte und Ungerechte. Weil ich denn in dir Gerechte und Ungerechte ausrotte, so wird mein Schwert aus der Scheide fahren über alles Fleisch, von Mittag her bis gen Mitternacht.« Glück ist hier nicht zu finden, jedenfalls nicht das Glück, das der Mensch selbst bestimmen kann. Und es ist merkwürdig, wie das Christentum gerade durch die Glücksverweigerung eine Dramaturgie des Hoffens erschafft, wie aus der verordneten Erniedrigung eine Anziehungskraft wurde. Denn »du, Menschenkind, sollst seufzen, bis dir die Lenden weh tun, ja, bitterlich sollst du seufzen, daß sie es sehen« (Hesekiel 21, 10).

Die Wut nimmt zu, die Schwerter werden gezückt, die Drohungen Gottes gegenüber dem Menschen werden rabiat, er will sie zerschmelzen wie Silber im Ofen, er will ihre Seelen fressen wie ein brüllender Löwe, er will ihn (Hesekiel 29 und 32) »mit den Fischen aus deinen Wassern in die Wüste wegwerfen«, das »Land, darin du schwimmst, will ich von deinem Blut rot machen bis an die Berge hinan, daß die Bäche von dir voll werden«.

Der Mensch muss sich vor sich selbst schützen. Der Mensch kann nur sich selbst vertrauen. Das bleibt das Dilemma.

Und ab und zu taucht jemand auf, der scheint anders zu sein, weiter, besser. Nicht ganz von dieser Welt. Diese Figuren sind ein Versprechen. Sie sind die Hoffnung. Sie sind gefährlich.

Kinder des Zorns.

5

DER GLAUBE

Wer war Jesus? Es ist nicht nur für Kinder sehr schwer, sich diese Figur als einen lebendigen Menschen vorzustellen, und das liegt weniger an den Kindern, die ja alles hören und verstehen wollen, was man ihnen erzählt, die alles erst einmal begierig aufnehmen und die auf jeden Ton in einer Geschichte achten und auch auf jeden falschen. Es liegt daran, wie Jesus präsentiert und wie von Jesus geredet wird, in der Bibel und in der Kirche, es liegt daran, dass Jesus das Neue Testament durchschreitet wie ausgedacht, wie eine Erfindung von Menschen, die eine ganz bestimmte Absicht damit verbanden, den realen Jesus gegen einen idealtypischen Jesus einzutauschen. Es liegt daran, dass der Mensch Jesus unter einigen Mühen zum »Sohn Gottes« gemacht wurde und damit der Realität entrückt – wer das glaubte, der sollte auch glauben, dass Gott hier Mensch geworden ist, wie es die Prediger immer und immer wieder sagten, und das ist ein Widerspruch, der eben nicht nur für Kinder schwer aufzulösen ist.

War er nun Gottes Sohn oder Mensch? Beides, hätte mein Vater gesagt, und ich würde wissen, was er meint. Er hat in seinen Predigten von einem Jesus erzählt, der wie alle anderen war und doch nicht wie alle anderen. Er hat Jesus in seine Welt geholt, das war sein theologischer Ansatz, und er musste ihn gleichzeitig dort lassen, wo ihn die Bibel hingestellt hatte – der Besondere, der Unvergleichliche, eine Figur, die im Leiden begeistert. Der Sohn, für euch geopfert. Ich hörte, wie mein Vater es sagte, ich verstand, was hinter diesen Worten steckte, aber ich glaubte es ihm nicht. Nichts führt wirklich auf dieses singuläre Ereignis zu, die Bibel bereitet es nicht vor, und man kann im Grunde sehr wenig davon ableiten, von dieser Geschichte, oder sehr viel.

Und so erzählte mein Vater von diesem Mann, der auf Eseln geritten kam und die Pharisäer aus dem Tempel vertrieb und Kranke heilte und Tote zum Leben erweckte und Wasser in Wein verwandelte und mit ein paar Fischen und ein paar Broten eine ganze Menge verpflegte. Er erzählte von »Jesus Christus, unserem auferstandenen Herrn und Bruder«, der uns anrührt und erst zu Menschen macht, »die der Liebe fähig sind«, wie mein Vater mit seiner Gemeinde betete. Er erzählte von der jungfräulichen Geburt und fasste seine Gedanken über die Liebe so zusammen: »Wo Gott am Werk ist, kann man immer nur empfangen. Wir Menschen sind da immer nur so beteiligt, wie es unsere Geschichte der Maria zuschreibt: als Menschen, die bereit sind, an sich etwas geschehen zu lassen. Hinter Gottes Liebe zur Menschheit verschwindet die Liebe zwischen Maria und Josef – nicht weil diese Liebe etwas Minderwertiges, etwas Unreines wäre, sondern weil sie verschwindend klein ist im Ver gleich zu dem, was durch Jesus von Gott her an Liebe auf uns zukommt.«

162

Und das macht mich dann traurig, so ein Satz voller Selbstaufgabe, Selbstverleugnung gerade in der Liebe. Die Bibel ist voll von Geschichten, die so deutlich auf eine Botschaft hin erzählt sind, so waren sie aufgeschrieben, so wurden sie interpretiert. Es ging um die Botschaft mehr als um die Geschichte, die jeweils mit ein paar spärlichen Details ausgestattet war. Auch Jesus war am Ende so ein Detail, er war ein Mensch, der mehr bedeuten sollte, als er war, und der schwer daran zu tragen hat. Ich hörte, wie mein Vater sich Mühe gab, diesem Jesus ein Leben zu geben jenseits der Worte, und ich mochte das, ich mochte es, wie sehr mein Vater das versuchte.

Etwas scheint schief an dieser Geschichte, und etwas scheint schief an dieser Figur, und das hat mit der Entstehung dieser Geschichte zu tun und der Erfindung dieser Figur durch die, die nach ihm kamen, die sein Wort in die Welt trugen, die ihn, wie fast alle Nachkommenden, verklärten oder verharmlosten, die ihn missverstanden oder missbrauchten, im Zweifelsfall für ihre Zwecke. Denn der Jesus, der gelebt hatte, war ja kein Heiliger, so wenig wie all die anderen Männer, die durch Palästina wandelten und eine Schar von Jüngern hinter sich herzogen und von sich behaupteten, sie seien der Messias, der von Gott Gesandte, zur Erlösung des jüdischen Volkes, zum Ende der Zeit. Denn mit dem Messias würde eine andere Welt beginnen und die alte enden. War diese neue Zeit also mit Jesus angebrochen? Aber die Welt schien noch zu sein, wie sie war. Und nun war Jesus tot. Es konnte also nicht sein, dass er einfach so gekreuzigt wurde, diese Kreuzigung musste eine Bedeutung haben. Sein Tod musste eine

Bedeutung haben. Sein Tod konnte nicht das Ende sein. Sein Tod musste der Anfang sein.

Und aus all diesen Gründen entstand eine Geschichte, die schließlich wichtiger wurde als die Figur, die in ihrer Mitte steht. Die Konstruktion der Geschichte ist das eigentliche Ereignis. Es ist eine Geschichte, die von Menschen aufgeschrieben wurden, die Jesus nicht kannten und die zum Teil zwei oder drei Generationen nach ihm lebten. Eine Geschichte, die schon ganz von der Perspektive der neuen Religion des Christentums geprägt war und die jüdische Sicht ignorierte. Die Kreuzigung als Zeichen Gottes zum Beispiel war für die Juden ein Widerspruch in sich, der gekreuzigte Messias hat im jüdischen Denken keinen Platz, ergibt keinen Sinn. Oder die Geschichte von der Auferstehung, die erst in den späten 90er-Jahren nach Christi Geburt aufgeschrieben wurde und die weder in früheren Quellen noch im Markus-Evangelium erwähnt wird. Oder die Geschichte von der jungfräulichen Geburt, die nötig war, weil Jesus sonst nicht der Sohn Gottes wäre, sondern der Sohn Josefs. All das waren Geschichten, die vor allem dem Glauben dienten, Geschichten, die den Glauben testen sollten und ihn auf eine neue, nicht-jüdische Grundlage stellten, eine Mischung aus Überlieferung und Fiktion, aus Anklang an das Alte und Vision des Neuen, immer offen für eigene Interpretationen und eigene Interessen.

Die, die diese Geschichten erzählten, nahmen den Stoff und formten ihn, wie sie es wollten. Es ist die Autorenschaft, in allen Fehlern, Lücken, Widersprüchen, die deutlich wird – Menschen, die sich Geschichten erzählen, um der Welt einen Sinn zu geben, Literatur vor der Literatur im eigentlichen Sinn, mit einem ungebremsten Deutungsanspruch, wörtlich zu nehmen, wenn man wollte, und die Wörtlichkeit dieser Geschichten ist schließlich auch eines der wesentlichen Probleme, die das Christentum mit dem Judentum und dem Islam verbinden. Denn die Worte, wenn sie an ihre Zeit gebunden bleiben, sind einfach Worte. Die Worte allerdings, wenn sie über die Zeiten hinweg Dauer und Bedeutung haben, sind Ideologie. Die Worte, wenn sie sich von der Kritik lösen und von der Geschichte, werden zu ewigen Wahrheiten oder zu Lügen, und manchmal ist der Unterschied nicht besonders groß.

Die Worte waren nun einmal da, sie waren das, was die Menschen, die die Bibel schrieben, aus den Geschichten machten, die man sich von Jesus erzählte, sie hatten ihre Quellen, sie schrieben voneinander ab, sie hatten ihren eigenen Kopf. Als sie notiert hatten, was die Geschichte sein sollte, verfestigte sich etwas, das womöglich nie hätte fest werden dürfen, das aber nur in dieser Form die Zeit überdauern konnte. Jesus konnte die Welt nicht erobern, weil er früh starb; Christus konnte die Welt erobern, weil sie aus ihm einen anderen machten.

Die Realität war eine jüdische Gesellschaft mit jüdischen Konflikten und einer römischen Besatzungsmacht. Die Realität war ein Jesus, der Jude war, der als Jude lebte und als Jude starb. Die Geschichten sollten Jesus zum Christen machen, sie sollten eine neue Religion begründen, die mit den Regeln und Gesetzen des Judentums brach und sich davon absetzen musste, schon um sich zu unterscheiden. Auf diese Geschichten baute sich eine Gegnerschaft auf, zu den Juden, und doch sollten sie eine

Verbindung halten zu Tradition und Überlieferung des Alten Testaments, schon weil das Christentum die Beglaubigung brauchte, dass Jesus in biblischer Vorsehung unterwegs war – dabei war seine Mission erst einmal sehr weltlich und konkret politisch: Jesus war, so nannte ihn der britische Judaist Hyam Maccoby in seinem Buch *The Mythmaker: Paul and the Invention of Christianity*, ein »antikolonialistischer Aufrührer«, er war ein Freiheitskämpfer, ein Terrorist aus römischer Sicht, auf jeden Fall ein »politisch denkender jüdischer Revolutionär«.

So beschreibt ihn der iranisch-amerikanische Religionswissenschaftler Reza Aslan, den »Eiferer« Jesus, der die Römer so lange reizte und in ihrer Macht bedrohte, dass sie ihn schließlich hinrichten ließen. Denn sie besetzten, sie kontrollierten, sie beuteten Palästina aus, ein Statthalter Roms war schlimmer als der andere, und die Wut und Verzweiflung der Juden wuchsen. Die Ungerechtigkeit war eklatant, es war ein System, das auf Ausbeutung basierte. Der reiche Adel konnte damit rechnen, dass die Bauern das Geld, das sie geliehen bekamen, nicht zurückzahlen konnten und sie damit ihr Land verloren und zukünftig für die neuen Besitzer schuften mussten. In dem Jahrhundert vor der Geburt Christi war Palästina in konstantem Aufruhr, und es waren oft Banditen, die sich zu Agenten der Rache Gottes stilisierten. Männer, die sich Messias nannten, gab es viele, und jedem von ihnen drohte der Tod – denn der Messias war der Herrscher der Juden, über die aber gerade die Römer herrschten, weshalb jeder religiöse Anspruch unmittelbar politische Folgen hatte; es war, so nennt Reza Aslan das, eine Art »Kriegserklärung an Rom«.

Herodes nun, der im Jahr 37 vor der Zeitenwende Jerusalem für Rom eroberte, war ein besonders grausamer und tyrannischer Herrscher, der sich den Titel »König der Juden«, der ihm von Rom verliehen wurde, damit verdiente, dass er fast alle Mitglieder des Hohen Rates, der obersten jüdischen Instanz zu dieser Zeit, töten ließ. Er starb wenige Jahre vor der Geburt Christi. Die biblische Geschichte von der Geburt Jesu ist damit historisch falsch – was nicht wirklich erheblich ist, so Aslan, denn Lukas und Matthäus, die diese Geschichte aufschrieben, waren »weniger interessiert an dem, was tatsächlich passierte, und mehr an dem, was es bedeutete«.

Es ging nicht um die Wahrheit, weil die Wahrheit sich im Glauben anders definiert, losgelöst von einer konkreten Realität. Im Fall des frühen Christentums ging es auch um direkt politische Ziele. Die Evangelisten und vor allem Paulus begruben Jesus mit Worten, sie verwischten die Spuren des realen Jesus, der ein Unruhestifter war, und schufen einen anderen Jesus, »sie verwandelten Jesus von einem revolutionären Eiferer in einen romanischen Halbgott«, so beschreibt es Reza Aslan, »von einem Mann, der versuchte, die Juden aus der römischen Unterdrückung zu befreien, und damit scheiterte, in ein himmlisches Wesen, dem die irdischen Belange komplett egal waren«.

Sie nahmen den Zorn, sie nahmen die Bedrohung, sie nahmen die revolutionäre, weltumstürzende Energie, die in dieser Figur lag, und machten daraus eine Geschichte der Demut, der Leiden, der Barmherzigkeit. Sie nahmen die nationalistische Befreiungsbotschaft und formten daraus eine universalistische Fabel der Liebe. Sie nahmen einen Menschen und machten ihn zum Sohn Gottes.

Es war vor allem Paulus, der daran arbeitete, der Konvertit, der Fanatiker, der die Christen gnadenlos verfolgt hatte und nun mit dem gleichen Eifer für die neue Sache kämpfte. Er hatte eines jener Bekehrungserlebnisse, die die Dramaturgie des Christentums prägen, die Geschichte von Verfehlung, Sünde, Erkenntnis und Umkehr, die in direkten Bezug zu einer himmlischen Logik gesetzt wird. Es war Paulus, der frühere Saulus, der sich einen Jesus erfand, der nur ungefähr mit dem realen Jesus zusammenhing, so argumentiert Reza Aslan. Erst Paulus, der in den 50er-Jahren nach Christi Geburt die im Mittelmeerraum verstreuten Gemeinden besuchte, stellte Jesus an den Anfang einer neuen Religion, die auf ihn gründete – Paulus, weil er es war, der die Botschaft formte.

Emmanuel Carrère beschreibt in *Das Reich Gottes* Paulus als physisch abstoßend, ein Außenseiter, ehrgeizig, geltungssüchtig, cholerisch, ein Demagoge, der sich selbst nicht schonte und auch niemanden sonst. Carrère schildert die merkwürdige Mischung aus Nähe und Distanz, die die Figur Jesus umgibt, diese unwirkliche Wirklichkeit, die selbst diejenigen erfasste, die sich ihm nahe wähnten. »In seiner Gegenwart wurde Lukas bewusst«, so Carrère, »dass dieser Christus, von dem Paulus ständig sprach, dieser Christus, der in Paulus wohnte und den er in jedermanns Innerem wachsen ließ, dieser Christus, dessen Tod und Auferstehung die Welt rettete und gleichzeitig ihr Ende vorwegnahm, dass dieser Christus ein Mensch aus Fleisch und Blut gewesen war, der vor nicht einmal fünfundzwanzig Jahren auf dieser Erde gelebt hatte und auf diesen Wegen gegangen war.«

Alles, was Paulus über Jesus sagte, war groß und abstrakt, eher »Herkules oder Alexander der Große« als ein lebender Mensch. Paulus und auch die Evangelisten, so Carrère weiter, hätten sich entgegen der historischen Wahrheit entschlossen, Jesus, eine Figur wie Che Guevara, als »Widerständler gegen die jüdische Religion und nicht gegen die römische Besatzung darzustellen« – eine revisionistische Vision und eine gefährliche Lüge, die zum Ziel hatte, die Rolle der Römer bei der Hinrichtung Jesu zu verschleiern, zu relativieren und die Verantwortung dafür den Juden zuzuschieben. Pilatus, so hieß es nun, vierzig Jahre nach der Tat, habe nur widerwillig und wie unter Zwang gehandelt, die treibende Kraft sei der jüdische Mob gewesen, die Pharisäer und die Sadduzäer, wie Markus, Matthäus und Lukas es ausdrücken, »die Juden«, wie es Johannes sehr allgemein sagt. »Die feindliche Partei ist ausgemacht«, schreibt Carrère lakonisch. »Der christliche Antisemitismus ist geboren.«

Paulus wurde im Jahr 67 in Rom hingerichtet, die römischen Machthaber fühlten sich bedroht von der jüdischen Sekte. Die Christenverfolgungen dauerten noch viele Jahre. Aber nach der Zerstörung des Tempels in Jerusalem im Jahr 70 wurde aus der jüdischen Christus-Sekte endgültig eine romanisierte, also kolonialisierte Religion. »Bis ins Jahr 70 waren Jakobus, Petrus und Johannes die Säulen ihrer Kirche, gute Juden, die alle jüdischen Gesetze befolgten, und Paulus ein abweichlerischer Störenfried, über den nach seinem Tod niemand mehr sprach«, schreibt Carrère. »Doch nach 70 ändert sich alles: Die Gemeinde rund um Jakobus verliert sich im Sand, die von Johannes verwandelt sich in eine Sekte esoterischer Paranoiker, und die Zeit wird reif für Paulus und seine unjüdische Kirche.«

Der Puritaner Paulus also, der die Geschichten vom Puritaner Jesus erzählte und einen Glauben schuf, der dem Körper misstraute, ohne körperliche Liebe, dafür mit sehr viel metaphorischer Liebe. Oder Lukas, der von dem reichen Mann erzählte, der in der Hölle sah, wie Lazarus, der arme, von Geschwüren geplagte Lazarus, in Abrahams Schoß saß, und als er sich beschwerte, der reiche Mann, da gab Abraham, da gab Lukas ihm die Antwort, dass die Armen im Jenseits ihren Platz finden und im Leben, im Diesseits nicht.

Aber was soll das heißen? Gibt es also Gerechtigkeit erst mit dem Tod? Nein, sagte mein Vater in seiner Predigt über diesen Text, er zitierte Karl Marx, eher beiläufig, und er interpretierte die Geschichte von Lazarus so, dass sie die Menschen aus ihren Träumen aufwecken sollte, aus ihrer Passivität bewegen und zum Handeln ermutigen. Es ist eine schöne, eine klare Predigt, die nicht ganz aufgeht, wie ich finde, weil die Mühe so groß ist, aus der Geschichte des Lazarus etwas anderes zu machen als das, was sie ist: Baustein eines Ideengebäudes, das auf Stabilität ausgelegt ist und nicht auf Wandel, Veränderung, soziale Revolution.

Das eigentliche Glaubensbekenntnis des Neuen Testaments ist der Römerbrief. Er ist ein Schlüsseldokument, er ist der Versuch von Paulus, seine Theologie zu begründen, er war der Bezugspunkt für Martin Luther, als er seinen Glauben schärfen wollte, als er begann, öffentlich als Theologe zu agieren, als Denker, als Professor, als der meinungsbildende Intellektuelle, der er in gewisser Weise war, ein Rollenmodell, das er miterfand, für einen Diskurs, der aggressiv war und verletzend, ein Kampf der Worte um eine Wahrheit, die nicht von dieser Welt war.

Im Glauben also liegt Kampf, im Glauben liegt so etwas wie Krieg, nicht nur, weil der Glaube oft benutzt wurde, um Krieg zu legitimieren, weil so oft im Namen des Glaubens gemordet wurde und wird, sondern auch, weil die Teilung der Welt, die der Glaube bedeutet, in Gläubige und Ungläubige, in Gott und den Menschen, in Schuld und Vergebung, in Himmel und Hölle die härteste Teilung bedeutet. Der Glaube tendiert zum Extrem, er fördert den Fanatismus, und der Rigorismus, der Protestanten bis heute auf so unterschiedliche Art und Weise prägt, von der moralischen Klarheit und Strenge eher säkularer Prägung bis zum Radikalismus der Evangelikalen, hat deshalb auch nichts Zufälliges: Die Härte ist im Glauben angelegt, weil er ja genau das sein soll, eine Antwort auf die Welt und die vielen Fragen, die das Leben mit sich bringt.

Es sind Fragende, die sich hier aufmachen, es sind Suchende, und sie alle haben eine bestimmte Prägung, die sie verbindet, so unterschiedlich sie auch sein mögen. Sie glauben, dass es einen Sinn gibt, sie glauben, dass das Leben, ihr Leben, eine Bedeutung haben muss, die über das hinausgeht, was sie sehen, was sie sind. Sie vermuten hinter allem einen Plan, sie wollen eine Ordnung, die sich dem Chaos, dem Zufall, der Willkür der Natur und der Elemente und letztlich besonders der Zeit widersetzt.

Sie schauen auf den Menschen mit Skepsis, sie sehen die Schwäche der Spezies, und sie folgern aus dieser Schwäche, aus den Fehlern und Verbrechen des Menschen, dass alles anders gedacht war, anders gemeint, dass es einen richtigen Weg gibt und einen falschen, eine Wahrheit, die die Menschen nicht sehen, weil sie sich abgekehrt haben von einem Leben, wie es Gott gefällt.

Der Glaube, als Sicherheit, als Fels, als Burg, war das Gegenteil dieser Willkür. Der Glaube war bedingungslos, er war Hingabe, er war Bestimmung. Der Glaube lebte aus sich heraus, er war radikal gerade im Selbstverzicht, der gedacht wurde als Selbsterschaffung. Der Glaube war demnach nicht Gewalt, sondern das Gegenteil, er war die Liebe, das war die Losung. Im Glauben war eine Liebe, die die Menschen verband, entweder miteinander oder mit ihrem Gott, eine Liebe, die aber nicht aus den Menschen kam, sondern ihnen von Gott gegeben wurde. Die Schwäche des Menschen, wie er von Gott geschaffen wurde, war demnach der Grund, warum er nicht aus sich heraus lieben konnte, aus sich heraus erkennen konnte, was ihn mit anderen verbindet. Der Mensch konnte nicht aus sich heraus seine Schwäche überwinden.

Der Glaube, der die Schwäche gerade als Stärke formulierte, schuf damit eine Abhängigkeit des Menschen von einer anderen Instanz als sich selbst. Man könnte meinen, dass hierin eine Bescheidenheit liegt, im Von-sich-Absehen; aber die Realität des Glaubens ist meistens eine andere. Selbst in der Bescheidenheit ist der Vorwurf enthalten, dass andere nicht so bescheiden sind, selbst in der Askese oder der Barmherzigkeit kann ein Moment des Hochmuts aufscheinen. Der Glaube ist dabei wie der

Mensch, er ist Teil des Menschen, er ist das, was dieser braucht, viele Menschen jedenfalls, um sich selbst in dem großen Gefüge einen Platz zu geben.

Ich war acht, als mir der Glaube verloren ging. Ich saß im Auto meiner Mutter, ein grüner Renault 4 mit Schiebefenstern, die verlässlich einfroren, wenn die Temperaturen unter null fielen, und wir fuhren in München-Oberföhring auf der Johanneskirchner Straße, die an dieser Stelle keine richtige Straße war, eher ein Betondelta, denn auf der rechten Fahrbahn war eine undefinierte Fläche, die sich wie eine Bucht ausdehnte. Links von der Straße war eine Böschung, es ging hinab auf ein Feld, an dessen Ende die riesigen Ziegelhallen standen, die schon lange nicht mehr benutzt wurden und nur darauf warteten, von dem Bauern, dem das Feld gehörte, für viele Millionen verkauft zu werden.

Die Straße verengte sich dann wieder, bis sie nach ein paar hundert Metern in die Oberföhringer Straße mündete. Und genau an dieser Stelle, kurz bevor die kleinen Häuser links und rechts die Lücke zu schließen schienen, die die Straße bedeutete, genau hier hatte ich diese seltsam fahle Einsicht, dass die Verabredung zur Schwäche etwas war, das den Menschen von sich selbst entfernte, ihn entfremdete, ihn in seinem Drang nach Autonomie bremste.

Autonomie wurde zu einem Makel, weil es nach Eitelkeit und Hybris klang, sich über den Willen zu erheben, der Gottes Wille war, weil der Mensch »nicht aus einem einfältigen Herzen heraus handelt, auch nicht seinen Willen bessert, den es nach dem Gegenteil von dem gelüstet, was er tut«, wie Luther in seiner *Vorlesung über den Römerbrief* schreibt. Und er folgert daraus: »Nunmehr sind seine guten Werke zwiefach böse, erstens weil sie nicht aus einem guten Willen heraus getan und darum böse sind, zweitens deswegen, weil sie in einem unerhörten Hochmut für fromm gehalten und verteidigt werden.«

Luther findet damit im Römerbrief die Haltung des Supermoralisten, dem auch die guten Werke zweifelhaft scheinen, weil sie von menschlichen Motiven geprägt sind. Alles Menschliche ist mit Verdacht belegt, allein der Glaube, der auch nicht aus dem Menschen kommt, sondern von Gott gegeben ist, weist den Weg. Allein der Glaube, auf dem schon Paulus eine neue Kirche gründen wollte und darum die Gesetze der alten Religion, des jüdischen Glaubens, überwinden wollte, überwinden musste. Es war ein revolutionärer Akt, ein Akt der Gewalt, der symbolischen Gewalt, der theologischen Gewalt, der sich mit Demut verkleidete.

Und auch der junge Luther, der 1515/16 seine ersten Vorlesungen in Wittenberg über den Römerbrief hielt, ist von diesem Furor, von diesem Pathos bewegt. Er beginnt mit einem Weckruf: »Die Summe dieses Briefes ist: zu zerstören, auszurotten und zu vernichten alle Weisheit und Gerechtigkeit des Fleisches (mag sie in den Augen der Menschen, auch bei uns selbst, noch so groß sein), wie sehr sie auch von Herzen und aufrichtigen Sinnes geübt werden mag, und einzupflanzen, aufzurichten und groß zu machen die Sünde (sowenig sie auch vorhanden sein mag oder sosehr man auch solches von ihr glauben mochte).«

Es ist der ganze Luther, der in dieser Vorlesung zu finden ist, und es ist doch ein anderer, der radikaler ist, weil er jünger ist und auch weil er es sich noch leisten kann. Er schult seinen Ton schon, er probiert die Schärfe der späteren Jahre, er formuliert ein Misstrauen gegenüber dem Menschen. Es ist eine Absage an die Autonomie, und diese Absage ist fest im Mittelalter verwurzelt – die Freiheit, die aufscheint, wird in Grund und Boden getreten. Auf das »nackte Erbarmen Gottes« will er warten, soll er warten, der »wahre Christenmensch«, so sagt es Luther, »er soll überhaupt so ganz und gar nichts eigenes haben, soll sich so völlig aller Dinge entäußert haben, daß er in Ehre und Schmach immer der gleiche bleibt, in der Erkenntnis, daß die ihm erwiesene Ehre nicht ihm, sondern Christus erwiesen wird, dessen Gerechtigkeit und Gnadengaben in ihm leuchten, und daß die ihm angetane Schmach sowohl ihm als auch Christus angetan wird«. Es gibt keine eigene, aus dem Menschen kommende, es gibt nur eine »fremde Gerechtigkeit und Weisheit«, wie Luther sagt, »die nicht aus uns kommt und aus uns erwächst, sondern von anderswoher zu uns kommt; die auch nicht unserer Erde entspringt, sondern vom Himmel kommt«. Es ist die Selbstaufgabe als Grundlage des Glaubens.

Luther ging damit in vielem weiter als Paulus, dieser »Knecht Jesu Christi«, wie Paulus sich selbst zu Beginn des Römerbriefes nennt, »berufen zum Apostel, ausgesondert zu predigen das Evangelium Gottes«. Es sollte ein frischer, positiver Ton sein, den Paulus anschlug, er wollte die »Frucht« kultivieren, die das Christentum war – aber es waren doch vor allem Warnungen und Ermahnungen, die er aussprach: »Darum, o Mensch, kannst du dich nicht entschuldigen, wer du auch bist, der da richtet. Denn worin du einen andern richtest, verdammst du dich selbst; sintemal du eben dasselbe tust, was du richtest.«

Es gibt, mit anderen Worten, keinen Ausweg aus dem Sündenlabyrinth, in dem die Menschen verharren, verharren müssen, seit Anbeginn, weil Gott es so gewollt hat, es gibt keine menschliche Möglichkeit, sich aus der Sündenlogik zu befreien. Es gibt überhaupt keine Vorstellung davon, wie diese Befreiung aussehen könnte, oder, anders, der ganze Römerbrief ist in seiner Gnadenhaftigkeit ein großer Versuch, diesen Freiheitsdrang des Menschen, ein Mensch zu sein, zu kanalisieren, ihn abzumildern, ihn für den Zweck der neuen Religion umzuwandeln.

Denn das Neue ist das eigentliche Thema dieses Textes, das Neue als Forderung und Versprechen, das Neue als revolutionäre Geste und als Bruch mit der Gegenwart. Der Römerbrief ist damit ein Schwellentext, der von einer anderen Zeit handelt, die ähnlich zerklüftet war wie die Luthers und wie die heute – es sind Zeitenwenden, in denen die Menschen um Worte ringen, und der Römerbrief ist eine Möglichkeit, in diesem Fall Paulus dabei zuzusehen, wie er flüstert, wie er flucht, wie er lockt und droht.

Was nämlich folgt daraus, dass »alle Menschen Lügner« sind, wie Paulus sagt, und dass die Wahrheit allein bei Gott ist? Was bedeutet es, wenn der lügende Mensch dann Gott preist? Ist das immer noch eine Lüge? Und, andersherum, kann Gott überhaupt ungerecht sein?

Kann damit die Welt ungerecht sein? Kann es einen Grund geben, mit der Welt zu hadern? Nein. Wenn Gott gerecht ist und wahrhaftig und der Mensch falsch, dann muss sich der Mensch fügen, in die Ordnung, in die Welt, in die Gnade Gottes, die immer ein Geschenk ist und nicht ein Anrecht.

Das Neue also, der Aufbruch, die Wut und die Rebellion, die Paulus in seiner Zeit sah, wurde direkt in den Glauben überführt. Denn: »Ihr Schlund ist ein offenes Grab«, wie er schreibt, »mit ihren Zungen handeln sie trüglich. Otterngift ist unter den Lippen; ihr Mund ist voll Fluchens und Bitterkeit.« (Römer 3, 13–14)

Das Zittern der Zeit, das Beben des Bewusstseins, all das findet sich in den Worten, im Ton, in der Dringlichkeit. Die Verunsicherung hallt wider in den Antworten, die entschieden sind, so entschieden, als sollten die Zweifel damit ein für alle Mal aufhören. »So halten wir nun dafür«, schreibt Paulus, »daß der Mensch gerecht werde ohne des Gesetzes Werke, allein durch den Glauben.«

Der Glaube ist damit beides, der Bruch und das Ganze, die Scherbe und die Vase, der Aufruhr und die Versöhnung. Der Glaube ist Anfang und Ende. Das Neue, das der Römerbrief versprach, war etwas anderes als ein gesellschaftliches oder politisches Neues, in diesen Kategorien dachte Paulus nicht. Das Neue war das Umfassende, es war »der neue Mensch«, die ultimative revolutionäre Parole, aus der alles andere Mögliche folgte. Denn »so sind wir ja mit ihm begraben durch die Taufe in den Tod«, schreibt Paulus, »auf daß, gleichwie Christus ist auferweckt von den Toten durch die Herrlichkeit des Vaters, also sollen auch wir in einem neuen Leben wandeln. So wir aber samt ihm gepflanzt werden zu gleichem Tode, so werden wir auch seiner Auferstehung gleich sein, dieweil wir wissen, daß unser alter Mensch samt ihm gekreuzigt ist, auf daß der sündliche Leib aufhöre, daß wir hinfort der Sünde nicht mehr dienen.« (Römer 6, 4–6)

Im Glauben, das merkt man, wenn man den Römerbrief liest, fügt sich das, was an Sehnsucht nach dem Weltensturz kursiert. Es hört sich anders an als die Parolen von den Straßen des 19., 20., 21. Jahrhunderts, es hat eine andere Form und Gestalt, es hat aber in vielem einen ähnlichen Grund: Die Welt, wie sie ist, bricht; die Frage ist, wie wir damit umgehen. Und in der Frage liegt schon das Neue. In der Frage liegt schon die Möglichkeit, so oder so zu entscheiden. Es ist diese Frage, die die Menschen in den Tempel treibt zur Zeit des Paulus, es ist der Grund dafür, dass der Tempel zerstört wird. Es ist diese Frage, die die Menschen in die Kirche treibt in Luthers Zeit, es ist der Grund dafür, warum die Kirche zerbricht. Es ist diese Frage, die die Menschen immer schon elektrisiert und politisiert hat, es ist diese Frage, die sie motiviert, wieder und wieder zu protestieren.

Die Suche beginnt mit dieser Frage, und die Frage entsteht aus dem Bewusstsein der Krise. Dieses latente Bewusstsein muss seine Ausprägung finden, ein Ventil, eine Figur, einen Ort, eine Parole, etwas, an dem dieser Veränderungswille greifbar wird. Der Satz »We are the 99 percent« von Occupy Wall Street war so eine Parole, damit ließ sich die Gegenwart anders lesen. Das Wort veränderte die Wirklichkeit; die Ungerechtigkeit, die sich im System des Kapitalismus herausgebildet hatte oder die darin sogar angelegt ist, nahm Gestalt an. Diese Zahl war in gewisser Weise eine andere Formulierung für das, was Paulus seiner unruhigen, wütenden Gemeinde sagte: »Wisset ihr nicht, liebe Brüder«, schrieb er, »daß das Gesetz herrscht über den Menschen solange er lebt?«

Wie also geht Veränderung? Das ist die Frage, die der Römerbrief stellt. Wie kann man sie stimulieren? Wie kann man sie steuern? Und was kommt danach? »Nun aber sind wir vom Gesetz los und ihm abgestorben, das uns gefangen hielt, also daß wir dienen sollen im neuen Wesen des Geistes und nicht im alten Wesen des Buchstabens«, schreibt Paulus. »Was wollen wir denn nun sagen? Ist das Gesetz Sünde? Das sei ferne! Aber die Sünde erkannte ich nicht, außer durchs Gesetz. Denn ich wußte nichts von der Lust, wo das Gesetz nicht hätte gesagt: ›Laß dich nicht gelüsten!‹ Da nahm aber die Sünde Ursache am Gebot und erregte in mir allerlei Lust; denn ohne das Gesetz war die Sünde tot.«

Anders gesagt: Erst das Gesetz schafft die Sünde, ohne Gesetz keine Sünde. Die Sünde aber war nötig, um die Wut zu bändigen. Die Sünde war nötig, um die Freiheit zu verhindern. Die Sünde war nötig, um ewige Dankbarkeit für die Erlösung zu erwirken. Denn »hat nicht ein Töpfer Macht, aus einem Klumpen zu machen ein Gefäß zu Ehren und das andere zu Unehren«, wie Paulus im Römerbrief fragt. »Derhalben, da Gott wollte Zorn erzeigen und kundtun seine Macht, hat er mit großer Geduld getragen die Gefäße des Zorns, die da zugerichtet sind zur Verdammnis; auf daß er kundtäte den Reichtum seiner Herrlichkeit an den Gefäßen der Barmherzigkeit, die er bereitet hat zur Herrlichkeit, welche er berufen hat, nämlich uns, nicht allein aus den Juden, sondern auch aus den Heiden.«

Die Gefäße des Zorns werden zu Gefäßen der Barmherzigkeit; und die Juden werden zum Missionierungsfall: »Denn Christus ist des Gesetzes Ende; wer an den glaubt, der ist gerecht.« Das sollte das Ende der Revolte sein, das sollte das Ende auch des Judentums sein, so war die Vorstellung – die Juden waren ähnlich wie die Heiden zu behandeln, so schildert es Paulus im Römerbrief.

»Die Wahrheit ist genau das«, schreibt dagegen Emmanuel Carrère in *Das Reich Gottes* kurz und knapp, »was die Evangelisten als eine Verzerrung der Wahrheit hinstellen.« Er bezog sich auf die Rolle der Pharisäer, die im Neuen Testament so negativ dargestellt wurden, eine Art Camorra, die den Tempel in ihre Macht gebracht hatten und heuchlerische Wesen waren, mehr Fratze als Gesicht – es war eine Frage der Ideologie, so beschreibt es Carrère, die Pharisäer mussten die Rolle der jüdischen Gegenmacht abgeben, sie wurden zu den Feinden, den Christen verbunden in hasserfülltem Streit.

Der neue Glaube also, die neue Barmherzigkeit, die neue Liebe waren auf ein neues Feindbild gebaut, eines, das bis Luther überdauerte und durch ihn verstärkt wurde und bis heute lebt – ein Feindbild, das nicht zufällig war, sondern konstitutiv, essenziell für den Erfolg und für das Überleben des neuen Glaubens. Es war so stark, weil es sich mit der Macht verband, im 4. Jahrhundert mit der römischen Macht, weil die Geschichte wieder und wieder falsch weitergegeben wurde, sie wurde zum Kern einer ganzen Kultur, die den Feind und die Fremdheit brauchte, um das Eigene zu definieren.

180

Der Antisemitismus gehört damit tatsächlich zum Beginn und zum Wesen der neuen Religion, des Christentums, er sicherte ihm seine Position an der Seite der Macht. »Ich ermahne euch nun, liebe Brüder«, schreibt Paulus im Römerbrief, »durch die Barmherzigkeit Gottes, daß ihr eure Leiber begebet zum Opfer, das da lebendig, heilig und Gottes wohlgefällig sei, welches sei euer vernünftiger Gottesdienst. Und stellet euch nicht dieser Welt gleich, sondern verändert euch durch die Erneuerung eures Sinnes, auf daß ihr prüfen möget, welches da sei der gute, wohlgefällige und vollkommene Gotteswille.«

Die Barmherzigkeit trat an die Stelle der Wut, Aufmerksamkeit für den Glauben sollte die Aufmerksamkeit für die Welt ersetzen, die religiöse Erweckung führte zur politischen Unterwerfung. Es war eine Befreiung zur Unfreiheit, und Paulus sagte das auch sehr deutlich: »Jedermann sei untertan der Obrigkeit, die Gewalt über ihn hat. Denn es ist keine Obrigkeit ohne von Gott; wo aber Obrigkeit ist, die ist von Gott verordnet.«

Was aber bleibt dem Menschen damit? Wo liegt seine Möglichkeit? Worin besteht seine Freiheit? Und was ist der Wille, wenn er nicht Gottes Wille ist?

Der freie Wille, so sagt es Luther in seiner Römerbrief-Vorlesung, ist das Problem, der Widerstand gegen das Gute – er ist das, was den Menschen ausmacht, aber als Fehler. »So oft uns ein Gebot oder Verbot trifft und wir merken, wie widerstrebend wir sind«, schreibt er, »dann sollen wir daran erkennen, daß wir nicht das Gute lieben, sondern das Böse. So erkennen wir uns eben daran als solche, die böse sind und Sünder, weil nur der ein Sünder ist, der das Gesetz nicht erfüllen will, das das Gute gebietet und das Böse verbietet. Denn wären wir gerecht und fromm, dann stimmten wir willig dem Gesetze bei und hätten unsere Lust daran, so wie wir unsere Lust haben an Sünden und unseren bösen Süchten.« Wer das nicht anerkennt, so Luther, wer das nicht merkt, ist nicht freien Willens, sondern ein Sklave des Teufels – denn solche Menschen »gehen nicht mit sich selbst ins Gericht, (daß sie erkennten,) wie widerwillig sie handeln und ohne Lust zum Gesetze Gottes, sondern wie sie in knechtischer Furcht glauben und handeln«. Sie handeln also nicht »mit vollstem Willen«, sie akzeptieren nicht, dass sie »frei und fröhlich zu den Werken des Gesetzes« sind, sie sträuben sich gegen ihre Bestimmung, die in der letztlich mystischen Liebe zu Gott liegt, ein für Luther wesentlicher, ein entscheidender Zug der Beziehung zwischen Gott und Mensch und damit zwischen Mensch und Welt.

Es ist die Gottesliebe, die das Werk des Menschen vor Gott gut macht – Gut und Böse sind keine Kategorien, die der Mensch bestimmen kann, eine menschliche Ethik ohne Gott ist damit für Luther ausgeschlossen. Der Mensch ist nicht imstande, »irgendetwas Gutes zu wollen oder zu besitzen oder zu tun, sondern er kann nur Böses tun, auch dann, wenn er das Gute tut«, wie es in der Römerbrief-Vorlesung heißt. Der Mensch fehlt in dieser Gleichung, der Mensch ist tatsächlich von sich selbst befreit, er ist von sich selbst erlöst durch die Gottesliebe. Die Erlösung wiederum hat einen Namen, so ist die sehr auf Christus bezogene Sicht Luthers in der

Römerbrief-Vorlesung: Gott, wie er Mensch geworden ist, was aber nicht heißt, dass der Mensch näher bei Gott ist, er hat seinen Platz auf der Welt, die Gottes Geschenk ist, er soll dankbar sein dafür – das ist es, was der junge Luther formuliert. Der Mensch »will, was Gott will, also gefällt er Gott; gefällt er ihm, so ist er geliebt; ist er geliebt, so ist er selig.«

Das Denken Luthers, wie es die Römerbrief-Vorlesung vorführt, funktioniert in Schleifen, und diese Schleifen beziehen sich letztlich immer auf Gott. Autonomie ist für ihn in diesem Zusammenhang, in seiner Zeit nicht denkbar. Die Elemente dazu sind da für einen anderen Begriff des Einzelnen, sie sind auch in der Zeit, es wird an anderen Orten anders gedacht, das wird der Streit mit Erasmus von Rotterdam einige Jahre später zeigen, in dem es um den freien Willen des Menschen gehen wird.

Aber Luther will etwas anderes. Der freie Wille als Ergebnis einer Reflexion über das Wesen des Menschen oder das Wesen der Welt ist nichts, das ihn interessiert, das ist nicht das Ziel. Der Mensch, so schreibt er, »der fähig ist, Gott zu ergreifen, und der in Gott allein sein Genüge finden kann, was den Verstand und den Geist anlangt« – er solle nicht »der vermessenen Meinung« sein, »in den Dingen diese Ruhe und solches Genüge finden zu können«.

Die Welt also – oder im Sinne der Renaissance: der Mensch – ist nicht die Antwort, die Welt oder, wie Luther es nennt, die Dinge sind nicht der Grund. Der Grund ist Gott und Gott allein. »Die Dinge sind an sich gut«, schreibt Luther, »und die Gott erkennen, die erkennen auch die Dinge nicht in eitler Weise, sondern wahrhaft; sie gebrauchen die Dinge, genießen sie aber nicht.« In den Dingen also ist Gott, weil alles, die Natur, die Welt von Gott ist, der in allem ist. Wenn die Welt grausam scheint, so wie sie in der Bibel wieder und wieder beschrieben wird, dann ist das die Grausamkeit Gottes. Wenn die Welt gut ist, dann ist es die Güte Gottes.

Der ethische Umweg über den Menschen ist also vor allem immer das: ein Umweg. Das direkte, das freie Denken bezieht sich für Luther nur auf Gott. Und wenn der Zweifel oder die Verzweiflung den Menschen ergreift, wenn die Trübsal »alles hinwegräumt und den Menschen nackt und bloß zurückläßt, indem sie ihm verwehrt, daß er in fleischlichen oder geistlichen Verdiensten Rettung und Heil erblickt, läßt sie ihn nun ganz verzweifeln an allem Kreatürlichen und aus sich selbst heraustreten und außerhalb von sich in Gott allein Hilfe suchen«.

Nur außerhalb des Menschen gibt es Rettung, nur außerhalb der bekannten und sichtbaren Zusammenhänge gibt es Antworten. Das, so sieht es Luther, befreit den Menschen von sich selbst. Das, so kann man es auch sehen, befreit den Menschen erst einmal von sich selbst als Zeuge dessen, was ist. Und diese Einsicht in eine Antwort außerhalb des Gegebenen könnte eine Befreiung des Menschen an sich sein. Wenn man es modern formulieren wollte, könnte das eine Form der Kontingenz sein, die nötig ist, wenn man etwas bewegen oder verändern will. Kontingenz bedeutet einen Bruch mit der Wirklichkeit, so wie sie vermittelt wird. Kontingenz ist damit ein Anfang. Kontingenz ist immer aufregend und neu.

Luther wollte das nicht und suchte es nicht. Und dennoch fand er etwas, formulierte er etwas, mit anderen

Worten, mit anderer Absicht, das im Menschen schwelt, ein Maß an Unzufriedenheit, ein Unbehagen, ein Unbehaustsein, das sich in verschiedenen Formen äußern kann. Der Mensch, der Gott nicht erkennt, setzt sich zur Wehr, sagt Luther; aber auch der Mensch, der überhaupt erkennt, kann sich zur Wehr setzen, nicht gegen Gott, wenn man den aus dem Spiel lässt, aber gegen eine Wirklichkeit, die als unzureichend empfunden wird, gegen eine Welt, die nicht so ist, wie sie sein könnte, wie sie sein sollte, gegen eine Ordnung, die als wenig gut oder sogar böse wahrgenommen wird, als wenig gerecht und sogar ungerecht.

Die Kontingenz, so wie sie Luther formuliert, ist damit der Beginn von Widerstand, sie ist notwendig, um das Bewusstsein zu verändern. Luther selbst ging mit diesem Gut zwiespältig um, für ihn folgte daraus Widerstand, gegen den Papst, gegen Rom, und gleichzeitig Gehorsam, vor Gott zuerst und schließlich in der Konsequenz auch gegenüber der weltlichen Macht, die den Erfolg seiner geistlichen Rebellion sicherte. Luther suchte im Glauben diesen Gehorsam, und dass er zugleich den Widerstand fand, war ein Zufall, der seiner Zeit geschuldet war, so wie es möglicherweise oft der Fall ist.

Der Gehorsam des einen ist der Widerstand des anderen, der Glaube an die eine Wahrheit ist die Zerstörung der anderen Wahrheit. In der rigorosen Sicht auf die Welt, wie sie Luther hatte, liegt ein Moment des Radikalismus, der so oder so genutzt werden kann. Auch das ist Kontingenz, wie sie Luther in der Römerbrief-Vorlesung so grundsätzlich beschreibt, wie es Menschen tun, die am Anfang ihrer Karriere stehen. Es ging ihm um

Leben und Tod und die Frage, wie die Liebe zum Leben die Angst vor dem Tod erschafft. Denn »wird die Klugheit des Fleisches abgetan und ausgeschieden«, so Luther, »dann hat man keine Furcht mehr vor dem Tode, und man liebt das Leben nicht mehr. Darum wird alsdann das Gesetz erfüllt, weil Gott allein geliebt wird. Wer nämlich den Tod nicht fürchtet um Gottes willen und auch das Leben nicht mehr liebt als Gott, wer darum sich selber so von ganzem Herzen haßt, der liebt in Wirklichkeit Gott über alle Dinge. Denn wer Gott mehr liebt als sich selber, der liebt ohne Zweifel auch Gott über alle Dinge, da er nichts so sehr liebt wie sich selbst. Doch dies ist dem Fleisch unmöglich.«

Der Hass gegen sich selbst also, so wie ihn Luther in der elementaren Furcht vor Strafe und vor Gott selbst erlebte, wird von ihm ins Positive gedeutet, so wie es Teil des christlichen Menschenbilds ist, das Leiden zu verklären oder der Ungerechtigkeit in der Welt den Verweis auf das Jenseits entgegenzustellen. Der Hass gegen sich selbst, »von ganzem Herzen«, ist auch ein Hass auf das Fleisch, ein Hass auf den Menschen als Menschen, als Kreatur, die Angst hat und leidet.

Die Revolution im Menschenbild, wie sie die Renaissance brachte, war nicht Luthers Revolution. Er sah den Menschen nackt, er sah in das Schwarz seiner Seele, er sah, »wie tief die Sünde und das Böse in ihm eingewurzelt ist«, und all das führte ihn weg vom Menschen und hin zu Gott. Er formte aus seiner Einsicht eine radikale Sündenlehre, die den Menschen von der Freiheit entfernte und zur Notwendigkeit trieb, zum wohlgefälligen Zwang, aus dem heraus erst das Moralische möglich wird.

»Wir bedenken nicht«, schreibt Luther, »daß wir dies alles nicht unter dem Druck der Notwendigkeit und unter dem Stachel banger Furcht tun sollen, sondern weil uns ein freudiger und völlig freier Wille dazu antreibt. Erst dann ist es Gott wohlgefällig.« Die Selbstverleugnung war der erste Schritt auf diesem Weg zu Gott, Luthers Aufstand war damit zuerst einmal ein Aufstand gegen sich selbst, als Teil dieser Welt – es war, für Luther wie für Paulus, ein Zeichen, »daß einer Gottes Wort wirklich hat und in sich trägt, wenn er nichts in sich findet, worin er sich gefällt, sondern nur was ihm mißfällt, wenn er betrübt ist über alles, was er weiß, sagt, tut, leidet, und nur bei anderen oder in Gott wahrnimmt, was ihm gefällt«.

Luther erniedrigt den Menschen also, um ihn zu erhöhen, er verweist auf das Gesetz, wie es im Alten Testament formuliert wird, und auf das Evangelium, das die Errettung aus der Verdammnis verspricht. »Das Gesetz deckt nur die Sünde auf, macht die Menschen schuldig und treibt so das Gewissen in Angst. Das Evangelium aber verkündet denen, die dergestalt geängstet sind, das ersehnte Heilmittel. So verkündigt das Gesetz Unheil, das Evangelium aber Gutes; das Gesetz kündigt Zorn an, das Evangelium aber Frieden.«

Aber auch das Evangelium löst sich in der Darstellung Luthers nicht von der grundsätzlichen Frage nach der Stellung des Menschen im Gebäude von Freiheit und Schuld. Kann er selbst bestimmen? Kann er selbst beeinflussen? Oder ist er ohnmächtig und ergeben, muss es sein, um sein Wohl zu finden? »Gott«, schreibt Luther dazu, »nimmt die Person nicht um der Werke willen, sondern die Werke um der Person willen, und zwar die Person vor den Werken an.«

Anders gesagt, wird der Mensch nicht dadurch gerecht, dass er gerecht handelt, »sondern damit, daß wir gerecht sind, handeln wir gerecht«. Luther schafft damit einen Widerspruch: Er sieht den Menschen klar als Menschen vor sich und verweigert ihm doch ein Mensch-Sein, das nicht an die Sünde geknüpft ist. Er verweigert ihm letztlich Gerechtigkeit, die für ihn nur Selbstgerechtigkeit sein kann. Die Sünde bleibt, auch wenn der Mensch sich ändert.

Es sei falsch zu denken, so Luther, es »würden die sündlichen Werke und die Begierden im metaphysischen Sinne entfernt, so wie weiße Farben von der Wand und die Wärme vom Wasser« – denn »die Sünde bleibt wie ein Überbleibsel«. Es ist der Mensch, »welcher der Verunreinigung durch die Sünde entzogen wird, als daß das Umgekehrte der Fall wäre. Der menschliche Sinn aber sagt umgekehrt, die Sünde werde hinweggenommen, während der Mensch bleibt, und der Mensch werde vielmehr rein gemacht.« Und er fährt fort: »Die Gnade und geistliche Gerechtigkeit beseitigt den Menschen selbst, ändert ihn um und macht ihn von der Sünde abwendig«, er wendet sich gegen eine Gerechtigkeit, die »darauf bedacht ist, die Sünden zu beseitigen und zu ändern und den Menschen selbst unversehrt zu erhalten«.

Die Sünde muss also bleiben, sie bleibt Teil einer Welt, die sich in der Abhängigkeit von Gott konstituiert. Gerechtigkeit und Güte und Wahrheit gelten nichts, wenn sie aus dem Menschen kommen. Der Wahrheitswille des Menschen, der revolutionäre Antrieb der Moderne, ist das Problem. Menschen dagegen, die vom Geist Gottes getrieben werden, Menschen, wie Luther sie nennt, »von biegsamem Sinn und Urteil« sind die von Gott Protegierten, sie erfüllen gerade im Widerstand gegen einen weltlichen Missbrauch der Lehre Gottes seinen Auftrag: »Die Rechte Gottes führt sie wunderbar«, schreibt Luther, »nicht dahin, wohin sie wollen und denken, sondern über alles Verstehen. Darum, wenn sie sich leiten lassen, sieht der Wille Gottes wider sie hart und mißfällig, ja ganz und gar verzweifelt aus.«

Der Mensch muss immer neu lernen, so sagt es Luther, mit dieser Situation umzugehen. Er muss sich anpassen, adaptieren. Er muss Gott aushalten und damit die Welt. Er muss, mit anderen Worten, gehorchen. »Immer dann, wenn Gott einen neuen Grad seiner Gnade schenkt, dann schenkt er ihn so, daß er wider unseren Sinn und Rat kommt. Wer also dann nicht weicht und seinen Sinn ändert und Gott aushält, wer ihn abweist und nichts leiden will, der erlangt niemals solche Gnade. Daher ist die Umwandlung unseres Sinnes das nützlichste Wissen der Gläubigen Christi und das Beharren auf dem eigenen Sinn der schädlichste Widerstand gegen den Heiligen Geist.«

Die Worte sind da, auch wenn sie in ihrer Zeit etwas anderes bedeuten. Die Menschen waren andere damals, auch wenn sie die gleichen waren. Sie suchten etwas und fanden es im Glauben. Er gab ihnen eine Klarheit, gerade im Gehorsam, wie ihn Luther forderte. Der Widerstand, um dieses Wort zu benutzen, war schädlich, so sagte es der Reformator, der mit seinem eigenen Widerstand eine ganze Welt ins Wanken brachte. Das war der Widerspruch dieses Mannes, das bleibt der Widerspruch seiner Botschaft. Denn auch Gehorsam kann ja Widerstand bedeuten. Jede andere Ordnung als die, die gilt, ist Anfang der Veränderung und letztlich der Rebellion. Der Glaube ist diese andere Ordnung. Diese andere Ordnung muss erdacht werden, erschaffen, sie muss gesehen werden, jenseits der Wirklichkeit, wie sie herrscht. Sie muss möglicherweise rekonstruiert werden, um errichtet zu werden, so hat es Luther getan, aus dem Material, das vorhanden war, die Texte, die Bibel, die Gedanken, die Konsequenz, die Purheit auch, die Radikalität im eigentlichen Sinn des Wortes, die Wurzeln – über Jahrhunderte schienen sie verborgen, die Worte, die Wahrheit, verschüttet, verborgen hinter einer Praxis, die Luther als falsch entlarvte, als verwerflich, das römische Verbrechen.

Luther war nicht konsequent in seiner Botschaft, aber effektiv. Und die Gewalt, die im Glauben steckt, veränderte sich unter seinen Händen, er formte daraus etwas, von dem er nicht wusste, was es werden würde – eine andere Kirche als die, die es gab, was nicht seine Absicht war. Seine revolutionäre Tat war die Rückkehr zu etwas, das es so nie gegeben hatte. Die Probleme waren real, die gesellschaftlichen und ökonomischen Entwicklungen waren real, der Riss, der durch die Welt und durch die Menschen ging, war real, und ob Luther diesen Riss sah oder nicht, das ist letztlich nicht entscheidend. Er vertiefte diesen Riss, er selbst wurde zum Werkzeug der Veränderung.

Die Frage, die sich dabei stellt, immer wieder neu: Wie entsteht Widerstand? Wie funktioniert das langsame Erwachen eines Bewusstseins, das womöglich schon lange latent vorhanden ist, in einer Gesellschaft, in einer Person? Wie verwandelt sich Gehorsam in Widerspruch? Wie wird aus dem, was den Gehorsam ausmacht, Rigorismus, Ernst, Prinzipientreue, etwas eigenes, eine Form, die Wirklichkeit anders zu sehen?

Luther hatte diesen Blick, der über das hinausging, was er sah. Der Glaube machte ihm das möglich. Der Glaube war so etwas wie eine Utopie. Der Glaube war die andere Welt. Und erst diese andere Welt machte die Veränderung in der eigentlichen Welt möglich. Erst der Blick auf eine andere Wirklichkeit ermöglichte es ihm, seiner eigenen Wirklichkeit mit Widerstand entgegenzutreten. Man muss die Wirklichkeit manchmal erst gegen sich selbst wenden, damit sie sich erkennt.

Und das war es letztlich auch, was im Spätsommer 2011 in New York passierte. Das war das, was mich an der Bewegung Occupy Wall Street faszinierte, die damals wie aus dem Nichts entstand, so schien es mir. Auch hier war so etwas zu beobachten wie das Erwachen einer Generation, das Erwachen eines Bewusstseins von der eigenen politischen und ökonomischen Position, vom Wesen der Gesellschaft, von der Lücke im Gefüge der Gerechtigkeit, in die sie gerutscht waren, die 20- bis 30-Jährigen, die hochverschuldet in ihr Berufsleben starten. Es war mein eigenes Erwachen.

Groß wie ein Fußballfeld war der Platz, auf dem sie sich trafen, der Zuccotti Park, mitten in Manhattan, hier hatten sie ihre Zelte aufgeschlagen: Alles betoniert, ein paar Bänke, ein paar Bäume, eine Mauer darum, in der Nähe ein alter Friedhof mit verwitterten Grabsteinen

191

rund um eine Kirche aus dunklen Steinen, in der Nähe der Ort der Anschläge von 2001, ein anderer Friedhof, das alte World Trade Center, wo nun der Freedom Tower wuchs, wobei Freedom für die Menschen, die sich am Zuccotti Park versammelten, wie eine Drohung klingen konnte – es war das Wort, das die Krieger der Bush-Administration so gern verwendeten, es war von einem Versprechen zu einer Ideologie mutiert, und dieser Ort, so nah an der Wall Street, war in vielem ein Symbol für all die Fehler und das Versagen dieser Jahre.

Deshalb hatten sie sich hier getroffen, um den Ort zu besetzen, physisch oder wenigstens symbolisch, der für sie das Zentrum dessen war, was falsch läuft in der Welt. Das Diktat des Profits, die Rationalität der Märkte, die Abläufe einer Angestelltenwelt, eine Demokratie, die die Reichen bevorzugt, eine Wirtschaft, die vor allem die Reichen noch reicher macht und den Mittelstand auslaugt, ein gesellschaftlicher Druck, der allgemein zunimmt, und konkret eine Ernüchterung über die Realität des Systems der politischen Repräsentation, was sich auch durch Barack Obama nicht geändert hatte – im Gegenteil, die Enttäuschung, die auf die Euphorie der Wahl von 2008 folgte, war spürbar unter den Demonstranten, er hatte sie wach gerüttelt, er hatte ihnen Hoffnung gegeben, er hatte sie enttäuscht.

Es hatte sich nichts geändert, es war höchstens noch schlimmer geworden, so sahen sie das. Obama hatte dieselben Leute im Amt belassen, die die Wirtschafts- und Finanzkrise verursacht hatten, er hatte beschlossen, die Banken mit 700 Milliarden Dollar zu retten, und irgendwo musste das Geld ja herkommen. Das machte sie misstrauisch. Sie hatten das Gefühl, dass das Spiel manipuliert war, dass die Regeln andere aufstellten und dass die Welt, so wie sie ihnen von den Medien präsentiert wurde, die sie als Agenten der Interessen des Kapitals sahen, erst einmal von den Lügen und Verdrehungen gereinigt und befreit werden musste.

Es war ein Maß an Purismus oder sogar Puritanismus in diesem Verhalten, das diejenigen Menschen überraschte, die älter waren, die Leitartikler, die Meinungsmacher, weil sie dachten, dass die Jugend nur an Konsum und Kommerz interessiert war. Das war ihr Bild dieser Generation. Dabei war es genau das, was diese Jugend als ihren Gegner ansah, das neoliberale Traumland. Sie trauten nur sich selbst, so schien es, weil sie so oft erlebt hatten, wie sie belogen und manipuliert wurden. Sie wollten eine Alternative. Sie wollten eine grundsätzlich andere politische Ordnung, die auf kleineren Einheiten basierte, sie wollten eine Basisdemokratie der Plätze, der Versammlungen, die sie Assembly nannten, sie wollten eine direkte Demokratie, und sie wollten sie hier ausprobieren, als Modell für eine Welt, wie sie gerecht sein würde, in ihren Augen.

Ich kam ein paar Wochen, nachdem sie diesen Platz übernommen hatten, junge Männer mit Bärten, junge Frauen mit viel politischer Theorie im Kopf, professionell Sinnsuchende, Neuankömmlinge auf dem Terrain der Wahrheit, Aktivisten, Akademiker, die Gebildeten mehr als die Gebeugten, eine kritische Masse in mancherlei Hinsicht. Sie schienen beseelt, sie wirkten beglückt, sie waren selbst überrascht, weil sie das nicht erwartet hatten, am wenigsten von sich selbst – die Millennials, so wird diese Generation in den USA genannt, und da klingt auch die millennaristische Angst mit an, die alles zu durchdringen scheint, am Jahrhundert-, Jahrtausend-, Zeitenende.

Sie waren Kinder von 9/11, sie waren die Jugend der Finanzkrise, sie würden andere Erwachsene werden, weil sie den Kapitalismus nur in seiner Krise kannten. Geld, so sahen sie das, war das Prinzip, das die Welt gliederte und verdorben hatte, Geld, das war ihr Glaube, teilte die Gesellschaft materiell und damit auch ideell, Geld stand für Heil und Verdammnis, und es war für sie kein Zufall, dass die Abhängigkeit vom Geld mit einem Wort beschrieben wurde, das eine stark religiös-moralisch aufgeladene Bedeutung hatte: Schuld.

Die Schuld ökonomisiert als Schulden, das war es, was sie auf die Straßen und Plätze trieb. Die Schuld, von der sie sich unterdrückt fühlten. Die Schuld, von der sie sich befreien wollten. Die Schuld, die auf Geld gebaut war, aber eine metaphysische Dimension hatte. Die Schuld, die zu Gehorsam und Ordnung zwingen sollte, weil alles darauf gebaut war, dass sie die Schuld abtragen sollten, bis dahin, so war der Deal, mussten sie ruhig sein und schuften, bis dahin, so sah es für sie aus, war das Leben auf Pause.

Ihr Feind waren nicht die Fugger, ihr Rom war die Wall Street. Hier vermuteten sie den Grund für das Übel dieser Welt. Hier, so schien es ihnen, begann der Materialismus, der die Gesellschaft ausdörrte, der die Menschen auseinandertrieb, der die spirituelle Ödnis ihrer Gegenwart begründete. Dagegen wollten sie sich wehren, und es war erst mal keine Wut im eigentlichen Sinn, die sie hierhergebracht hatte, sondern das Verlangen, der Gegenwart etwas entgegenzusetzen, ein Wort, ein Bild, eine Gemeinschaft, so wie sie sein sollte, wie sie sein könnte.

Sie wollten in gewisser Weise einen neuen, jedenfalls einen anderen Menschen, mit einer anderen Aufmerksamkeit füreinander, mit anderen Formen der Kommunikation, ruhiger, diskursiver, gerechter. Sie redeten viel, weil es viel zu besprechen gab und weil sie im Reden jene Möglichkeiten von Gemeinsamkeit austesten wollten, von denen sie hofften, dass sie existieren. Sie wählten das Wort, sie wählten die Sprache, sie wollten hierin die Veränderungen beginnen, die für sie notwendig waren, um die Welt zu retten, im Kleinen wie im Großen.

Der moralische Anspruch war also hoch, und groß war auch das Misstrauen gegenüber allem, was sie als Mainstream sahen. Sie hatten wenig Interesse, mit Medien zu sprechen, die eh nur schreiben würden, was sie wollten, so sahen sie das, voreingenommen oder, schlimmer, manipuliert. Sie hatten ihre eigenen Medien, das Internet zum einen, damit waren sie groß geworden, als erste Generation dieser Medienrevolution, die man in vielem mit der Gutenberg-Revolution im 15. Jahrhundert vergleichen kann. Das Wissen explodierte, damals wie heute, es verbreitete sich auf eine Art und Weise, dass alte Hierarchien eingerissen wurden, der Klerus damals und die römisch kontrollierten Klöster, die sklerotischen Medienhäuser jetzt. Die Kontrolle, die über das Wissen geherrscht hatte, brach zusammen, die ökonomischen und sozialen Strukturen, die darauf beruhten, gerieten ins Wanken.

Im 15. Jahrhundert war es das neue, das aufstrebende Bürgertum, das diese Medienrevolution der Druckerpresse trug, im 21. Jahrhundert waren es die Kinder eines Bürgertums, das in vielem an sein Ende gekommen schien, eben als Teil einer repräsentativen Demokratie in der Krise, wirtschaftlich unter Druck, gesellschaftlich stagnierend unter dem Refeudalisierungsdruck. Ihre Revolution war eine der Daten und der Informationen, die sich direkt und netzwerkhaft übertragen ließen, sie konnten sich organisieren wie nie zuvor, schnell, effektiv, massenwirksam. Ihr Protest war einer der Gemeinschaft, es war einer der Freundschaft, sie waren zusammen auf diesem Platz, und nicht nur in New York, sie waren zusammen in der Öffentlichkeit, sie wollten diese Öffentlichkeit neu herstellen, weil auch diese Plätze ein Teil der realen oder symbolischen Privatisierung geworden sind, die ein wesentliches Element des Neoliberalismus ist.

Und so saßen sie da und aßen und lasen und kifften und trommelten, von früh bis spät, es war ihr Spätsommer, es war ihre Zeit. Sie waren wütend, aber sie verwandelten diese Wut in etwas anderes, das jedenfalls war das Ziel. Sie suchten etwas Neues: ein anderes Bewusstsein, eine andere Praxis, ein anderes Leben. Sie hatten kein Programm im eigentlichen Sinn, mit Zielen, Strategien, Forderungen, sie wollten keine weitere politische Partei sein, und sofort wurden sie dafür von denen kritisiert, die sich durch sie angegriffen fühlten – die Vertreter des repräsentativen Systems, die die Jugend von Occupy Wall Street mit großem Misstrauen sahen.

Die Abgeordneten, so schien es ihnen, waren genau das Problem, sie waren manipulativ, sie entfernten die

Wähler von ihrem eigentlichen Willen, sie ließen die Demokratie verkümmern, weil sie sie auf den Wahlakt reduzierten. Die Anhänger von Occupy dagegen wollten etwas, das sich von diesem System unterschied, auf das sich die westlichen Staaten, von einigen Ausnahmen abgesehen, geeinigt hatten. Sie wollten Unmittelbarkeit auch im Politischen, was in gewisser Weise ihr Bewusstsein reflektierte, das durch das Internet geprägt wurde, durch die Ursprungsidee eines hierarchiefreien World Wide Web, durch die Verknüpfung und Vernetzung von freien Menschen. Das war das Ideal.

Sie sahen keinen Sinn mehr darin, dass sie ihren Willen delegieren sollten, wo doch so vieles elektronisch geregelt werden konnte, was früher Anwesenheit erforderte – Anwesenheit im Parlament etwa, ein Ort, der im digitalen Zeitalter auch neu gedacht werden muss, so schien es ihnen. Ihre Idee war die einer klassischen Agora, des Platzes, auf dem die Demokratie stattfand im antiken Athen und jetzt im digitalen New York. Sie wollten das Dauergespräch, das für sie die Demokratie bedeutete, sie wollten dieses Gespräch nach neuen Regeln strukturieren, sie wollten auch hier maximale Gleichheit und Schrankenfreiheit, sie wollten, dass jeder jedem zuhört und jeder sagen kann, was er will. Sie wollten also die Demokratie dekonstruieren, weil sie fanden, dass die Demokratie dysfunktional war.

Darum war der Platz mitten in New York für sie Zentrum und Symbol ihres Anliegens. Aber weil sie geschult waren im Aktivismus wie im akademischen Milieu, mischte sich das klassische Verständnis von Protest oder Demonstration mit den neuen Gedanken, die gar nicht so neu waren, weil sie sich auf die 6oer-Jahre bezogen, die frühen 6oer-Jahre, als Guy Debord und die Situationisten die Straße zum Ort eines politischen Spektakels machten, als die Situationisten mit theatralen Mitteln die Realität verwirren und verwischen wollten, als sie mit auch surrealistisch inspirierter guter Laune einer Gegenwart, die sie schief und verzerrt fanden, ein anderes Bild entgegensetzen wollten.

Um Bilder ging es auch bei Occupy Wall Street – der Stier etwa, der in der Nähe der Wall Street steht, ein Bronzedenkmal für den Finanzoptimismus, der dieses ganze Viertel durchzieht. Die Frage war, was man diesem Bild, was man den vorgefertigten Bildern entgegensetzen kann, die Präsenz etwa von Menschen, die für eine andere, gerechtere Finanzordnung eintreten, allein dadurch, dass sie da sind. Und so liefen sie am Abend durch die Straßen des Finanzviertels, sie liefen am Morgen durch die Straßen Brooklyns und riefen: »This is what democracy looks like«, und es war wahrhaftig, und es war schön und von eigenem Pathos.

Sie versuchten, die Herrschaft dem Volk zurückzubringen, sie zeigten den Menschen, seht her, so geht das, sie waren auf symbolischen Pfaden unterwegs und doch sehr konkret auf dem Weg zum Haus einer Familie, die ihr Heim verlieren sollte, weil eine Bank es so wollte. Die Großen werden gerettet, die Kleinen lässt man leiden, so war ihre Sicht auf die Lage, und dass es unsinnig sei, Menschen aus ihrem Haus zu vertreiben, weil dadurch langfristig der Wert aller Häuser in der Gegend sinken würde, wenn immer mehr leer stünden, das machte die Sache für sie nur noch schlimmer.

Sie waren Kinder der Städte, sie lebten hier, weil sie die Freiheit fanden, die sie suchten. Und weil diese Städte sich so schnell verwandelten, weil die Häuser, in denen sie lebten, zu Spekulationsobjekten wurden, schien es ihnen, dass auch sie selbst, ihr Leben und ihre Welt, ihrem eigenen Einfluss entzogen worden waren. Sie wollten sich die Macht über ihr eigenes Leben wieder zurückholen. Sie wollten sich wehren, gegen das Dunkle, das sich dieser Häuser bemächtigte, gegen das Anonyme, das sich in ihr Leben einmischte. Es ergab für sie keinen Sinn, dass der Mensch sich einem Gesetz unterordnet, das er sich zwar in gewisser Weise selbst ausgedacht hat, das Gesetz des Geldes, das aber offensichtlich außer Kontrolle geraten war und dem eigentlichen Zweck entgegenstand. Das Geld und das Gesetz waren zu einem Feind der Menschen geworden, so sahen sie das.

Es war unsinnig, dieses Gesetz, es war irrational, es stand dem Common Sense entgegen, der Alltagsvernunft, die sie so mochten, die ihnen so nah war, es unterwarf sie einem Regime, das sie nicht gewählt hatten und das auch nicht wählbar war. Sie weigerten sich, diesen Pakt weiter zu beachten, der sich den Grundlagen des menschlichen Zusammenlebens widersetzte, er vernichtete geradezu die Basis, indem er Familien zerstörte, junge Menschen in Schuld brachte und alte Menschen um ihre Ruhe und ihre Sicherheit.

Occupy Wall Street war ein Aufstand der Rationalität mit dem Gestus des Erwecktseins, des Von-sich-selbst-begeistert-Seins, der Freude an der eigenen Initiative und an den eigenen Ideen. Sie setzten ihre Rationalität, die Vernünftigkeit der Welt, wie sie sie sahen, gegen die

Rationalität der Märkte und die Logik des Kapitals. Sie setzten aber auch Glauben gegen Glauben, den Glauben an die Macht der Menschen gegen den Glauben an die Macht des Geldes, denn ihr Protest war bewegt von ihrer Sicht auf das, was den Menschen ausmacht. Ihr Protest hatte eine metaphysische Komponente, weil sie ein ganzheitliches Sinnangebot suchten, eine Umwertung der Werte, die gelten, ausgehend von der Idee, was der Mensch ist und wie er sein Leben führen sollte.

Das war der emphatische, das war der missionarische Kern von Occupy Wall Street, das mehr sein wollte als eine antikapitalistische Protestbewegung. Auch David Graeber, der den Bestseller *Schulden* geschrieben hatte, war bei ihnen, der Theoretiker ihrer Proteste, an dem regnerischen Morgen in Brooklyn. Ein paar Polizisten schauten mehr oder weniger interessiert zu, eine Band spielte, und die Demonstranten riefen den Slogan, der neu war und überraschend und doch so einleuchtend: »We are the 99 percent.« Sie standen vor dem Eingang des Hauses, aus dem die Familie ausziehen sollte, weil das eine Prozent es so wollte, die Banken vor allem, die den Reichtum der Reichen vermehrten und die Armut der Armen zementierten, so sahen sie es.

Kein Banker musste ins Gefängnis nach den Pleiten von Lehman Brothers und AIG und Freddie Mac und Fannie Mae. Das System war rational, hieß es. Aber stimmte das? War nicht gerade das System der Kreditverführung irrational, waren nicht gerade die Zerteilung und Bündelung und der Neuverkauf der oft sehr zwielichtigen Kredite irrational? Was also war individuelle Schuld, was war gesellschaftliches Versagen? Diese Frage wollten die Demonstranten klären, an diesem Morgen und überhaupt.

Aber da die Ökonomie seit den 80er-Jahren als Heilsgeschichte präsentiert wird, wurde das Scheitern innerhalb dieses Systems nicht wie ein Versagen, sondern wie ein Verstoß gesehen, mit konkreten moralischen Folgen. Die Grundzüge dieser Ordnung, so hieß es vonseiten der Neoliberalen, waren rational und gerecht. Wer innerhalb dieser Ordnung scheiterte, der musste sich also fragen lassen, was für einen Fehler er gemacht hat. Denn es musste einen Fehler geben. Der Fehler lag immer beim Einzelnen. Erfolg und Misserfolg waren damit – mehr im Sinne Calvins als Luthers – sowohl Leistung als auch Gnade.

Dem Erfolg kam etwas fast Spirituelles zu, die Gegnerschaft gegen die Herrschaft des Erfolgs musste somit auch auf dieser Ebene operieren. Und so wollten die Aktivisten von Occupy Wall Street das Bewusstsein verändern und waren doch keine Hippies. Sie waren Kinder ihrer Zeit, und sie waren wütend. Sie hatten genug von einer Politik, die sich nach den Interessen der Industrie richtete. Sie hatten genug von Politikern, die nur auf das eigene politische Überleben schauten und nicht auf das Überleben des Planeten. Sie wollten, ganz einfach, eine gerechtere Welt.

Es war so etwas wie ein Verlangen nach einer anderen Wirklichkeit, erst mal sehr direkt, in der Art und Weise, wie man die persönliche Kommunikation strukturiert, ohne Hierarchien, ohne Druck, eine grundlegende Demokratisierung der Verhältnisse. Und so saßen sie geduldig in überfüllten Räumen und hörten einander zu und erfanden eine Zeichensprache für alle, die sich ungerecht behandelt fühlten oder die Zuspruch brauchten oder die ihrer Stimme Gehör verschaffen wollten. Es war manchmal kompliziert und manchmal merkwürdig und manchmal lustig, es war aber auch immer ernsthaft in dem Verlangen, das Reden als den Anfang der Demokratie neu zu etablieren.

Sie glaubten an das Wort, sie glaubten an die menschliche Stimme, »the human microphone«, so nannten sie ihre Art, wie sie ohne Lautsprecher und in einer großen Menschenmenge die Ansprachen weiterleiteten, einer sagte es dem anderen weiter, es war wie ein Echo, es war wie eine Welle, die die Botschaft forttrug, die Menschen wurden eins in diesen Sätzen, die nicht ihre waren und doch zu ihren Sätzen wurden, weil sie sie sagten. Die Sprache war der Grundstein dieser Revolution, die keine war und keine sein wollte. Es ging ihnen um das Neue, es war das Ethos des neuen Menschen, das sie trug. Sie versuchten deshalb die Rekonstruktion der elementaren Formen der Kommunikation, sie begannen damit, einen gerechten kommunikativen Raum zu schaffen. Und weil die Idee des Neuen wesentlich ist für jede Veränderung, markierte Occupy Wall Street, jedenfalls für die, die dabei waren, einen Bruch.

Sie weigerten sich, einfach so weiterzumachen. Sie weigerten sich, sich dem Strom der Zeit zu ergeben. Sie weigerten sich, nicht wütend zu sein.

6

DAS LEBEN

Wie kann man Verantwortung denken? Was sind die Grundlagen und die Voraussetzungen dafür, dass ein Mensch verantwortlich handelt? Wie kann der Mensch die Welt so erhalten, so verändern, so schaffen, dass er sein eigenes Überleben ermöglicht? Wie kann der Mensch sein Leben so gestalten, dass es ihm gehört, ihm passt, ihm entspricht? Wie kann er handeln? Was kann er wollen?

Für Luther war die Sache klar: Der Mensch kann nichts wollen, was Gott nicht will, er kann nichts tun, was Gott sich nicht für ihn ausgedacht hat. Er ist sein Geschöpf, er ist in seiner Macht, es gibt Freiheit für ihn nur unter der Prämisse der Schuld und der Sünde und nur in Bezug auf Gott, der ihm die Freiheit, die nicht das Gleiche bedeutet wie die Freiheit der Moderne, als Freiheit zum Glauben gestattet, nicht als Freiheit zum Leben.

Aber wenn die Freiheit gar keine Freiheit ist, wenn also das Irren und Streben und alles Wollen gar nicht dem Menschen eigen sind, sondern von Gott bestimmt, wie kann es dann überhaupt Fehler geben, Vergehen, Irrwege, wie kann man sich verlieren, wie kann man sich wiederfinden, wie kann man etwas tun, warum soll man etwas tun, wenn alles, und das sah Luther so, vorherbestimmt ist?

Erasmus von Rotterdam stellte diese Frage in einem zentralen Streit mit Luther, und von der Frühaufklärung bis heute bleiben die Argumente relevant – es geht um das Problem des freien Willens, es geht darum, wie sehr der Mensch sein eigener Herr ist. Und die Worte und Argumente des religiösen Determinismus, wie ihn Luther vorträgt, sind zwar andere als die des biologistischen Determinismus, wie ihn manche Neurowissenschaftler oder Evolutionsbiologen recht pauschal vertreten – der zentrale Aspekt aber bleibt doch gleich: Wer ist der Mensch und was ist sein Vermögen?

Es ist eine Frage, die am Anfang der Überlegungen über Existenz und Ordnung steht und direkte Auswirkungen darauf hat, wie sehr man sich dem ergibt, was einen umgibt, oder wie sehr man sich gegen das stemmt, was man nicht will. Um überhaupt sagen zu können, was man will und was man nicht will, ist der freie Wille eine notwendige Voraussetzung. Die Frage nach der Veränderung wie nach der Verantwortung stellt sich erst, wenn man dem Menschen die Freiheit zubilligt, zu scheitern.

Und an diesem Punkt setzt auch die Kritik von Erasmus an, der in vielem ein Gegenpol zu Luther ist, skeptischer, westlicher, europäischer, rationalistischer, aufgeklärter auch im Glauben, denn seine Verankerung war der Glaube, seine Fragen allerdings zielen auf das Leben: »Nehmen wir also einmal an«, schreibt er 1524 in seiner Schrift *Vom freien Willen*, mit der er direkt auf Luther antwortet und ihn angreift – nehmen wir also an, »daß alles, was wir tun, nicht aus freiem Willen, sondern aus reiner Notwendigkeit geschehe: was könnte unzweckmäßiger sein als die öffentliche Bekanntgabe dieser widersinningen Behauptung? Nehmen wir zweitens an, daß in irgendeinem Sinne wahr sei, was irgendwo Augustin geschrieben hat, daß nämlich Gott Gutes wie Böses in uns wirke, daß er also für seine guten Werke uns belohne und für seine bösen Werke uns bestrafe. Welch ein großes Fenster würde die Bekanntgabe dieser Meinung unzähligen Menschen zur Gottlosigkeit öffnen, zumal da die Menschen durchweg geistig schwerfällig und beschränkt, dazu boshaft und ohnehin zu jedem gottlosen Frevel unverbesserlich geneigt sind. Welcher Schwache würde hinfort noch aushalten den dauernden und mühevollen Kampf gegen das eigene Fleisch? Welcher Böse würde hinfort noch sein Leben zu bessern trachten?«

Erasmus, der große Gelehrte und Theologe, der 1516 das Neue Testament vom Griechischen ins Lateinische übersetzt und so die kritische Lektüre der Schrift für viele erst ermöglicht hatte, Erasmus also wendet sich mit seinem polemisch gefärbten Text gegen die Vorstellung Luthers, dass allein die göttliche Gnade, »sola gratia«, für das Schicksal des Menschen verantwortlich sei. Was wäre die Sünde, fragt er, wenn der Mensch nicht wählen könnte? Wie soll er für etwas bestraft werden, das er nicht bestimmen kann? Wenn er keine Wahl hat, weil alles determiniert ist, wie soll er dann zur Rechenschaft gezogen werden? Was für einen Sinn hätten Gesetze und Gebote, wenn sie doch nur symbolisch wären, weil sie keine Wirkung und keine Macht hätten, wenn der Mensch keine Freiheit hätte, zum Guten wie zum Bösen?

Die ganze göttliche Ordnung, so mühsam konstruiert, würde einstürzen, so fürchtet Erasmus, wenn man den einen Baustein, den freien Willen, aus dem Gebäude entfernen würde. Erst der freie Wille gab der Ordnung ihre Legitimität, er war die Frage, auf die die Bibel die Antwort war, so sieht es Erasmus, der freie Wille war das Problem, das die Gebote lösen sollten, er war aber auch die Chance, dass sich der Mensch Gottes als würdig erweisen würde, als Kreatur von eigenem Stolz und eigenem Verständnis.

»Gott hat am Anfang den Menschen geschaffen und ihn seiner eigenen Willensentscheidung überlassen«, schreibt Erasmus in klaren, knappen Sätzen. »Er hat hinzugefügt seine Gesetze und Gebote: Wenn du die Gebote halten willst, werden sie dich erhalten, ja, wenn du beständig die wohlgefällige Treue halten willst. Er hat dir vorgelegt Wasser und Feuer; strecke deine Hand aus, wonach du willst! Vor dem Menschen liegen Leben und Tod, Gutes und Böses; was ihm beliebt, das kann er haben.«

Das ist eine Art Glaubensbekenntnis von Erasmus, der durchaus eigene Motive hatte, seine Sicht so explizit und gegen Luther zu formulieren, dessen Entwicklung er in ihren Anfängen voller Sympathie begleitet hatte. Nun allerdings wendet er sich gegen die Vorstellung, dass der Mensch gewissermaßen gefangen sei in der Gnade Gottes, denn das war Luthers ultimatives Argument gegen den freien Willen: Ein Mensch in Knechtschaft, so impliziert es der Titel der Schrift Luthers, *De servo arbitrio* (»Vom unfreien Willen«), erst dieser Mensch sei der glückliche Mensch, der begnadete Mensch.

Dieses Glück allerdings wird er nicht in diesem Leben finden, sondern erst im nächsten. Die Antwort auf die wesentlichen Fragen des Menschen wird ins Jenseits verschoben, was schon immer ein Mittel war, Proteste auf Erden entweder irrational anzufachen, indem sie dem Terror die Worte lieferten, oder das Feuer zum Erlöschen zu bringen, weil es nicht an uns sei, die Fesseln zu lösen. Wie Luther schreibt: »Es gibt ein Leben nach diesem Leben, in dem alles, was hier nicht bestraft und belohnt ist, dort wird bestraft und belohnt werden, da dies Leben nichts ist als ein Vorläufer oder vielmehr Anfang des künftigen Lebens.«

Erasmus dagegen unterscheidet zwischen dieser Welt und der nächsten – die zentrale Frage dabei ist für ihn diejenige nach der Stellung der Vernunft, die von Luther nur mit Verachtung bedacht wird. Erasmus dagegen sieht die Rolle der Vernunft als wesentlich für die Erkenntnis und damit für die Freiheit des Menschen. »Was das Auge für den Leib«, schreibt er, »das ist die Vernunft für die Seele.« Teils offenbart sich die Vernunft dem Menschen im »Licht der natürlichen Gotteserkenntnis«, die jedem Menschen möglich ist, teils offenbart sie sich in den Gesetzen und Geboten der Bibel. Erasmus sieht »große Angst vor dem Vertrauen auf menschliche Verdienste und Werke« bei denen, die im freien Willen vor allem die Möglichkeit des Bösen und das Werkzeug des Teufels erkennen, wie es Luther tat. Der sagte sehr entschieden: »Wenn es irgendwie geschehen konnte, möchte ich nicht, daß mir ein freier Wille gegeben werde, oder daß etwas in meiner Hand gelassen würde, womit ich nach dem Heil streben könnte. Nicht allein deswegen, weil ich in so vielen Widerwärtigkeiten und Gefahren, weiter bei so vielen widerstreitenden Teufeln nicht Stand halten und es zu bewahren vermöchte, da ein Teufel mächtiger ist als alle Menschen und (um ihretwillen) kein Mensch gerettet würde. Sondern auch weil ich, auch wenn keine Gefahren, keine Widerwärtigkeiten, keine Teufel existierten, dennoch gezwungen wäre, fortwährend im Ungewissen zu arbeiten und Lufthiebe zu machen. Denn mein Gewissen würde, wenn ich auch ewig lebte und wirkte, niemals gewiß und sicher, wie viel es tun müßte, damit es Gott genug tue. Denn welches Werk auch immer vollbracht wäre, immer bliebe der beunruhigende Zweifel zurück, ob es Gott gefalle oder ob er irgend etwas darüber hinaus fordere, wie es auch die Erfahrung aller Werkheiligen beweist und wie ich es zu meinem großen Leidwesen so viele Jahre hindurch zur Genüge gelernt habe.«

Der Luther der späten Jahre erscheint hier in all seinen Facetten, am Ende des Jahrzehnts, in dem er mit seinen Schriften die Welt veränderte, zwischen 1515 und 1525, ein rasendes, produktives Jahrzehnt, an dessen Ausgang der Glaube stark und stolz da stand, keine Zweifel, keine Skepsis, keine »Lufthiebe«, all das also, könnte man sagen, was den modernen Geist ausmacht, der vom Versuchen und vom Scheitern lebt. Es sind in vielem Züge einer autoritären Persönlichkeit, Sicherheit und Gewissheit werden gefordert und gleichzeitig postuliert – der argumentative Gestus von Erasmus, der Versuch, mittels der Vernunft diesen Streit um den freien Willen zu lösen, wird mit scharfen Worten und vergiftetem Geschmeichel verworfen.

Einerseits, sagt Luther, überrage ihn Erasmus weit »an Beredsamkeit und Geist«, andererseits habe nicht nur er selbst, sondern besonders Philipp Melanchthon seine Argumente »vollends zertreten und geradezu zerstampft«. Erasmus, schreibt Luther, sei zu bemitleiden, seine Schrift sei »Schmutz«, es sei, »als ob man Kehricht oder Kot in goldenen oder silbernen Schüsseln auftrüge«. »Aalglatt« sei Erasmus, zweideutig, ohne Tiefe oder wahre Erkenntnis, seine Rhetorik bloß »blauer Dunst« – es ist das Vokabular des antiwestlichen Denkens späterer Zeiten, das hier auftaucht, das hier eingeübt wird.

Luther geht aber noch weiter. Er spricht Erasmus ab, als Christ zu sprechen, denn »welcher Christ würde so reden«, mit gottlosen Worten, denn vor Gott sind Zweifel und Skepsis falsch, und »was ist elender als die Ungewißheit«! Luther wendet die Argumentation direkt gegen Erasmus, indem er fragt: »Was ist das für eine neue Frömmigkeit und Demut, daß Du uns durch Dein Beispiel die Freiheit nehmen willst, Menschenbeschlüsse zu beurteilen, und daß Du Dich urteilslos den Menschen unterwirfst?« Denn der Mensch ist eben nie das Maß, er ist nur das Mittel, das ist die Essenz des Fundamentalismus Martin Luthers, der in dieser Schrift besonders deutlich wird.

»Der Christ sei wahrlich verflucht«, schreibt er, »der nicht gewiß ist und begreift, was ihm vorgeschrieben wird.« Stärker noch, als es Erasmus herausgefordert hatte, entwirft Luther hier ein antirationales und antiaufklärerisches Weltbild, das Erkenntnis an den Glauben bindet und das Verständnis der Natur an Gott. Was also sind all die Philosophen, was sind die »menschlichen Meinungen«, die nur zu »Streit und Zerstörung des äußeren Friedens« führen? Und was kann der Mensch überhaupt begreifen?

»Denn Du wirst hier das ›begreifen‹ (assequi) nennen, daß vollkommenes Erkennen und Sehen wäre, was könnte irgendein Mensch überhaupt an einer Kreatur begreifen? Dann wäre nämlich kein Platz dafür, daß jemand gleichzeitig etwas begreifen und nicht begreifen kann. Sondern wenn er irgendeines begriffen hätte, hätte er alles begriffen; zum Beispiel in Gott. Wer ihn nicht begreift, begreift niemals auch nur einen Teil der Natur.« Und mit einer zornigen Geste wirft er Erasmus die Tür vor der Nase zu: »Der heilige Geist ist kein Skeptiker.«

Wie kommt man also auf die Idee, dass Martin Luther, der wieder und wieder gegen die »gottlosen Sophisten« wettert, der dem Wissen des Menschen, dem Vermögen des Geistes, der Freiheit der Gedanken misstraute, dem zugewandt war, was man die Moderne nennt? Er mochte den Streit, er mochte es, mit Worten zu fechten, er mochte die Schärfe und die Beleidigung, er konnte gemein und direkt sein und oft auch grob. Er war darin widersprüchlich und trieb so gegen seinen Willen eine Entwicklung voran, deren Teil er nur war.

Und so greift es zu kurz, ihn als Einzelnen zu betrachten, weil er in weit größere Verschiebungen eingebettet war. Dennoch ist Luther das Beispiel dafür, wie der Einzelne von den Kräften hin und her gezerrt wurde, die in solchen Umbruchzeiten wirken, wie er sich wehrte, wie er versuchte, seine Stärken zu sammeln und seinen Gegner zu erkennen, wie er seine Position in der Auseinandersetzung klärte und dennoch nicht die Klarheit und Gewissheit schuf, die er wollte, sondern gerade jenen Zweifel produzierte, den er für sich ausschloss. Luther als Gestalt, Luther als Kraft, Luther in dem, was er tat, stand dem entgegen, was er selbst postulierte: »Alles, was wir tun, alles was geschieht, wenn es uns auch veränderlich und zufällig zu geschehen scheint, geschieht dennoch tatsächlich zwangsnotwendig und unwandelbar, wenn Du den Willen Gottes ansiehst.«

Luther verkörperte damit dieses sehr deutsche Paradox: der gesetzesgläubige Revolutionär. Luther wurde von seiner Zeit durchzuckt, er ist in vielem Medium des Neuen gerade in Form des Alten. Es sind die Brüche der Moderne, die sich in ihm manifestieren, und er reagierte darauf mit einem Denken der Revolte, das durchaus exemplarisch ist – das Denken, das aus sich heraustritt, das seiner Zeit entgegentritt, das sich gegen den Lauf der Dinge sperrt und ihn dadurch befördert. Eine Art Gegenwartsbeschleunigung war das, und in welche Richtung sich die Dinge entwickeln, das entscheidet dann nicht mehr der Einzelne.

Luther zu lesen bedeutet damit, diese Widersprüche zu erfahren, die Risse und Rupturen zu spüren, dem Strom der Gedanken zu folgen, der ihn durchfloss – und gerade in der Schrift *Vom unfreien Willen*, in der Luther seine theologischen Grundsätze so sehr in die Mitte seiner Argumentation rückt, wird deutlich, wie er sich mit allen Mitteln wehrt. Mit wütender Verzweiflung fast zerrt er den Menschen aus der Manege, weil er droht, den Platz Gottes einzunehmen. Aber »menschliche Satzungen können nicht zusammen mit dem Wort Gottes eingehalten werden«, schreibt er, »denn jene binden das Gewissen, dieses macht sie frei«. Frei, zu gehorchen, könnte man sagen. Wie »Wasser und Feuer«, so Luther, sind Gottes Bestimmung und der menschliche Wille.

Luther war eben ein Mann der Extreme, während Erasmus ein Mann der Mitte war. Luther suchte das Absolute, Erasmus beschrieb das Relative. Er war der Denker des Dazwischen, Luther war der Exeget des Vorher und des Nachher, zwischen Kreation und Apokalypse, zwischen Gott und Satan, zwischen Gut und Böse, ohne Abstufung, ohne Abstriche. Für Luther ist der Mensch wie ein »Zugtier« angekettet zwischen zwei Kräften, die ihn mal hierhin, mal dorthin lenken, er sei »gefangen, unterworfen, verknechtet entweder dem Willen Gottes oder dem Willen Satans«. Den freien Willen beschrieb er als die Fähigkeit, »vom Geist Gottes ergriffen und mit seiner Gnade erfüllt zu werden« – Veränderung ist damit immer nur passiv zu denken, nicht aktiv. Es ist eine Philosophie des Abwartens und des Stillstands, und selbst dem Wort »werden« wird von Luther die Kraft abgesprochen, den Menschen von einem Zustand in einen anderen zu bewegen.

Wenn es etwa im Evangelium des Johannes heißt: »Er gab ihnen die Macht, Gottes Kinder zu werden«, und Erasmus das als einen Beweis des freien Willens ansieht, weil der Mensch somit selbst entscheiden kann, ob er zu Gott will oder nicht, so dreht Luther dieses Wort vom Werden schlicht ins Gegenteil um, macht daraus einen »Hammer wider den freien Willen«, weil es eben einen Prozess beschreibt, den der Mensch nicht selbst steuern kann. Es geschieht ihm. Es passiert. Der Mensch ist nur Zuschauer seines Wandels, nie Akteur. Er ist verbannt vom Schauplatz seiner Existenz. Und auch die Schrift ist nicht dazu da, interpretiert zu werden, verändert zu werden, sie ist das reine Wort, wie Luther in fundamentalistischer Emphase schreibt, der Mensch muss sich »der schlichten, reinen und natürlichen Bedeutung der Worte anschließen, wie sie die Grammatik und der Sprachgebrauch fordert, den Gott unter den Menschen geschaffen hat«.

Es ist ein Menschenbild der Kränkung, des Verdachts, der Niederlage, das Luther hier ausbreitet, keines der Hoffnung, der Kraft, des Sieges – und dazu führt er Stellen aus allen Teilen der Bibel an. Mose 8, 21 zum Beispiel: »Das Dichten und Denken des menschlichen Herzens ist zum Bösen geneigt von Jugend auf.« Oder Jeremia 10, 25: »Ich weiß, Herr, daß nicht in des Menschen Gewalt sein Weg steht, und steht in niemandes Macht, wie er wandle und seinen Gang lenke.« Oder Johannes 15, 5: »Ohne mich könnt ihr nichts tun.« Es ist ein christlicher Absolutismus, den Luther hier gegen den menschlichen Pragmatismus setzt, wie Erasmus ihn in gewisser Weise beschreibt – der »Knecht der Sunde und des Satans«, wie Luther den Menschen nennt, soll sich nicht wehren, er soll an seinem Platz bleiben.

Er kann das Gute nicht erkennen, wenn es nicht von Gott kommt, das Gute ist an die Gnade Gottes gebunden und kein Werk, keine Errungenschaft des Menschen. Damit wird das Gute an die Macht gekoppelt, die herrscht, jedes Aufbegehren des Menschen wird zu einem leeren, teuflischen, absurden Widerstand gegen die Ordnung, wie sie sein soll. Der Zorn ist bei Gott, nicht beim Menschen, so deutet Luther das Wort des Paulus, den er wieder und wieder gegen den freien Willen ins Feld führt: »Denn Gottes Zorn vom Himmel wird offenbart über alles gottlose Wesen«, wie es im Römerbrief heißt. Und auch Kinder des Zorns würde demnach etwas anderes bedeuten als zornige Kinder – es würde bedeuten, dass der Zorn der Vater ist und Gehorsam die Folge.

Kinder des Zorns rebellieren nicht, Kinder des Zorns fügen sich.

Aber wer sagt das? Und werden sie es verstehen, die Kinder des Zorns? Oder werden sie nur den Zorn spüren, der in ihnen ist, weil sie so lange von dem Leben ferngehalten wurden, das sie wollten? Weil sie so lange die Freiheit entbehren mussten, die ihnen versprochen wurde? Weil sie auch nur das haben wollen, was andere längst haben, eine Gesellschaft, in der jeder sein und werden kann, was er will? Eine Gesellschaft des Rechts?

Das war die Stimmung, als ich im Frühjahr 2014 nach Kiew kam. Die Barrikaden standen noch, die Spuren der Kämpfe waren noch zu sehen. Am Maidan, dem großen Platz in der Mitte der Stadt, wo es die meisten Toten gegeben hatte, harrten in den Zelten noch die Männer aus, die nicht gehen wollten, weil sie ahnten, dass das, wofür sie gekämpft hatten, verloren wäre, wenn die Normalität wieder das Regiment übernehmen würde. Sie saßen in ihren Zelten, sie heizten mit Holz, sie warteten darauf, dass die Zeit eine Entscheidung treffen würde für sie, und irgendwo spielte jemand auf der Straße Klavier.

Sie waren müde, das merkte man, sie waren traurig, dass es vorbei war, der Kampf, der ihnen eine Bestimmung gegeben hatte. Die Fenster an einigen der Häuser am Platz waren von Ruß umrahmt, der ganze Platz schien sich zu ducken unter der Last dessen, was passiert war. Der Enthusiasmus jener Tage, als alles möglich schien,

214

hing noch über allem, die schmutzigen Fahnen in Blau und Gelb baumelten müde an den Laternenmasten, und in den Wohnungen saßen die jungen Menschen, die für ihre Zukunft gekämpft hatten und die nicht sicher waren, ob sie gewonnen hatten oder verloren.

Was in der Ukraine im Winter 2013 und im Frühjahr 2014 geschehen war, war in vielem die Coda zu den Freiheitsrevolutionen, die seit 2011 die arabische Welt durchzogen hatten. Es war ein Aufbegehren, das ansteckend war, so sahen es die Menschen in New York oder Oakland, die eine gerechtere Ordnung in den USA wollten, so sahen es die Menschen in Madrid und Athen, die sich dagegen wehrten, dass als direkte Folge der Maßnahmen der Euro-Gruppe und des Internationalen Währungsfonds Hunderttausende ins Elend getrieben wurden. Die Sparpolitik wirkte tödlich. Sie waren nicht schuld, andere hatten den Kapitalismus in eine Spekulationshölle verwandelt, und weil diese Spekulationen schiefgegangen waren, sollten sie nun dafür büßen, dass andere Fehler gemacht hatten.

Die Menschen in der Ukraine wollten ihr Leben in die eigene Hand nehmen. Sie wollten von Menschenrechten nicht mehr nur aus dem Fernsehen hören, sie wollten Teil jenes großen Versprechens sein, das Europa für viele war und ist, auch wenn es eine Kehrseite dieses Versprechens gibt, weil die Freiheit, die Europa so oft für sich und seine Bürger reklamiert hat, zum Teil auf der Unfreiheit anderer Völker beruhte. Aber das interessierte sie gerade nicht. Sie wollten nachholen, was andere hatten, sie wollten erleben, was sie nur aus Büchern kannten, sie wussten, dass sie das Recht dazu hatten, und sie fühlten sich mehr und mehr allein und verlassen, verraten von einem Europa, das seine eigenen Werte nicht mehr kannte und sie opferte aus Laschheit, Taktik, Angst oder autoritären Gelüsten. Hier war eine Generation auf der Suche nach der Idee Europas, und Europa, das reale Europa, verschloss sich ihnen.

Sie wussten das, die Sängerin, die auf ihrem Sofa im Schneidersitz saß, während ihr dicker Hund auf ihrem Schoß schlief, und die von den Freunden erzählte, die bei den Protesten am Maidan gestorben waren. Oder der Schriftsteller, der auf dem Platz stand, am Maidan neben der großen Säule, wo sie sich die Wochen zuvor immer getroffen hatten, und jetzt war er allein und sprach mit einem Journalisten, und die Unmittelbarkeit des Aufstands hatte sich in Erinnerung verwandelt oder, schlimmer noch, in Politik. Oder der Maler, der die Plakate auf dem Maidan gemalt hatte und zum ersten Mal, so sagte er, gespürt hatte, wie das, was er tat, direkte Auswirkungen hatte, ein Gefühl von Bestimmung also, das ihm nun, da die Kämpfe vorbei waren, wieder zu entgleiten schien.

Es waren die gebildeten Schichten, die den Aufstand gegen das alte Regime unterstützt oder angeführt hatten, ältere Intellektuelle in ihren Altbauwohnungen, die zweimal am Tag am Platz waren und Essen brachten, junge Journalisten, die eigene und unabhängige Fernsehsender gründeten, Aktivisten, Kuratoren, eine breite Schicht, die teils Bohème war und teils Bürger – aber das Bürgerschaftliche verband sie, das Gemeinsame, der Gedanke, dass der Staat allen gehört, weil er auf der Freiheit und Unabhängigkeit jedes Einzelnen gebaut war.

Das war das Staatsverständnis, wie es sich in Europa

216

über viele Jahrhunderte herausgebildet hatte, das war es, wofür sie gekämpft hatten. Sie fühlten sich als Teil von Europa, auch wenn Europa in diesem speziellen Moment, so sahen sie das, nichts für sie tat. Sie wollten Teil jenes Westens sein, der individuelle Rechte für jeden Bürger garantierte. Sie wollten Teil einer Tradition sein, die von der Magna Carta im 13. Jahrhundert über die Reformation bis zur englischen Glorious Revolution des 17. Jahrhunderts und zur Amerikanischen und Französischen Revolution des 18. Jahrhunderts reicht. Europa, das war für sie im politischen, juristischen, sozialen Sinn der freie Wille.

Dieser Gedanke verband sie mit all denen, die einen Winter zuvor in Moskau in Restaurants wie dem Jean-Jacques zusammensaßen und Wein tranken und blutige Steaks aßen und sich darüber unterhielten, wie es sein konnte, dass sie ein KGB-Zwerg wie Wladimir Putin regierte. Warum war eine schöne, strahlende, kosmopolitische und hedonistische Generation wie sie in dieser Lage? Sie waren doch in einer Welt aufgewachsen, in der alles möglich schien. Der Kalte Krieg war vorbei. Die Globalisierung hatte die Welt kleiner gemacht. Das Internet hatte die Welt auf die Größe eines iPhone geschrumpft. Sie hatten alles, was sie brauchten, und sie hatten es jederzeit und sofort.

Der Gang der Geschichte schien sie voranzutreiben. Sie schauten nicht nach hinten und wurden doch von hinten überholt. Denn das war ja die Putin-Revolution, eine Attacke aus der Vergangenheit, das verbindet all die reaktionären Widerstandsbewegungen gegen eine Gegenwart, die vielen zu schnell und zu individualistisch erscheint, von Putin bis Pegida, von den Brexit-Wählern bis Donald Trump. Der autoritäre Gestus erhebt sich über die Freiheit und die Möglichkeiten und das Recht des Einzelnen. Es sind Konterrevolutionen, die zum Ziel haben, eine ganze Generation mit ihrer Unbedingtheit und Unbedarftheit zum Schweigen zu bringen.

Und so standen sie da, am Rand der großen Demonstration, die die Putin-Gegner durch die Straßen von Moskau führte: Die blonden Polizisten mit den engen Augen, Männer aus den Weiten des Landes, die nun hier in der Stadt wachten, einige tausend Kilometer von zu Hause entfernt und zwanzig oder dreißig Jahre in die Zukunft transportiert. Sie wollten diese Freiheiten nicht, die die Demonstranten forderten. Sie wollten nicht, dass die Zeit sich bewegt. Ihr Widerstand richtete sich gegen alles, was die Zukunft bedeutete. Sie wussten nicht, was das sein würde. Aber sie fürchteten sich davor. Und diese Furcht machte sie wütend. Und diese Wut machte sie stark. Sie waren wütend und stark und unsicher zugleich, sie suchten Halt und fanden ihn in der Nation und im Glauben.

Denn die Kirche war wie seit Menschengedenken eine reaktionäre Kraft in diesen kalten, so kalten Wintertagen 2012, sie verbündete sich mit der Macht und mit dem Staat, sie stachelte den Glauben an die einfachen Wahrheiten an, sie schützte sich mit Aberglauben, und als ein paar junge Frauen in grellbunten Wollmützen in der wichtigsten Moskauer Kirche eine Punk-Messe feierten, da schlug die russisch-orthodoxe Kirche zu, weil die Macht es so wollte, weil sie die Macht war. Pussy Riot, so hieß die Band, wurde zu einem Zeichen für eine Generation, die Freiheit wollte, in jeder Hinsicht, und die

218

gezüchtigt werden sollte, damit die alte Ordnung wieder etabliert werden konnte. Sie waren schon weit weg davon, die jungen Intellektuellen, Künstler, Journalisten, die in der Welt gelebt hatten und sich nun wieder eingeschlossen fühlten in eine Nation und einen Nationalismus, der der Stolz von vielen war. Sie waren in der Minderheit, auch wenn sie sich nicht so fühlten. Sie waren viele in diesen Tagen, aber es hielt nicht an. Sicherheit statt Freiheit, das war die Parole in den autoritären Monaten danach.

Die Frauen von Pussy Riot, die ich ein paar Wochen, bevor sie berühmt wurden, in einer kleinen Kellerbuchhandlung getroffen hatte, wussten nicht ganz genau, was sie taten. Sie wussten zwar, dass sie ein Risiko eingingen, sie wussten, dass sie sich nur unter konspirativen Umständen treffen konnten, eine Frau holte mich an einem Platz in der Nähe der Buchhandlung ab und führte mich durch die Straßen und die Treppen hinunter, wo dann zwischen den Buchreihen in einer hinteren Ecke drei Mitglieder von Pussy Riot warteten, mit pinken, gelben, grünen Wollmasken über dem Kopf, Löcher auf Augen- und Mundhöhe, schwankend zwischen der Lust am Abenteuer und dem Wissen über das, was sie wagten. Sie sprachen hastig und in sehr schlechtem Englisch darüber, dass sie die Gesellschaft aufwecken wollten, dass sie genug hatten von der Enge, der Angst, der Gedankenlosigkeit, sie waren schnell und sympathisch, selbst wenn nicht klar war, worauf das alles hinauslaufen sollte.

Sie wirkten nicht, als ob sie einen genauen Plan hätten, und so schrieb ich nicht über sie in der Geschichte, die ich über die russischen Bohème-Revolutionäre veröffentlichte, sondern über die jungen Denker im Jean-Jacques und die Underground-Schreiber und die kritische und lesbische Putin-Biografin. Es war Wut gegen Wut in jenen Tagen, die einen hatten den Glauben an sich, die anderen den Glauben an Gott. Sie alle waren Kinder des Zorns, jeder auf seine Weise, und weil das eine so deutlich eine Bedrohung für das andere war, war klar, dass es nicht lange dauern würde, bis es zu einer Entscheidung in die eine oder andere Richtung kommen würde. Die einen trugen in sich den Zorn auf eine Ordnung, die nicht ihre war, die anderen traten auf mit dem Zorn derer, die die Ordnung bewahren wollen. Der Konflikt schien archaisch, wie immer, wenn es um klare Gegensätze geht, und er war es doch nicht, weil er so sehr geprägt war von den Ängsten und Erwartungen seiner Zeit.

»Wie könnten also die nach dem Guten streben, die alle insgesamt nichts von Gott wissen noch sich um ihn kümmern oder nach ihm fragen?« Das ist die Frage, die Martin Luther in seiner Schrift *Vom unfreien Willen* stellt, sie ist in vielem zentral für das Nachdenken über Gesellschaft und das eigene Leben, und sie gilt immer noch, wenn auch auf eine andere Weise. Wie also kann man das Gute erkennen und wie kann man nach dem Guten streben? Und wie geht das, ohne Gott?

Wie der Platz gefüllt werden soll, den Gott freigemacht hat seit der Aufklärung, darum wird weiter gestritten. Gott soll selbst seinen Thron wieder einnehmen, sagen die, die die Gegenwart am liebsten abschaffen wollen, er soll bestimmen, was richtig ist und was Gesetz. Oder, wie Paulus sagte: »Durch das Gesetz kommt Erkenntnis der Sünde.« Erst durch die Strafe also wird der Fehler deutlich. Und weil die Antworten, die die Geschichte auf diese bleibende Frage nach dem Weg zum Guten gab, auf viele unbefriedigend wirken mussten oder unmittelbar gefährlich, bleiben die göttliche Versuchung, die göttliche Verheißung, die göttliche Lösung bis heute attraktiv. Es ist oft so einfach, sich dem zu ergeben, was Gesetz ist. Und weil der Mensch sich oft überraschend schwertut mit dem, was er als seine Freiheit erkennen könnte, scheut er davor zurück, sich selbst an den Platz zu setzen, an dem vorher Gott gesessen hatte. Der Individualismus war eigentlich immer verdächtig.

Im 21. Jahrhundert hat sich nun, so scheint es, eine gewisse Ratlosigkeit breitgemacht, was die Rolle des Individuums angeht und die Frage nach der Freiheit des Willens und des Menschen an sich. Durch die Fortschritte auf dem Feld der künstlichen Intelligenz etwa stellt sich die Frage nach der Stellung des Menschen neu und radikal. Ist er das Zentrum der Schöpfung oder irgendwann doch eher der Defekt in einer Welt der Perfektion und der Roboter? Die Krise des Kapitalismus, der mehr Ungleichheit produziert als Gleichheit, erscheint in diesem Zusammenhang wie eine Mahnung, denn das Wirtschaftssystem, das zu Luthers Zeiten den Bürger als politisches Wesen hervorgebracht hat, ist nun dafür verantwortlich, dass zumindest in den westlichen Staaten der Bürger in Gestalt der Mittelschicht zunehmend in existenzielle Schwierigkeiten gerät.

Die Globalisierung, eine Erfindung des Westens, wirkt gegen das, was der Westen war, seit Magellan die Erde umsegelte – die Herrschaft des Westens wird gerade durch die schrumpfende Welt mit ihren vielen komplexen Verbindungen und neuen Mächten infrage gestellt. Und das Internet schließlich ist mehr als eine mediale Revolution, die Zeitungen, Nachrichtensender und Buchverlage vernichten könnte, es eröffnet ganz grundsätzlich neue Möglichkeiten, wie wir die Welt sehen und wahrnehmen, wie viel oder wie wenig wir wissen, wie sehr also das Unbehagen an den Zuständen wächst, entweder durch zu viel Wissen oder zu wenig Wissen oder das falsche Wissen. Die Kontrolle über das, was wir wissen, im Mittelalter eine der Aufgaben der Klöster, haben heute nicht mehr die Mönche, sondern die Mathematiker und Informatiker im Silicon Valley. Jede Revolution ist eine Revolution des Wissens.

So war es auch in der Reformation, die ein theologischer Streit war, der politische und machtpolitische Folgen hatte und zu einer Spaltung der Kirche und zu Jahrhunderten blutiger Kämpfe führte – zuerst einmal aber, und das war der eigentliche Schock dessen, was Luther tat, bedeutete die Reformation das Ende einer Verbindung, auf die die christliche Welt von Anbeginn an gebaut gewesen war: Wissen und Glaube, das war das Dogma, hängen in einer Welt, die die Welt Gottes ist, unauflöslich zusammen. Wissen und Glaube sind eins. Luther stellte das infrage, mehr noch, er führte den Bruch zwischen Wissen und Glauben herbei. Bis dahin war klar: Das Wissen um die Welt war in Gott, also war der Glaube an Gott der Weg zum Wissen. Gott war der Garant von Wissen und Glauben zugleich.

Luther stellte dem eine bestimmte Form von Subjektivität entgegen, er provozierte eine Spaltung, die bis heute gültig ist, weil der Glaube, der sich dem Wissen widersetzt, bis heute wirksam ist. Luther brach den alten Herrschaftsdiskurs auf – und schuf, ob gewollt oder nicht, einen neuen. Die Radikalität der Reformation hob er damit in gewisser Weise wieder auf, er hegte sie ein, er domestizierte sie. Die Form der frühen Jahre hielt er nicht durch, er ersetzte die Kontingenz der Reformation, also eine umfassende Freiheit, durch eine Innerlichkeit, die die Veränderung im Verhältnis zwischen dem Einzelnen und Gott etablierte und nicht zwischem dem Einzelnen und seiner Umgebung. Er schuf damit eine Art von bürgerlichem Selbstverständnis, das über die Jahrhunderte immer wieder Antrieb, aber auch Hindernis für tatsächliche Veränderungen blieb.

Die Widersprüchlichkeit Luthers ist damit auch die Widersprüchlichkeit des Bürgers als revolutionäres Subjekt. Denn wer soll eine Revolution tragen? Wer soll Veränderungen herbeiführen? Das fragte mich mein Freund Tom immer wieder, wenn wir uns in diesen Jahren zum Mittagessen trafen und über dies und das oder alles redeten, und er meinte es nicht aufmunternd, im Gegenteil, er war skeptisch all diesen Bürgerkindern gegenüber, so sah er das, die mit der Idee des Radikalen kokettieren und doch nie gelernt haben, was es bedeutet, für etwas zu kämpfen und alles zu verlieren. Und auch die Moskauer Bohème-Revolutionäre wurden ja weggeschwemmt, in den Jahren seither ist die Macht von Putin nur noch gewachsen, er hat außenpolitisch an Einfluss gewonnen, durch sein aggressives Vorgehen auf der Krim und in der Ukraine und durch das russische Bombardement in Syrien. Er ist Teil einer autoritären Achse, die Marine Le Pen genauso einschließt wie Assad, die AfD genauso wie den türkischen Präsidenten Erdogan. In den Jahren nach 2011 hat sich das Klima gewandelt, im Äußeren wie im Inneren. Drei der Frauen von Pussy Riot wurde der Prozess gemacht, und sie mussten ins Arbeitslager, und als sie wieder in Freiheit waren, zwei von ihnen, die dritte hatte vorzeitig aufgegeben, da waren sie zwar berühmt, sie wurden in Hollywood umschwärmt und im Weißen Haus empfangen, aber ihre politische Sprengkraft hatten sie verloren.

Das Autoritäre ist dabei immer schon Teil der Geschichte von Veränderungen und von Revolutionen, es steckt in jeder Bewegung, die die Gegenwart radikal anders denkt, sei es, weil sie die Reaktion auf einen autoritären Gegner ist, die römische Besatzung, den französischen König, das Folterregime von Assad, sei es, dass sie im revolutionären Prozess ein Denken entwickelt, das die Welt in Freund und Feind einteilt. Bei Luther war das so, von Anfang an und mehr und mehr, je länger die Revolution dauerte, die die Reformation war. Er hatte die Verhältnisse neu sortiert, im Himmel wie auf Erden, er hatte die Institutionen gekippt und neue an ihre Stelle gesetzt, er hatte den Menschen in seiner Stellung neu gedacht und ihm ein Selbstvertrauen gegeben, das er wiederum an Gott binden wollte, damit der Mensch nicht allzu frei und ungehindert handelt und lebt.

Luther stellte in den zehn Jahren zwischen 1515 und 1525, die die Welt veränderten, die Frage, wie aus Gehorsam Rebellion werden kann, wie aus Ordnung etwas Neues entstehen kann, wie das Bewusstsein dafür entsteht, dass sich etwas ändern muss. Luther verstand aber auch, wie gefährlich dieser Prozess ist, wie schwer zu kontrollieren, und so versuchte er, die alte Ordnung durch eine neue zu ersetzen und so die Rebellion wieder in Gehorsam zu überführen. Er war, in einer Person, das Muster für Umsturz und Restauration, er steht für die inneren Widerstände und Widersprüche derjenigen, die an ihrer Zeit zweifeln, die gegen die starre Gegenwart anrennen, die mit den Umständen hadern – und die dann entweder etwas tun oder nichts tun.

Ich selbst war lange wie gefangen in einem Denken, das sich erst nach und nach und dann recht plötzlich durch Occupy Wall Street auflöste – oder zumindest veränderte. Es war ein Denken, das sich in den 90er-Jahren gebildet hatte, als die Schlachten der Geschichte geschlagen schienen, der Kommunismus war besiegt, die Welt glitt hinein in das Zeitalter der Globalisierung, das schön sein sollte und für alle nur das Beste bringen würde, das war das naive Versprechen. Die Welt würde kleiner werden, alle würden davon profitieren, die Demokratie hatte gewonnen. Die Welt, wie sie war, so war das Gefühl, war im Grunde die einzig denkbare Welt.

Einige Jahre später sollte Angela Merkel kommen und sagen, dass das, was sie tat, »alternativlos« sei. Sie fasste damit den Geist einer Epoche zusammen, die rückblickend durch ihre Amnesie gekennzeichnet ist. Im wiedervereinigten Deutschland wie überhaupt im Westen der Welt regierte im großen Maßstab der Status quo. Die Härte, die Kargheit, der moralische Rigorismus, all das, was der Antikapitalismus bedeutete, schienen mir eng und verbohrt und theoretisch und weltfremd. Es lief doch, und es lief gut. Die Flüge in die Welt wurden immer billiger, das Reisen wurde leichter, dann kam das Internet, und nun war die Welt tatsächlich auf Knopfdruck parat. Es würde schon werden, und selbst die Anschläge vom 11. September 2001, obwohl sie zum Zeichen einer Epoche wurden, hatten nicht die Signalwirkung, die sie hätten haben können. Im Gegenteil: Danach begann ein Kampf gegen einen falschen Gegner in einem falschen Land. Der Krieg zementierte die Verhältnisse, jedenfalls an der Oberfläche. Darunter nahmen die Spannungen zu, das Problem war nur, sie waren kaum zu sehen und schwer wahrzunehmen. Es gab die Proteste von Genua 2001 und einen Toten, Carlo Giuliani, der nicht zum Helden seiner Generation wurde. Es gab die Proteste gegen den Irak-Krieg 2003, aber das Rätsel, wie sich die Bush-Clique durchsetzen und halten konnte, war zu groß, es war eine Beleidigung für so viele, die sich intellektuell unterfordert und global nicht zuständig fühlten, manche stritten sich noch ein bisschen und wechselten das Lager, von links nach rechts meistens, aber die meisten reagierten auch auf diesen so offensichtlich skandalös falschen Krieg mit Ratlosigkeit oder Schulterzucken.

Die Wut war jedenfalls weg, und auch der Glaube. Irgendwie schien alles immer so weiterzugehen. Das war die Abmachung. Das war das Versprechen. Dabei war es schon längst zu Ende. Es ist, rückblickend, verhext. Eine Art Verschwörung gegen die Vernunft, ohne ideologische oder wenigstens intellektuelle Grundlage. Es war ja nicht mal mehr die Postmoderne, die sich wie ein reaktionäres Ironie-Polster zwischen die Menschen und die Welt geschoben hatte und die Welt überhaupt unter Kitsch-Verdacht stellte. Not, Elend, Hunger, dafür waren die Postmodernen zu cool. Als Anfang der Nuller-Jahre mal jemand Berlin verließ und seinen Job kündigte, um in einer Krisenregion, so heißt das dann immer, denen zu helfen, die Hilfe brauchten, da war das kurios und eine Geschichte im Feuilleton wert. Dann wurde es aber auch wieder vergessen. Es war gut.

Aber so war es nicht, so blieb es nicht. Die Wut kam zurück, und auch der Glaube. Und viele waren unvorbereitet. Viele waren schwach. Viele waren wie verloren in einer Wirklichkeit, an die sie nicht mehr glaubten, die sie wieder und wieder relativiert hatten – eine Wirklichkeit, die man abgeschafft hat, kann man auch nicht mehr verändern. Das war der merkwürdige Coup der Postmoderne. Eine Art selbst verschuldete Passivität. Und die Schönheit und der Erfolg von Occupy Wall Street waren es, dass sie aus dieser Apathie einen Ausweg formulierten, der nicht theoretisch war, sondern konkret, der nicht mit dem Denken zu tun hatte, sondern mit dem Leben, der nicht von Wut geprägt war, sondern vom Willen, eine Wirklichkeit zu verändern, die offensichtlich defizitär war und ist. Sie setzten dieser Wirklichkeit eine andere entgegen, eine ideale, in gewisser Weise eine normale, wenn man genau ist. Denn die Gerechtigkeit und die praktische Vernunft, die sie dabei leiteten, sind nichts, was überraschend oder radikal ist. Das wiederum schien manche zu enttäuschen, die Politik unter der Prämisse von Erfolg und Scheitern, von ideologischen Saalschlachten oder plakativen Programmen beurteilen.

Es ging Occupy Wall Street aber nicht um Ideologie, es ging um Realität, verbunden mit einer konkreten Utopie, die darin bestand, den Menschen ein Leben zu ermöglichen, das so ist, wie sie es wollen. Es ging Occupy

Wall Street darum, ein Bild von dem zu erzeugen, was sie wollen, und dafür benutzten sie Strategien, die aus der künstlerischen und theatralen Tradition der Situationisten kamen. Sie wollten den Raum, in dem die Menschen leben, verwandeln. Sie wollten die Stadt wieder zu dem machen, was sie einst war, Eigentum aller. Sie wollten die Öffentlichkeit auf emphatische Art neu erfinden, indem sie die Menschen sichtbar werden ließen, auf den Plätzen, auf den Straßen, vor den Häusern. Die Energie entstand daraus, dass sie den Einzelnen ernst nahmen und gleichzeitig als Teil eines Ganzen sahen.

Sie wollten damit etwas Neues, das etwas Altes war: Die Gemeinschaft als Bürger, die Zivilisation, so wie sie sich begründet. Sie wollten etwas Drittes, das erst einmal nichts mit den klassichen Politikbegriffen zu tun hatte, mit denen die Welt in Links und Rechts geteilt wird. Das war verwirrend. Das war begeisternd. Nur deshalb konnten sie so viele vor allem junge Menschen gewinnen, die auch jenseits der Kämpfe der Vergangenheit nach etwas suchten, das konstruktiv war. Das Direkte war der Schlüssel, das Unmittelbare war der Reiz. Sie waren allein, und zwar gemeinsam. Das war das Tröstliche.

Ob das Neue neu war oder alt, das war ihnen egal. Es war ihres, das war ihnen wichtig. Es war die Form, in der sie sich äußern wollten und in der sie sich fanden. Sie hatten einen Gegner, aber der war gar nicht so entscheidend. Entscheidend war, dass sie sich gefunden hatten. Sie misstrauten der Macht. Sie misstrauten den Medien. Sie suchten Vertrauen, das sie neu begründen wollten. Sie wollten sich erneuern und die Welt, die sie umgab. Sie wollten keine Revolution. Sie wollten eine Reformation.

7

DIE REVOLTE

Sie sitzen da und hören zu, weil sie es so gelernt haben. Einer steht vorn und redet, alle anderen schauen gelehrig und gebildet, und danach gehen sie hinaus in den kalten oder warmen oder trüben oder klaren Nachmittag und sind sich gewiss, dass sie auf der richtigen Seite stehen.

Aber was ist die richtige Seite? Was wollen sie erfahren? Was erwarten sie sich? Könnten sie formulieren, was ihr Glaube ist? Und was das mit Luther zu tun hat? Wissen alle, was sie meinen, wenn sie von Luther reden? Reden alle vom selben Luther? Unterscheiden sie den frühen Luther, der forsch und mutig war, von dem Luther der mittleren Jahre, der seine Macht festigte und darum seine Radikalität einschränkte, vom späten Luther, der die Welt verloren gab, weil er sich selbst so verloren fühlte, und der wild wütete, gegen die Bauern, die Juden, die Türken? Ist ihnen dieser Luther nahe, der wütende, der radikale? Wie verhält sich die Radikalität des einen, des frühen, zur Radikalität des anderen, des späten? Wie verhält sich die Wut des frühen zur Wut des späten Luther? Wer ist der Mann, den sie hier zu verstehen versuchen?

Man muss sich Luther wieder fremd machen, um ihn zu verstehen, hat mir ein Freund in einem langen Gespräch gesagt – aber die Menschen, die sich an diesem Novembertag in der Kalkscheune in Berlin-Mitte versammelt haben, wollen sich Luther nicht fremd machen, sie wollen ihn an sich heranholen, sie wollen verstehen, was Luther ihnen heute noch zu sagen hat. Sie behandeln ihn gleichzeitig wie einen Verwandten, den man lange nicht gesehen hat und für den man sich eventuell etwas schämt, und wie eine Statue, die man aus dem Museum kennt – man war schon lange nicht mehr da, aber in der Erinnerung kann man sagen, er war groß und mächtig, dieser Mann, und er hat viel verändert. Sie sind zu dieser Veranstaltung zur »Luther-Dekade« gekommen, sie haben alle eine ungefähre Vorstellung von Martin Luther, aber eigentlich geht es nicht um ihn, es geht auch nicht um die Reformation.

500 Jahre danach feiern sie sich und das, was sie aus Luther und der Reformation gemacht haben. Sie feiern ihr Leben und Denken, wie es über die Jahrhunderte geworden ist. Sie feiern den Abstand und den Unterschied. Sie feiern die Erinnerung an eine Zeit, die anders war. Sie feiern den kulturellen Protestantismus, der herrschend war, weil so viele, die in Deutschland schrieben und dachten, aus diesem Milieu kamen. Sie feiern weniger den politischen Protestantismus. Sie feiern eine Lebensform in all ihren Ambivalenzen und Widersprüchen, das Strenge und Karge genauso wie die Musik und die Bildung. Sie feiern das Erbe und das System. Sie feiern ein wenig auch, weil sie feiern müssen.

Was fehlt, ist die Wut. Sie sind Macht geworden, vor

500 Jahren, und sie sind Macht gewesen, 500 Jahre lang, und es ist das Wesen der Macht, dass sie die Wut verwandelt, auf der sie gründet, weil sie sonst als Macht nicht überleben, nicht funktionieren könnte. Die Macht braucht die Wut, um die Verhältnisse zu verändern. Wenn die Verhältnisse aber verändert sind, muss die Macht die Wut domestizieren. So war das auch mit der Reformation, die spirituell und theologisch begonnen hatte und zu einem Ereignis mit machtpolitischen Konsequenzen geworden war. Die Protestanten errangen durch die Konversion der Fürsten die Macht, die Theologen wiederum stellten sich in den Dienst dieser neuen Macht – die heute selbst historisch ist und nur schwer greifbar.

Bei einer Predigt in Wittenberg, bei einer Ausstellung in Torgau, bei einem Gespräch mit einem Pfarrer ist davon für mich wenig spürbar. Sie ist da, in der Institution, in der Geschichte, im Gebäude, aber sie ist nicht mehr da im Selbstverständnis, in der Bedeutung, in der Kraft. Das schafft eine Spannung, speziell wenn es um Luther geht. Um an ihn heranzukommen, müssten sie das tun, was er selbst getan hat. Sie müssten zurück zu den Texten, zu den Quellen, zum Ursprung. Sie müssten ihn lesen wie das erste Mal. Sie müssten ihn in seinem Wollen und Wüten finden. Sie müssten die Radikalität erkennen, die in diesem Mann steckte, die Gefahr und die Gewalt.

Aber was würde das bedeuten? In den Ausstellungen, die zum Beispiel »Leben nach Luther« heißen, zeigen sie vor allem das, was die Menschen nach Luther aus Luther gemacht haben, wie sich das, was Luther lösen wollte, wieder verfestigte, wie sein Glaubensgrimm zu einer Lebensform wurde, die aus Worten und Deckchen und Ritualen bestand. Aber Kultur ist eben auch die Verwandlung von Wut in Alltag. Und so geschah mit Luther in gewisser Weise das, was Paulus mit Jesus gemacht hatte: Die Bedrohlichkeit der Botschaft wurde abgemildert, aus Luther wurde ein Erneuerer, die dunklen Seiten seiner Schriften wurden lange vergessen oder versteckt.

Im 18. und 19. Jahrhundert galt Luther als ein Mann der Toleranz, speziell den Juden gegenüber, selbst Lessing und Moses Mendelssohn sahen in ihm einen Geist der Aufklärung. Sein Wirken wurde auf den Kampf gegen Rom und auf die Reform der Kirche beschränkt, sein Werk wurde erst nach und nach in seiner ganzen Fülle veröffentlicht – die aggressiven, juden- und türkenfeindlichen Schriften seiner letzten Lebensjahre etwa waren lange nicht mehr im Druck, *Von den Juden und ihren Lügen*, die bösartigste von ihnen, erschien erst Anfang der 1930er-Jahre und nur in Auszügen. Dabei zeigt sich hier nicht nur, was für eine bleibende Quelle des Judenhasses Martin Luther war und was für ein Hetzer gegen die Türken – es zeigte sich vor allem die tiefere Bedeutung dessen, was Heiko A. Oberman in seiner klugen Biographie über Luther schrieb: Er war »der Mensch im Widerspruch«.

Denn die Gewalt war ja immer da, und das macht Luther auch zu so einer exemplarischen Revolutionsfigur: Der Widerstand war in seinem Wesen, er war aufrührerisch in seinem Denken, im permanenten Alarmzustand. Das Ende der Welt, das unausweichlich drohte, trieb ihn zu immer neuen Wortexzessen an. Und je länger sein Leben dauerte, je länger seine Kämpfe währten, desto mehr radikalisierte sich Luther – der zornige junge

Mann, der die Kirche in Rom herausforderte und die Welt umstürzte, weil er seinem Glauben folgte, wurde zu einem bitteren alten Mann, der die Welt aufgab, der sie verdammte, der ein Menschenbild prägte, das auf Ausgrenzung, auf Hetze, Hass, Vertreibung gründete. Er war in vielem der erste Deutsche, er begründete die deutsche Sprache mit seiner Bibelübersetzung, er schuf das Bewusstsein für einen gemeinsamen Kulturraum, er verstärkte die Trennung vom römisch-katholischen Raum, er sprach zu seinen »lieben Deutschen« über die Gefahr der Türken und der Juden – und er war eben auch hier, im Hass, im bleibenden Hass, der erste deutsche Wutbürger.

Gegen die Türken, die Wien belagerten, von »Mahomet« angetrieben, rief er 1529 den Propheten Daniel an, in seiner *Heerpredigt wider den Türken*: »Denn Daniel sagt, dass noch dem Türken flugs das Gericht und die Helle folgen soll, und man siehet's auch zwar wohl an der Tat, wie gräulich er die Leut, Kind, Weiber, jung und alt erwürget, spießet, zuhacket, die ihm doch nichts getan, und so handelt, als sei er der zornige Teufel selbs leibhaftig, denn nie kein Königreich also getobet hat mit Morden und Wüten, als er tut.« Die Gewalt also, die Luther in frühen Jahren gegen Rom gerichtet hatte, sprachlich, theologisch, politisch, die »Hure Babylon«, die er in die Hölle vertreiben wollte, diese Gewalt wendet er nun gegen die Feinde, die er so gut wie überall sieht, er wendet sie aber auch gegen die Christen selbst, denen zwischen Verharren und Vergehen wenig bleibt. Ihr Platz ist im Himmel, ihr Glück ist im Himmel, »dass wir dieweil weislich und mannhaftig wandeln und der Zukunft unsers lieben Herrn Jesu Christi fröhlich warten und von diesem Jammerthal seliglich scheiden mügen«.

Es ist eine Philosophie der Selbstaufgabe, die Luther hier predigt und die er 1536 in der kurzen *Disputation über den Menschen* in 40 Punkte fasst, mit der klaren Ansage: »Der Mensch ist Gottes Geschöpf, aus Fleisch und lebendiger Seele bestehend, von Anbeginn zum Bilde Gottes gemacht ohne Sünde, mit der Bestimmung, Nachkommen zu zeugen und über die Dinge zu herrschen und niemals zu sterben.« Die Schrift ist Luthers Versuch, der Philosophie und vor allem der Vernunft ihren Platz zu geben, unter der Theologie, die den Menschen erst als Ganzes begreift, weil sie erkennt, so Luther, zu welchem Zweck und aus welchem Grund er besteht. Die Philosophie dagegen beschreibt erst im Rückschluss die Ursachen, wenn überhaupt, sie wird damit immer zufällig und nichtig bleiben – Luther nennt sie »dürftig, schlüpfig und allzu sehr an der Stofflichkeit orientiert«.

Die Theologie erst »definiert aus der Fülle ihrer Weisheit den ganzen und vollkommenen Menschen«. Sie allein kann lehren, was Gut und Böse ist – es ist nicht in der Macht des Menschen, das zu entscheiden oder zu wählen. Die Vernunft ist Verzierung, sie scheidet den Menschen vom Tier, mehr aber auch nicht. »So ist denn der Mensch dieses Lebens Gottes bloßer Stoff zu dem Leben seiner künftigen Gestalt«, schreibt Luther. »Und wie sich Erde und Himmel im Anfang zu der nach sechs Tagen vollendeten Gestalt verhielt, nämlich als deren Stoff, so verhält sich der Mensch in diesem Leben zu seiner zukünftigen Gestalt, bis dann das Ebenbild Gottes wiederhergestellt und vollendet sein wird. Bis dahin befindet sich der Mensch in Sünden und wird tagtäglich zunehmend gerechtfertigt oder verunstaltet.«

Passiv ist der Mensch, verdammt zum Warten. Die Welt setzt Luther in Anführungszeichen, er gibt sie auf, mit Paulus, der die Reiche der Vernunft nur »Schemen der Welt« nennt. Die höhere Wahrheit, höher als der Mensch, das ist es, woraus sich Luthers Anti-Utopie speist und seine Wut. Es ist ein Denken im Extrem, und die Spannungen, die Anfechtungen, die körperlichen Leiden, die ihn in späten Jahren immer mehr plagten, die Krankheiten, vor allem der Verdauung, die psychischen Leiden, die Dunkelheit und die Depression, das alles ließ ihn rauer werden, wüster, wütender. Am Beispiel der späten Judenschriften zeigt sich das besonders deutlich.

Es war eine Abkehr von den Grundsätzen, wie er sie 1523 in *Dass Jesus Christus ein geborener Jude sei* beschrieben hatte. Von der Duldung der Juden war nun nicht mehr die Rede und auch nicht von dem Plan, die Juden durch Konversion zu Christen zu machen. Es war wohlüberlegter Hass, der aus diesen Schriften sprach, die wenige Jahre vor seinem Tod erschienen. Er litt in dieser Zeit, so beschreibt es Thomas Kaufmann in dem Buch *Luthers Juden*. Im September 1542 starb seine Tochter Magdalena mit 13 Jahren, er trauerte und wurde mehr und mehr geplagt von Kopfschmerzen, gegen die ihm ein Arzt eine Wunde am linken Unterschenkel verordnete, die offen gehalten wurde; außerdem bekam er gegen seine Ohnmachtsanfälle weißen Aquavit, und gegen die Beklemmungsgefühle auf der Brust gelben Aquavit. Er war also alkoholisiert worden gegen die Schmerzen, die Schrecken dafür wurden umso gräulicher. Heuschreckenschwärme in Wittenberg, die Pest, die Bedrohung durch die Türken, die Sorge um die Reformation, all das fügte sich zum Bild eines nahen Weltenendes – und in diesem Radikalisierungsschub fand er in den Juden den idealen Feind.

In vielem nahm Luther dabei einen Antisemitismus auf, der aus der Bibel und von Paulus stammt und in seiner Zeit weitverbreitet war. Und er verstärkte ihn, er propagierte ihn systematisch, er machte ihn zur Grundlage einer konkreten Politik und packte ihn in so drastische Worte, dass sein Denken über Jahrhunderte gewirkt hat und schließlich speziell die Verbrechen des nationalsozialistischen Deutschland nicht von Luther zu trennen sind. Schon 1538 hatte er die Schrift *Wider die Sabbather* veröffentlicht, in der er die Juden »steyff und verstockt« nannte, weil sie »gifftig und heslich« von Jesus redeten, denn »sie halten für eytel fluch und gyfft, was wir von Christo gleuben und leren: Meynen schlecht nicht anders, denn Christus sey ein böser bube gewest, der umb seiner bösheit willen sey gecreützigt mit andern buben.«

Sie seien »hunde«, schrieb Luther über die Juden, der einverstanden war, dass »man sie verjagt, beraubt, strafft und nympt yhn, was sie haben« – ihr Leben solle ihr Leiden sein und der Grund dafür, dass die Juden nicht »alle auch leiblich ausgerottet sein«. Die Juden allerdings, von denen Luther sprach, waren »ein Produkt der Phantasie«, wie Kaufmann es nennt, sie dienten als Projektion seines biblisch fundierten Hasses gegen dieses »böse volck«. Er sah es als seine Aufgabe und seine Pflicht an, die Christen vor den Juden zu warnen – und *Von den Juden und ihren Lügen*, erschienen 1543, drei Jahre vor Luthers

Tod, ist der gewalttätige Ausdruck dieser selbst auferlegten Pflicht.

»Kein blutdürstigeres und rachgierigeres Volk hat die Sonne je beschienen, als die sich dünken lassen, sie seien darum Gottes, daß sie sollen und müssen die Heiden morden und würgen«, so beginnt diese Schrift, die von einem immer noch atemberaubenden, deprimierenden Furor angetrieben ist. Alle antisemitischen Vorurteile werden hervorgeholt, und die Wahrheit, die Luther immer auf seiner Seite weiß, spielt hierbei keine Rolle. Denn »wer eine böse Sache gewinnen will«, schreibt er, »der tue auch so, wie die losen Zungendrescher vor Gericht tun, wenn sie die Silbersucht und das Guldenfieber befällt, schelte und lüge getrost auf die Person, welche die Sache gewonnen hat«.

Und so säßen sie da, seit »nun wohl 1500 Jahren«, in Jerusalem, der »goldenen Stadt«, seien »Herren der Welt, laufen alle Heiden zu mit ihrem Hemd, Röcken, Hosen und Schuhen, lassen sich würgen von den edlen Fürsten und Herrn von Israel, geben ihnen Land und Leute und alles, was sie haben, wie sie den Gojim fluchen, speien und maledeien«. Sie herrschten, die Juden, sie beuteten die Christen aus, sie kontrollierten die Welt, also »zweifle nicht daran, daß du nächst dem Teufel keinen bittereren, giftigeren Feind hast als einen rechten Juden, der im Ernst ein Jude sein will«. Und weil das für den Anfang wohl noch nicht genug ist, wiederholt Luther noch mal die schlimmsten Gerüchte, die über Juden kursieren – er sagt selbst, er wisse nicht, ob etwas dran sei, aber da er sie in seiner Schrift selbst erwähnt, bringt er sie mit neuem Schwung in Umlauf: »daß sie die Brunnen vergiftet, Kinder gestohlen und zerpfriemt haben«.

Es ist eine deprimierende Schrift, wegen des Hasses, wegen der Unbedingtheit, weil es nicht von dem zu trennen ist, was Luther sonst ist und war, und wegen all dem, das danach kam. Man kann diese Schrift nicht lesen, ohne bei jedem Wort an den Judenmord zu denken, an die brennenden Synagogen und die Bilder der Konzentrationslager, man kann nicht ausblenden, wie gierig sich evangelische Theologen im Nazi-Deutschland auf Luther beriefen – und wie wenig er selbst, durch seine Schriften, dem entgegensetzen konnte. Im Gegenteil. Es steht ja alles da, es lässt sich nicht durch Interpretation abmildern, und die evangelische Kirche in Deutschland hat lange gebraucht, um das in seiner vollen Wucht anzuerkennen – diese Worte: »Denn die Juden als Fremdling sollten wahrlich und gewißlich nichts haben, und was sie haben, das muß gewißlich unser sein. So arbeiten sie nicht, verdienen uns nichts ab, auch schenken oder geben wir ihnen nichts, dennoch haben sie unser Geld und Gut und sind damit unsere Herren in unserm eigenen Lande und in ihrer Verbannung. Wenn ein Dieb zehn Gulden stiehlt, so muß er hängen, raubt er auf der Straße, so ist der Kopf verloren. Aber wenn ein Jude zehn Tonnen Goldes durch seinen Wucher stiehlt und raubt, so ist er lieber als Gott selbst.«

Es ist ein breiter, brutaler, durch keinerlei Reflexion gebremster Strom der Beschimpfungen, Verdammungen, Verurteilungen, der sich hier über die Juden erbricht, deren Schrift, das Alte Testament, Luther so faszinierte und deren Sprache er so gern las. Es sind Mordfantasien gegen die »verdammten Wucherer«, die am Galgen hängen sollten, »siebenmal höher als andere Diebe«. Es ist ein Wehklagen über die Misshandlungen der Christen, mit denen die »scharffe barmhertzigkeit« gegenüber den Juden erklärt und begründet wurde – nur so könnten die Christen ihrer eigenen Vernichtung entgehen, wenn sie sich wehrten. Knechte seien die Christen, sie sollten vorgehen wie es »die treuen Ärzte tun: wenn das heilige Feuer in die Knochen gekommen ist, fahren sie mit Unbarmherzigkeit zu und schneiden, sägen, brennen Fleisch, Adern, Knochen und Mark ab«. Luther gibt selbst den Lesern seinen »treuen Rat«. Es ist eine Anleitung zum Pogrom.

Der 10. November ist Luthers Geburtstag; in der Nacht vom 9. auf den 10. November 1938 brannten in Deutschland Synagogen, Geschäfte wurden geplündert und Menschen ermordet.

Was also macht man mit diesem Luther? Wie geht man mit ihm um? Wie blickt man ihm ins Gesicht? Es ist ein feister, fetter Mann, der da 1546 zu sehen ist, auf dem »Totenbildnis Martin Luthers«, das von Lukas Furtenagel gezeichnet wurde, ein schweres Doppelkinn, der Mund irgendwo zwischen Lächeln und Verachtung, die Nase knorpelig und stur, ein Mensch, ganz verschwunden in sich. Nichts mehr ist hier zu sehen von dem jungen Mann, der er einmal war. Der Luther, der von den Juden als von »Teufelskindern und Schlangengezücht« sprach, war ein anderer und doch der gleiche. Es ist ein und derselbe Luther, und er ist heute zugleich näher und ferner, als man denkt.

Wenn ich mir ansehe, wie er die Welt betrachtete, wie er sie einteilte in Freunde und Feinde, wie er einen

Totenbildnis Martin Luthers. Zeichnung von Lukas Furtenagel, 1546.

Fanatismus predigte, der den Schrecken der Hölle in den Alltag und ins Leben holte, dann erkenne ich darin etwas von unserer Gegenwart. Ich erkenne auch etwas, wenn ich versuche zu verstehen, wie er um seinen Glauben rang, wie er genau zu wissen glaubte, was richtig ist und was falsch, und wie er bereit war, dieses Richtig und Falsch zu verraten, als es darum ging, seine Reformation zu retten. Luther war kein Freiheitsapostel und auch kein Friedensprediger, er brach gegen seine Absicht mit dem Alten und öffnete den Raum für das Neue, er war ein gespaltener Mensch und ein Spalter, er war voller Glaube und voller Gewalt – und diese Gewalt kann einem helfen, beides zu sehen und zu verstehen, den Freiheitsdrang und den Fanatismus, die Revolte und die Unterdrückung.

Der Luther also, der Menschen verdammt, wird der Luther bleiben, der den Glauben neu erfand – und wenn

240

man seine Texte liest, wenn man zurückgeht zu den Wurzeln dessen, was er wollte, wird man darin vieles von dem erkennen, was ganz grundsätzlich mit der Frage zu tun hat, wie man die Welt, in der man lebt, verändert. Es geht nicht ohne Gewalt, das zeigt das Beispiel Luthers. Er war selbst Gewalt, in seinen Worten und in seinen Taten, er verletzte Menschen willentlich, es ging ihm darum, zu beleidigen und zu kränken. Er war mutig in dem, was er tat. Und er war skrupellos. Er riss die Barrieren ein zwischen dem, was gewohnt war, und dem, was er wollte. Er brach mit seiner Zeit, weil er wusste, wohin er wollte. Er hatte ein Ziel. Dieses Ziel war so weit weg, wie es ein Ziel sein muss, um eine Utopie zu sein. Es war im Grunde unerreichbar. Aber es war sein Antrieb, um das zu tun, was er tat.

Die Folge davon waren mehrere Jahrhunderte blutige Kriege und ein verwüsteter Kontinent, zerrissen im Dreißigjährigen Krieg, gespalten zum Teil bis in die Gegenwart, entlang der Trennlinie Protestanten vs. Katholiken, wobei die Konfessionszugehörigkeit oft nur Camouflage und Blaupause war für Interessen und Kämpfe um Macht und Ressourcen. War die Spaltung Luthers Ziel? Nein. Sein Ziel war sein Glaube. Aber was in den 500 Jahren seither passiert ist, ist passiert, weil Luther die Gewalt, die in ihm und in seiner Zeit war, bündelte, in Worte fasste, ihr Begriffe gab und ein System, innerhalb dessen sich diese Gewalt zu etwas formen konnte, was die Menschen benutzen konnten, um sich und ihre Zeit anders zu sehen.

Das ist es, wie Utopien wirken. Sie sind ein Schock für die, die den Konsens wollen und die Beharrung, sie sind ein Antrieb für die, die Veränderung suchen und das Neue. Es sind zwei grundsätzlich verschiedene Sichtweisen auf die Welt und das Leben, und Luther vereinte in seiner widersprüchlichen Art beide. Er zerstörte, um zu bewahren. Das ist das Paradox der Reformation. Deshalb ist etwa die Forderung, dass der Islam einen Martin Luther brauche, von einem falschen Blick auf den Islam wie auf Luther geprägt – das Wunschbild von Luther ist weit entfernt von der wirklichen Figur, seiner Bedeutung und seiner Bedrohung.

Braucht der Islam also einen Glaubensfanatiker, einen Teufelsnarren, einen angstgetriebenen Apokalyptiker, der seinen Hass in seinen Schriften voll auslebte? Das ist natürlich nicht gemeint. Gemeint ist, was sich die Menschen gern unter Luther vorstellen: der aufgeklärte Theologe, der er nicht war. Er brach mit einer Autorität, die auch weltlich war, der römischen Kirche, um eine andere Autorität zu schaffen, die nicht von dieser Welt war, das unmittelbare Wirken Gottes. In vielem war er damit fundamentalistischer als seine katholischen und schließlich auch seine protestantischen Gegner.

Luther als Figur wird dabei fast immer überbewertet, wenn es darum geht, sein Zeitalter zu beschreiben, die Brüche zu erklären, die folgten, das Neue zu würdigen, das mit der Aufklärung kam. Er war ein Mann in seiner Zeit, er war genauso Produkt dieser Zeit wie Autor dessen, was er wollte. Seine Wirkung war groß, aber die Fixierung auf Luther ist nicht nur eine sehr deutsche Eigenart, es ist auch ein Zeichen für bestimmte Strömungen, Sehnsüchte, Prägungen. Fast immer waren es sehr konservative bis reaktionäre Zeiten, in denen Luther zu einer Figur gemacht wurde, der außergewöhnliche Bedeutung zugemessen wurde – auch heute wieder, in diesen Zeiten der Angst und des Umbruchs und der Angst vor dem Umbruch.

Luther soll der Stein sein, auf den sich seine Kirche gründet. Es ist das Feste, das in ihm gesucht wird, das Erbe, auf das man bauen kann. Er soll dem Glauben eine Autorität geben, die er nicht mehr hat. Er soll einer Institution ihre Legitimität geben, obwohl es ihm, nach seinen eigenen Worten, doch um den Einzelnen ging. Aber auch dieser Widerspruch ist in ihm angelegt, dem antiautoritären Institutionenbauer. Er schuf die Kirche, die ihn heute braucht. Der einzelne Gläubige hat Luthers Worte in der Bibel, die schöne, starke, klare Sprache, die bis heute wirkt. Und das wird auch für viele die Grundlage ihres Glaubens sein. Die Frage bleibt, was sie von der Gefährlichkeit spüren, die Luther bedeutete, in seiner Zeit. Die Frage bleibt, wie sich diese Gefährlichkeit heute äußert.

Mein Vater, das zeigen mir seine Predigten, die er im Selbstdruck in zwei Bänden veröffentlichte, hatte sich entschieden, innerhalb des Glaubens zu leben, innerhalb des Systems, das ihm die Kirche war, innerhalb der Logik der Institution wie des Wortes. Er blieb dabei frei in dem, was er dachte. Er fand Worte für das, was er dachte, die unverbraucht waren. Er versuchte, seinen Glauben lebendig zu halten, und mir scheint, er schaffte es auch. Er fügte sich nicht dem, was er sah. Er suchte, etwa in Jesus, den Widerspruch, manchmal sogar den Kampf. So las er etwa Lukas und die Geschichte von dem toten Jungen, den Jesus wieder zum Leben erweckte, in der Stadt Nain. Er las sie nicht versöhnlich, er las sie wie ein Protestschreiben.

»In den Augen Jesu zählt der Tod zu den ganz großen Feinden des Menschen«, so predigte er über diesen Text. »Der Tod gehört in eine Reihe mit Krankheit, Hunger, Unrecht. Sie alle sind Feinde des Menschen und werden deshalb von Jesus bekämpft. Nirgendwo bei Jesus erscheint der Tod als eine weise Ordnung, der der Mensch sich fügen müsse. Niemals ermahnt Jesus die Menschen, sie sollten sich damit abfinden, dass jeder einmal sterben muss. Im Gegenteil: Im Namen Gottes protestiert Jesus gegen den Tod, geht gegen ihn an.«

Glaube heißt in diesem Fall nicht, dass man eins ist mit der Welt und sich fügt, im Gegenteil. Glaube heißt, dass man sich auflehnt, dass man es nicht hinnimmt, dass man sich wehrt gegen eine Zumutung, sei sie nun physisch wie der Tod oder metaphysisch wie das Versprechen eines Lebens nach dem Tod. Denn auch das steckt ja in diesen Worten, das Misstrauen dagegen, den Protest auf morgen zu verschieben. Glaube heißt hier nicht Vertrauen. Glaube heißt Wachheit gegenüber Zumutungen, gegenüber allem, was den Menschen in seinem Menschsein behindert. Glaube ist ein direkter Zugang zu der Frage, was der Mensch ist. Und Glaube ist auch der Weg, den sich die Wut bahnen kann.

Es ist diese Gefahr, die auch von Luther ausgeht, es ist diese Gewalt, die in die verschiedensten Richtungen gehen kann und die mich an Luther fasziniert. Diese Gewalt ist auch in der Gegenwart, und sie ist manchmal gut zu sehen und manchmal weniger gut. Sie ist laut und deutlich in den Nachrichten, sie ist weniger laut und eher schleichend im Alltag, in den Veränderungen, in den Institutionen und Wirkweisen einer Welt, nicht wie sie ist, sondern wie sie geworden ist, wie sie gemacht wurde. Nichts aber ist, wie es ist, auch das ist etwas, was man bei

Luther lernen kann. Das ist der anarchische Kern seines Wesens, das ist das, was ihn angetrieben hat.

Und so kann man sich heute fragen, was es heißt, mit der Wut oder in der Wut zu leben. Was es heißt, gegen eine Ordnung zu sein, die allmächtig erscheint und überwölbend, die aber doch so viele Risse, Brüche, Widersprüche hat, dass es scheint, man müsse sie entweder stürzen oder reformieren. Die Gewalt also, beispielhaft und ganz konkret, die sich in der Euro-Krise seit 2008 und speziell seit 2011 gegen große Teile der Bevölkerung von Ländern wie Spanien, Griechenland oder Portugal gerichtet hat, was macht man mit dieser Gewalt? Es ist eine Gewalt, die in der Logik eines Planes liegt, der ein »Rettungsplan« ist, wobei die biblische Konnotation nicht ganz zufällig ist. Wer aber »rettet«? Mit welcher Motivation? Auf welcher Grundlage? Rettet Merkel Griechenland? Retten die Banken sich selbst? Rettet jeder griechische Rentner sich selbst, indem er einen Gemüsegarten hinter dem Haus hat, um wenigstens ein paar Kartoffeln zu haben?

Protest ist immer pur, das macht ihn so attraktiv, das macht ihn auch so angreifbar. Die jungen Akademiker, die in New York gegen die Logik der Banken demonstrierten, mit Blockaden von Straßenkreuzungen, mit spontanen Seminaren in den Foyers der Banken, mit der Besetzung eines Platzes, der öffentlich sein sollte und es doch nur bedingt ist – was haben sie erreicht, könnte man sagen, außer der Erinnerung an einen schönen warmen Herbst im Jahr 2011? Aber wie geht Veränderung? Muss man nicht erst einmal das andere formulieren? Muss man nicht erst einmal die sichtbare Ordnung durcheinanderbringen? Muss man nicht erst einmal die Symbolik zerbrechen, auf der die Ordnung aufbaut? Was danach kommt – wer weiß das schon? Es gibt einen Plan, meistens, im Fall von Occupy Wall Street war dieser Plan entweder sehr konkret, etwa die Mieter oder Besitzer bestimmter Häuser vor der Räumung zu schützen, oder sehr abstrakt, also eine neue Form der Kommunikation zu etablieren, die eine gerechtere Ordnung zur Folge haben würde. Aber gibt es einen Maßstab für Veränderung? Wäre nicht jeder Maßstab schon von denen geprägt, die bisher für die Ordnung verantwortlich sind? Ist es also ein hermeneutisches Problem, dass Proteste heute fast immer an Erwartungen gemessen werden, die von außen an sie herangetragen werden?

Viele der Protestbewegungen der Gegenwart versuchen, den Wahrheitsbegriff wieder verwendbar zu machen. Eine bestimmte Vorstellung von Wahrheit scheint nötig, um Veränderungen zu fordern, eine Vision von Gerechtigkeit zum Beispiel oder überhaupt den Gedanken an eine Zukunft, die man selbst gestalten kann. Aber die Wahrheit, wie auch die Gewalt, ist in die eine oder andere Richtung hin manipulierbar. Die Wahrheit kann für manche Menschen auch die Behauptung einer homogenen Nation sein, die Wahrheit kann auch die Angst sein. Luther, der den Glauben und die Gewissheit auf seiner Seite hatte, wusste das und nutzte die Ambivalenz der Wahrheit.

Und auch heute gilt: Der Protest schafft sich seine eigene Wahrheit, seine eigene Authentizität, sein eigenes Gefühl für das, was zu tun ist. Der Protest hat seine eigene Logik, und aus dieser Logik heraus blickt man auf die Welt. Der Protest – oder die Revolte – braucht eine eigene Zeit, ein Gefühl von Zukunft. Der Zukunftsbegriff ist damit in gewisser Weise an den Wahrheitsbegriff geknüpft. Ohne Wahrheit, das heißt ohne Utopie, gibt es keinen Weg nach vorne, ohne Wahrheit gibt es keine Zukunft. Man muss die Wahrheit also zur Not rekonstruieren, man muss sie erfinden, um der Stagnation der Gegenwart zu entkommen.

Luthers Zukunft war dunkel, sie war die Endzeit, aus ihr heraus deutete er sein sündiges Jahrhundert, seine verlorene Zeit. Selbst die Negativvorstellung von Zukunft also ermöglichte es, den Bruch im Gefüge der Dinge zu finden. Was heute fehlt, so scheint es oft, ist die Möglichkeit einer positiven Utopie, die aus dem Glauben entsteht, genauso wie die einer positiven Utopie, die aus dem Politischen kommt. Das postideologische Zeitalter hat die Menschen an vielen Orten müde gemacht.

Und doch bricht gerade etwas auf, die Wut und der Glaube kommen zurück – oft auf eine Art und Weise, die einem Schrecken machen kann, in Gestalt von ISIS oder eines militanten oder aggressiven Islamismus oder aber eines irrationalen und rückwärtsgewandten Nationalismus, der sich mit Rassismus vereint und auf dessen Grundlage politische Parteien auf der ganzen Welt die negative Utopie eines homogenen Staates entwerfen. Das Autoritäre und Freiheitsfeindliche, das Anti-Individualistische und das Ideologische haben wieder Konjunktur. Die Zeit hat in vielem ihre Richtung geändert, die Zukunft ist gestern, das Morgen ist bedroht. Die Verwirrung, die die Menschen antreibt, hat ihren Grund auch in dem Bruch im Gefüge der Zeit.

247

Dabei ist die Zukunft längst da, man muss sie nur lesen können. Sie ist da in der Figur der Geflüchteten, die die ganz grundsätzlichen Fragen danach stellen, was ein Mensch ist und was andere Menschen bereit sind, für die Würde zu tun. Manche begegnen dieser Herausforderung mit Gleichgültigkeit, mit Kälte, mit Egoismus, manche reagieren aggressiv, mit Ablehnung und Hass. Dabei formt sich die Zukunft genau an diesen Menschen, gerade weil die Fragen so elementar sind, werden die Antworten darauf bestimmen, wie wir leben werden, frei und solidarisch oder angsterfüllt und abgeschottet voneinander.

Auf ganz andere Art ist die Zukunft präsent in den Versprechen der Tech-Pioniere, die von einem posthumanen Zeitalter träumen, in dem die Roboter die Menschen wahlweise von aller Arbeit befreien und auch sonst vor allem das Gute schaffen – oder, so das Negativszenario, die Menschen gar nicht mehr brauchen. Auch hier formt sich also aus den Schemen einer kommenden Welt ein Bild, das viele erschreckt.

Und so scheint die Zukunft tatsächlich für viele Menschen abgeschafft zu sein, sie verharren wie in einem Schutzraum in einer Gegenwart, die übermächtig erscheint, einer Gegenwart, die die Vergangenheit wie die Zukunft verschluckt hat, einer Gegenwart, die sich als alternativlos definiert. Es ist der Kapitalismus in Form des Neoliberalismus, der sich hier als Zeit-System etabliert hat, der nur noch die eine Rationalität zu kennen scheint, die der Märkte, der die Politik entmachtet hat und damit die Veränderungsfantasie der Menschen und das Möglichkeitsgefühl ermüdet, der eine Ungleichheit geschaffen hat, global und in den einzelnen Gesellschaften, die nicht bestehen bleiben wird. Die Gewalt, die in den Verhältnissen steckt, wird ausbrechen, so oder so.

Es sollte deshalb heute erst einmal darum gehen, den Menschen zum Mittelpunkt des Nachdenkens über die Zukunft zu machen, den Einzelnen in seiner Würde, in seinen Bedürfnissen. Und da, wenn man so will, bleibt Luther ein Denker, der in diesem Punkt einen Individualismus gepredigt hat, den man heute noch versteht, den man heute noch so nehmen kann, als Bruch mit einer Autorität, die offensichtlich korrupt war und deren metaphysische Zumutungen so offensichtlich waren.

Das individuelle Gewissen als Ausgangspunkt aller Überlegungen, die individuelle Lesart – der Bibel, der Gegenwart – als Anfang des Nachdenkens darüber, wie die Welt sein sollte. Was bleibt, ist auch das Gefühl für die moralische Schieflage einer Zeit, in der sich ein System, damals der Katholizismus, heute der Kapitalismus, auf eine Art verändert und verselbstständigt hat, dass es einen Einhalt, eine Einsicht, eine Ruptur geben muss. Die Antwort, das hat Luther unfreiwillig gezeigt, kann dabei nie darin liegen, zurückzugehen zu einem Punkt, den es so nie gab. Auch das ist eine Utopie, eine geschichtliche Utopie in diesem Fall. Die Vergangenheit ist womöglich noch rätselhafter, noch undurchdringlicher, noch schwerer zu erreichen als die Zukunft.

Die Bibel vertagte die Gegenwart in eine Zukunft, die keine Zukunft der Menschen war, sondern eine Zukunft Gottes. Luther stellte sich dem entgegen und doch auch wieder nicht. Sein Verhältnis zur Zeit war genauso widersprüchlich wie sein sonstiges Vorgehen. Er war ein Mann auf der Schwelle, nicht mehr ganz hier und noch nicht ganz dort. Er war ein Mann, der zerrissen war, zwischen Mensch und Teufel. Er war hierin ein moderner Mensch. Er war beides, das Beispiel für einen Weltensturz und für die Wiederherstellung der Ordnung der Welt. Der Furor allerdings, der Gerechtigkeitsfuror, die Unbedingtheit, die man aus seinem Vorgehen auch ablesen kann, dieser Furor findet sich wieder in allen Zeiten und besonders in Zeiten des Umbruchs, wie heute.

Die Risse sind deutlich zu sehen, die alte Zeit verschwindet, die Kräfte, die sie zu bewahren versuchen, opfern dafür elementare Errungenschaften wie die universalen Menschenrechte. Die neue Zeit dagegen ist noch vage, sie ist in Umrissen zu erkennen für die, die überhaupt nach vorn sehen. Und dazwischen stehen die, für die sich die Gegenwart vor allem in den Zumutungen zeigt. Es ist ein Gefühl von Entfremdung, das sich ausgebreitet hat, zumindest in weiten Teilen der westlichen Gesellschaften. Ungleiche Einkommensverteilung, ungerechte Besitzverhältnisse, stagnierende Löhne, alternde Bevölkerungen, der Klimawandel als halb apokalyptisches Schreckensszenario, ein Untergangstrommeln, das mit dem erstarkten Islam und der Rückkehr der Religion überhaupt verbunden ist, Eliten, die ihre Legitimität verlieren, ein System, die Demokratie, das gleich unter Generalverdacht gestellt wird. Die Defizite sind offensichtlich, und sie sind viele, die Frage ist nur, was die Antwort darauf ist.

Die Wut Luthers ist in einer Person die Wut, die in einer Zeit steckt, und wie Luthers Wut kann sie nach vorn oder nach hinten weisen, kann sie dazu dienen, die Verhältnisse zu zementieren oder das Neue zu ermöglichen. Das Beispiel Luthers ist das des Bruchs, hierin liegen seine Kraft und seine Ungeheuerlichkeit, hierin offenbaren sich sein Versprechen und seine Drohung. Der Bruch ist das, was diese Zeit ausmacht, die Schwelle, an der Luther stand, ist auch heute wieder zu spüren. Die Erde bebt unter unseren Füßen. Die Unsicherheit ist universal und umfassend, sie ist existenziell und tief. Die einen reagieren darauf mit einem Versuch, die Sicherheit wiederherzustellen und die Ordnung durchzusetzen, notfalls auf Kosten der Freiheit und der Rechte. Die anderen erkennen, dass die Freiheit gerade in diesem Bruch besteht, den man akzeptieren kann und nutzen.

Das ist es, was viele Menschen gerade antreibt, und die sehr generalisierende Formulierung vom »Populismus« ist eher irreführend. Es stimmt schon, dass sich an vielen Stellen die Wut gegen die herrschende Ordnung gegen die Eliten richtet, aber das heißt noch nicht, dass es egal ist, wofür jemand ist. Linker und rechter Widerstand, und man kann das durchaus immer noch so nennen, unterscheiden sich, linke und rechte Wut unterscheiden sich. Nicht alles, was gegen eine Ordnung gerichtet ist, die als abstrakt und ungerecht gesehen wird, ist populistisch, nicht alles, was populistisch genannt wird, ist eine Alternative zur bestehenden Ordnung.

Der Begriff »Bewegung« passt hier viel besser, wie ihn etwa Bernie Sanders im amerikanischen Präsidentschaftswahlkampf verwendet hat. Eine Bewegung ist ein Zusammenschluss von Menschen anhand von anderen Kriterien als bisher, sie kann quer zu politischen Parteien liegen, zu sozialen, ethischen oder lebenspraktischen Überlegungen. Eine Bewegung ist erst einmal ein Aufbruch, ist ein Denkmuster, ist die Zeit, die durchzuckt wird und durchzogen von Veränderung. Eine Bewegung kann ideologisch sein oder nicht. Die amerikanische »Black Lives Matter«-Bewegung etwa ist sehr pragmatisch auf das eine Ziel hin ausgerichtet, die brutale Gewalt gegen Schwarze in den USA zu verhindern.

Auch Nuit Debout in Frankreich ist so eine Bewegung, die digitale Generation, die für sich herausfinden will, was Politik sein kann in postdemokratischen Zeiten. Aufrecht durch die Nacht also, das bedeutet in etwa der Name, wobei Nacht ein Versprechen wie eine Warnung ist, die Schönheit der Nacht wird hier ebenso angesprochen wie die Nacht, die uns umgibt, wie ein Panzer der Dunkelheit, die Nacht von Goya, in der der Schlaf der Vernunft die Gespenster gebiert, die Nacht von Celine, aus der der Faschismus entstand. Sie sind jung, sie sind unrasiert, sie sind gut ausgebildet und haben doch keine Perspektive, so scheint es ihnen, sie haben keinen Ort, an dem sie sich als Bürger äußern und erkennen können, und deshalb sind sie im Frühsommer 2016 auf diesen Platz gekommen, die Place de la République, um ihren Platz in dieser Demokratie zu definieren. Sie sitzen zusammen und reden und diskutieren, sie wollen die Demokratie für sich neu aufbauen, auf diesem Platz, mit ihren Worten, sie wollen sie neu erfinden oder reformieren, das wird sich zeigen, sie sind getragen von einem unmittelbaren Wahrheitsgefühl, das romantisch ist.

Sie haben genug vom Gerede der Parteien und von den Postenspielen der Eliten, so sehen sie das hier, sie haben genug von einer nur dem Namen nach linken Politik, die keine Alternative bietet, außer dem Ausnahmezustand und dem Eingriff in Grundrechte. Sie fühlen sich nicht repräsentiert, sie fühlen sich ausgeschlossen, obwohl sie die Mitte der Gesellschaft sind. Sie wollen anders leben, sie wollen anders denken, das verbindet alle Revolten seit den 1960er-Jahren. Sie sind die Mittelschicht – es waren immer Revolten der Mittelschicht, in Tunis, Kairo, Aleppo, in Russland, der Ukraine und den USA. Sie sind wütend, sagen die jungen Demonstranten von Paris, so wie sie alle wütend sind. Die Frage ist, ob sie es sein werden, die sich gegen die Ordnung auflehnen, die eine neue Ordnung erkämpfen. Die Frage ist, wie das geht, das Neue. Es sind die Widersprüche des revolutionären Subjekts, die sich hier mal wieder zeigen. Wer macht was? Natürlich nicht die Wohnungsbesitzer, natürlich nicht die Angestellten, natürlich nicht die Hipster und Baristas und DJs. Und schon gar nicht die Künstler, die alles Mögliche machen, aber keine Revolution. Andererseits, es gibt keine größeren Spannungen in der Gesellschaft als eine Gruppe, die merkt, dass ihre Ambitionen so offensichtlich ausgebremst werden, dass die Kluft zwischen Anspruch und Wirklichkeit so groß ist, dass sie nicht so können, wie sie wollen, dass man ihnen die Zukunft stiehlt.

Und an diesem Punkt stehen wir. Es geht um Realität. Es geht darum, der Realität zum Durchbruch zu verhelfen.

Wenn ich an meinen Vater denke, dann sehe ich nicht den Mann auf der Kanzel. Ich sehe einen Mann mit Cordhut, einen Mann, der gern auf dem Rücken schwamm, einen Mann, der mit mir Fußball spielte. Der Pfarrer war immer der Mann für die anderen.

Vielleicht muss das so sein, vielleicht ist die Kirche eine

Institution, die so viel von einem Menschen beansprucht, dass er Teil einer Öffentlichkeit wird, die sich der Familie fast automatisch entzieht. Ich glaube, er war glücklich in dieser Rolle, und ich glaube, es ist mein Fehler, dass ich ihm das nicht zugestanden habe.

Es zerrte so viel an ihm, meine Mutter, der 68er-Geist, das linke Denken, das ökologische Denken, der Pazifismus. Er wollte sich nicht damit zufriedengeben, dass die Dinge so sind, wie sie sind, aber er wollte auch die Ordnung nicht grundsätzlich verletzen oder verlassen. Er hatte seine Rolle, als Pfarrer, und je länger er sie innehatte, desto mehr nahm er sie an.

Als er einmal über die Reformation predigte und über den Reformationstag, den 31. Oktober, der auch der Geburtstag meiner Mutter war, da fasste er das, was Martin Luther wollte, so zusammen: Die Menschen sollten erkennen, »ich darf mich so, wie ich bin, den Armen Gottes anvertrauen«. Gleichheit vor Gott also und Individualismus des Glaubens, das waren die Grundlagen seines theologischen Denkens.

Gott, so zitierte er Martin Luther in einer Predigt an Weihnachten, sei wie ein »glühender Backofen voll Liebe«. Es ist schön, wenn er das so sehen konnte, es ist seine eigene Geschichte, die ihn dazu gebracht hat, oder sein Wille, die Dinge in diesem Sinn zu sehen. Die Liebe war das Fundament, so dachte er, auf das die Botschaft von Jesus gebaut war.

Und wenn es so wäre, dann wäre das ja eine gute Grundlage. Ich habe dieses Buch begonnen in einer anderen Zeit. Es starben schon Flüchtlinge im Mittelmeer, aber das schien weit weg. Es herrschte schon Krieg in

Syrien, aber das schien weit weg. Es gab schon rechte Wahlerfolge, aber das war in den Niederlanden oder in Frankreich oder in Ostmitteleuropa und nicht in Deutschland.

Die Zeiten haben sich geändert, die Risse sind tiefer geworden, die Wut ist lauter. Und als ich neulich mit einem Freund über diese veränderte Zeit sprach, über die diktatorischen Regime, die sich festsetzen, über die autoritäre Versuchung, der viele Menschen erliegen, da sagte er, dass in der Situation im Herbst 2015, als die Flüchtlinge nach Deutschland kamen, doch die Strukturen und auch das Selbstverständnis vieler Christen dafür gesorgt hätten, dass diese Menschen so offen und voller Hilfsbereitschaft aufgenommen wurden.

Und er hat recht. Dieses Buch, geschrieben in einem unruhigen Jahr, markiert selbst den Riss, der es durchzieht. Das Vorher und Nachher wird sichtbar, die Ordnung der Zeit, so sehr aus dem Gefüge geraten, steht als Rätsel im Raum. Und es stellen sich ein paar grundsätzliche Fragen: War die Aufklärung eine Ausnahme? Wie kann man die Menschenrechte für das 21. Jahrhundert retten? Wie lässt sich Demokratie sichern, wenn es immer weniger zu verteilen gibt?

Oder sind diese Fragen zu groß? Mein Vater blieb Gemeindepfarrer, er blieb in München, er hatte seinen Platz gefunden. Er akzeptierte, was er hatte, er akzeptierte, was ihm widerfuhr, die Krankheiten besonders, an denen er litt, Diabetes und Parkinson, und er lebte damit, bis er achtzig Jahre alt war. Er hatte, bis zum Ende, etwas Waches und auch etwas stets Belustigtes im Blick, ein Flackern, fast ein Schelm.

Er war kein wütender Mensch. Er lehnte sich nicht auf. Er ging nicht weg. Der Luther, von dem er in seinen Predigten erzählte, ist ein anderer Luther als der, den ich kennengelernt habe. Er passte in sein Weltbild. Mein Luther passt in mein Weltbild. Wir formten es beide, mit und gegen Luther, wir sind beide Luthers Kinder. Ihn machte das glücklich, mich machte es nicht unglücklich.

Aber wo Luther bei meinem Vater eine Art Vertrautheit ermöglichte, erzeugte er bei mir eine Fremdheit. Luther brachte uns beide näher, ihn sich und mich ihm. Ich sehe ihn nun klarer, ich sehe auch den Mann auf der Kanzel klarer, den sie »Pfarrer Diez« nannten.

Er ist mein Vater, und ich bin sein Sohn. Es ist die Geschichte, von der die Bibel erzählt, im Großen, von Gott, im Kleinen, von all den Vätern und Söhnen, die sich aneinander maßen, die miteinander rangen, die sich betrogen, die sich versöhnten.

Manchmal passierte das im Leben. Und manchmal erst danach. Aber der Mensch ist es schließlich gewohnt, auch mit Toten zu sprechen.